Riedler (Hrsg.)

Zivilrecht

Andreas Riedler, ZR I Allgemeiner Teil
Andreas Riedler, ZR II Schuldrecht Allgemeiner Teil
Andreas Riedler, ZR III Schuldrecht Besonderer Teil –
Vertragliche Schuldverhältnisse
Andreas Riedler, ZR IV Schuldrecht Besonderer Teil –
Gesetzliche Schuldverhältnisse
Andreas Riedler, ZR V Sachenrecht
Erika Wagner, ZR VI Familienrecht
Peter Apathy/Thomas Aigner/Thomas Wolkerstorfer, ZR VII Erbrecht
Ferdinand Kerschner/Erika Wagner /Thomas Aigner, ZR VIII Internationales Privatrecht

Andreas Riedler, **ZR Falllösungskompetenz Zivilrecht I Allgemeiner Teil**

Zitiervorschlag

Riedler, Zivilrecht – Falllösungskompetenz Zivilrecht I Allgemeiner Teil, 1. Auflage (2023)

Riedler, Falllösungskompetenz ZR I AT ... (Seite)

ZIVILRECHT

Falllösungskompetenz

Zivilrecht I Allgemeiner Teil

1. Auflage

VON

Univ.-Prof. Mag. Dr. Andreas Riedler

LexisNexis® Österreich vereint das Erbe der österreichischen Traditionsverlage Orac und ARD mit der internationalen Technologiekompetenz eines der weltweit größten Medienkonzerne, der RELX Group. Als führender juristischer Fachverlag versorgt LexisNexis® die Rechts-, Steuer- und Wirtschaftspraxis sowie Lehre und Weiterbildung mit Fachinformationen in gedruckter und digitaler Form.

Bücher, Zeitschriften, Loseblattwerke, Skripten und die Kodex-Gesetzestexte garantieren sowohl rasche Information als auch thematische Vertiefung. Von der juristischen Fachredaktion von LexisNexis wird ua die höchstgerichtliche Judikatur gesichtet, nach Wichtigkeit gefiltert und als Rechtsnews zusammengefasst. Webinare bieten Weiterbildung und direkten Kontakt zu Experten.

Mit der Datenbank Lexis 360® haben Sie nicht nur Zugriff auf Gesetze, Rechtsprechung sowie relevante Kommentare und Fachbücher: Enthalten sind auch Lexis Briefings®, eine eigene Kategorie der Rechtsliteratur, die Detailwissen in kürzest möglicher Form komprimiert. Die Suchtechnologie Lexis SmartSearch findet und gruppiert verwandte, weiterführende Inhalte und bringt Sie in Bestzeit zum Rechercheziel. Mit Tools und modernsten Analyse-Technologien wie Lexis SmartScan macht LexisNexis die Zukunft für Sie schon heute verfügbar.

Nähere Informationen unter www.lexisnexis.at

ISBN 978-3-7007-8533-0

LexisNexis Verlag ARD Orac GmbH & Co KG, Wien
http://www.lexisnexis.at
Wien 2023
Best.-Nr. 34.066.001

Diese Reihe ist in anderer Gestaltung Bestandteil der Medienkoffer Privatrecht und Bürgerliches Recht der JKU Multimediale Studienmaterialien GmbH.

Foto Riedler: Foto Hamm Linz

Druckerei: Prime Rate GmbH, Budapest

Vorwort

und

Handlungsanleitungen

Der Erfolg eines/er Juristen/in hängt natürlich zunächst davon ab, dass er die Rechtsordnung kennt, die Fachterminologie beherrscht und auch die Definitionen der Fachbegriffe ausreichend präzise und juristisch klar wiedergeben kann. All diese Aspekte werden in jedem Vorlesungsbetrieb und auch in den Lehrbüchern vermittelt. Allein diese Kenntnisse reichen aber nicht aus, um im Studienbetrieb und in der späteren beruflichen Praxis erfolgreich zu sein. Denn schon für die erfolgreiche Absolvierung der Fächer Privatrecht, Bürgerliches Recht bzw. Zivilrecht im Studium und erst recht für die erfolgreiche Tätigkeit in der späteren beruflichen Praxis ist von entscheidender Bedeutung, dass der/die Jurist/in in der Lage ist, einen **praktischen Fall auf seine rechtliche Relevanz** hin zu prüfen. Dabei geht es aber gerade nicht um die bloße Wiedergabe von Gesetzestexten oder Definitionen, sondern es geht um die **Fähigkeit zur Umlegung der abstrakten gesetzlichen Vorgaben auf die Lösung eines konkreten praktischen Falles**. Der/die Jurist/in muss beurteilen und begründen können, warum ein Lebenssachverhalt die im Gesetz abstrakt vorgesehenen Voraussetzungen (den Tatbestand einer Norm) erfüllt oder nicht, sodass die in der Norm angeordneten Rechtsfolgen auf den Fall zur Anwendung gelangen oder eben nicht eintreten. Damit ist diese Fähigkeit der sog. **Falllösungstechnik** für den **Erfolg im Studium und in der späteren beruflichen Praxis von ganz entscheidender Bedeutung.**

Vor diesem Hintergrund wurde in den letzten Jahren von zahlreichen Studierenden an mich das Anliegen herangetragen, ein Falllösungsbuch zum Stoff des Lehrbuches „**Riedler, Zivilrecht I Allgemeiner Teil" (8. Auflage 2022)** zu erstellen. Diesem Wunsch komme ich hiermit gerne nach.

Falllösungskompetenz ist also der **Schlüssel zum Erfolg** - dies gilt für sowohl für das Studium als auch die spätere Praxis im Beruf. Die vorliegende Studienunterlage gibt in **20 Fällen** einen Einblick in die **Denkstruktur**, die **Falllösungstechnik** und die **Erstellung von Rechtsgutachten**. Abgedeckt werden **wichtige prüfungs- und praxisrelevate Stoffgebiete** des **Allgemeinen Teils des Zivilrechts**, der auch im Lehrbuch *Riedler*, Zivilrecht I Allgemeiner Teil 8. Auflage (2022) dargestellt ist. Beachten Sie bitte, dass sich die **Erstellung jedes konkreten Rechtsgutachtens an den Schwerpunkten des konkreten Falles orientiert**. Ob daher z.B. der Zugang einer Willenserklärung oder die Veranlassung des Irrtums durch den Gegner des Irrenden oder der gutgläubige Eigentumserwerb eines Dritten ausführlich zu prüfen sind, hängt davon ab, wie sich der Sachverhalt zum jeweiligen Problem darstellt – geht es um die Erklärung unter schwerhörigen Anwesenden, geht es um elektronische Erklärungen, wurde der Irrtum vom Vertragspartner, einem Verhandlungsgehilfen oder einen echten Dritten verursacht, war der Vormann des Erwerbers Eigentümer der erworbenen Sache … ? Achten Sie in diesem Zuammenhang immer auch darauf, in welchen Bereichen der Sachverhalt selbst ausführliche Angaben enthält und damit auch Prüfungsschwerpunkte vorgibt.

Einige **Empfehlungen** und **Handlungsanleitungen** zum Schluss: **Lesen** und **studieren** Sie zunächst zur Vorbereitung die zum jeweiligen Fall angegebenen Kapitel des **Lehrbuches** *Riedler*, ZR I AT[8] **(2022)**. Lesen Sie anschließend den **Sachverhalt**, machen Sie sich eine **Fallskizze** und verschaffen Sie sich einen Überblick über folgende fünf Fragen:

1.   Welche **Personen** sind am Sachverhalt beteiligt?
2.   Welche **Rechtsverhältnisse** bestehen zwischen den beteiligten Personen?
3.   Welche **Leistungen** wurden zwischen diesen Personen bereits erbracht?
4.   Wie lautet die **Fallfrage**?
5.   Welche **Ansprüche** sind zu prüfen, wenn wir uns die Frage stellen: **Wer will was von wem aus welchem Rechtsgrund?**

Anschließend erstellen Sie ein eigenes **Rechtsgutachten.**

Und abschließend **vergleichen** Sie die von Ihnen erstellte Fassung **Ihres Rechtsgutachtens** mit jener Fassung des **Rechtsgutachtens**, welche in dieser **Studienunterlage** abgedruckt ist.

Sie werden sehen – so erwerben Sie schrittweise Ihre **Falllösungskompetenz für Studium und Praxis.**

Für **Korrekturanregungen, weiterführende Hinweise** und (positive und negative) **Reaktionen** zu **Inhalt, Struktur und Konzept** bin ich dankbar. Wenden Sie sich bitte per E-Mail an:

andreas.riedler@jku.at

Bei der Erstellung dieser Studienunterlage haben mich meine MitarbeiterInnen der Abteilung für multimediales Zivilrecht am Institut für Multimediale Linzer Rechtsstudien tatkräftig unterstützt. Besonderer **Dank** gilt meinen wissenschaftlichen Mitarbeitern Mag. *Tobias Adlberger*, LL.B., Mag.a *Hannah Altrichter*, LL.B., Mag. *Stefan Breksler*, Mag. *David Bürkl* und Mag. *Aleksandar Sandic* sowie meiner Office-Mitarbeiterin *Kristina Kerbl*, welche die gesamte Produktion in kompetenter und vorbildlicher Weise in fachlicher und technischer Hinsicht unterstützt haben.

Ich wünsche Ihnen viel Erfolg in Ihrem Studium des Zivilrechts.

Linz, 01. Februar 2023

Andreas Riedler

Univ.-Prof. Mag. Dr. Andreas Riedler
Universitätsprofessor für Zivilrecht
venia docendi für Zivilrecht, Europarecht und Versicherungsrecht

Institutsvorstand / Abteilungsleiter
Institut für Multimediale Linzer Rechtsstudien / Abteilung für multimediales Zivilrecht
Institutsvorstand (Stv) / Abteilungsleiter
Institut für Zivilrecht / Abteilung für Europäisches Privatrecht und Versicherungsrecht
Petrinumstraße 12
4040 Linz

Inhaltsverzeichnis

I. Falllösungstechnik

II. Falltraining Übungsfälle ZR I AT

VORBEREITUNG Riedler, ZR I AT[8] (2022)	SCHWERPUNKTE
2. Kap Privatrecht 4. Kap Tätigkeit des Juristen – Subsumtion 10. Kap Privatautonomie und Rechtsgeschäft 11. Kap Vertragsschluss 12. Kap Sonderfälle des Vertragsschlusses	Training Falllösungstechnik, Subsumtion, Aufbau eines **Rechtsgutachtens**, Kaufvertrag, Anspruchsprüfung, Vertragsschluss – **Angebot**, Annahme (durch Schweigen?), Anwendungsbereich ABGB, Unternehmer-Verbraucher-Rechtsgeschäfte, **KSchG**, **FAGG**, Fernabsatz

VORBEREITUNG Riedler, ZR I AT[8] (2022)	SCHWERPUNKTE
4. Kap Tätigkeit des Juristen – Subsumtion 10. Kap Privatautonomie und Rechtsgeschäft 11. Kap Vertragsschluss	Training Falllösungstechnik, Subsumtion, Aufbau eines Rechtsgutachtens, Werkvertrag, Anspruchsprüfung, Vertragsschluss, Angebot, nachträglicher Widerruf, **Annahme durch Willenserklärung § 863 ABGB**, Geltungsdauer des Angebotes, Rechtzeitigkeit der Annahme, Fristenrechnung bei gesetzter Frist, Vertragsschluss nach § 862a ABGB; unverzüglicher Rücktritt?

VORBEREITUNG Riedler, ZR I AT[8] (2022)	SCHWERPUNKTE
4. Kap Tätigkeit des Juristen – Subsumtion 10. Kap Privatautonomie und Rechtsgeschäft 11. Kap Vertragsschluss 15. Kap Konsens, Dissens, Interpretation von Erklärungen und Verträgen 16. Kap Vertragsschlusshindernisse I – Rechtsfolgenüberblick	Training Falllösungstechnik, Subsumtion, Aufbau eines Rechtsgutachtens, Anspruchsprüfung, Vertragsschluss, Kaufvertrag – Angebot, **Annahme durch Willensbetätigung § 864 ABGB**, Ermittlung des Erklärungsinhalts, Vertrauenstheorie, Konsens, Dissens, abweichende Annahme als neues Angebot, Realofferte § 864 Abs 2 ABGB

VORBEREITUNG Riedler, ZR I AT[8] (2022)	SCHWERPUNKTE
10. Kap Privatautonomie und Rechtsgeschäft 11. Kap Vertragsschlussmechanismus 12. Kap Sonderfälle des Vertragsschlusses 14. Kap Nebenbestimmungen 16. Kap Vertragsschlusshindernisse I – 　　　　Rechtsfolgenüberblick	Falllösungstechnik, Subsumtion, Aufbau eines Rechtsgutachtens, Anspruchsprüfung, Angebot, Annahme, **Webshop, Empfangstheorie, Vertrauens-theorie, Vertragsauslegung, ECG, Fristberechnung**

VORBEREITUNG Riedler, ZR I AT[8] (2022)	SCHWERPUNKTE
11. Kap Vertragsschlussmechanismus 12. Kap Sonderfälle des Vertragsschlusses 14. Kap Nebenbestimmungen 16. Kap Vertragsschlusshindernisse I – 　　　　Rechtsfolgenüberblick	Falllösungstechnik, Subsumtion, Aufbau eines Rechtsgutachtens, Anspruchsprüfung, rechts-vernichtende Einwendungen, Anwendbarkeit bzw Ausnahmen von **KSchG und FAGG, Rücktrittsrechte, Rücktrittsfristen, Rücktrittsform**

VORBEREITUNG Riedler, ZR I AT[8] (2022)	SCHWERPUNKTE
11. Kap Vertragsschlussmechanismus 16. Kap Vertragsschlusshindernisse I – 　　　　Rechtsfolgenüberblick 20. Kap Form	Rückforderungsanspruch § 877 ABGB, **gesetzliche Formvorschriften, gewillkürter Formvorbehalt, Heilung durch nachträgliche Erfüllung,** Schenkungsvertrag, **Motivirrtum**

VORBEREITUNG Riedler, ZR I AT[8] (2022)	SCHWERPUNKTE
6. Kap Natürliche Personen 11. Kap Vertragsschlussmechanismus 13. Kap Allgemeine Geschäftsbedingungen 20. Kap Form	**Geschäftsfähigkeit, AGB, Einbeziehungskontrolle, Geltungskontrolle, Inhaltskontrolle,** KSchG, Vertragsverlängerungsklausel, Erklärungsfiktion, gewillkürter Formvorbehalt

VORBEREITUNG Riedler, ZR I AT[8] (2022)	SCHWERPUNKTE
6. Kap Natürliche Personen 26. Kap Direkte Stellvertretung 27. Kap Vertretung ohne Vollmacht 29. Kap Eigentumsrecht als dingliches Recht, Eigentumsklage 30. Kap Eigentumserwerb – Titel, Modus Berechtigung des Vormannes 31. Kap Derivativer/Originärer Eigentumserwerb, Eigentumsvorbehalt	**Geschäftsfähigkeit**, Stellvertretung, Vertretung ohne Vollmacht, **Eigengeschäft und Haftung des falsus procurator**, Schenkungsvertrag, **Motivirrtum**, List, **Vertragsanpassung**, Rückforderungsanspruch auf **Wertersatz**, Eigentumserwerb, **Eigentumsklage in der „Absatzkette"**, derivativer/originärer Eigentumserwerb

VORBEREITUNG Riedler, ZR I AT[8] (2022)	SCHWERPUNKTE
21. Kap Irrtum 26. Kap Direkte Stellvertretung 27. Kap Vertretung ohne Vollmacht 29. Kap Eigentumsrecht als dingliches Recht, Eigentumsklage 30. Kap Eigentumserwerb – Titel, Modus Berechtigung des Vormannes 31. Kap Derivativer/Originärer Eigentumserwerb, Eigentumsvorbehalt 32. Kap Verjährung	**Irrtum**, **List**, Stellvertretung, **Vorteilszuwendung**, Eigentumsklage in der Absatzkette, **derivativer/ originärer Erwerb**, Eigentumsvorbehalt, **Konvaleszenz**, **Verjährung**

I.

Falllösungstechnik

Falllösungskompetenz

Bei (Abschluss)Klausuren und Hausarbeiten im Privatrecht besteht die Prüfungsaufgabe idR in der rechtlichen Begutachtung eines Sachverhaltes. Die Prüfungskandidaten haben alle durch die Fragestellung aufgeworfenen juristischen Probleme zu behandeln und einer Lösung zuzuführen. Die Begutachtung erfolgt idR in Form der sog **Anspruchsprüfung**. Wie bei der Lösung eines vorgegebenen Sachverhaltes vorzugehen ist und welche grundlegenden und gleichbleibenden Überlegungen anzustellen sind, soll anhand des nachstehenden Rasters veranschaulicht werden.[1]

1. Schritt: Lesen und Erfassen des Sachverhaltes	Ausgangspunkt und Grundlage jeder rechtlichen Beurteilung ist der Sachverhalt, der auf seine rechtliche Relevanz hin zu untersuchen ist. Während in der Praxis idR Beweis und Feststellung des Sachverhaltes bereits größere Schwierigkeiten bereiten, treten diese Probleme bei der – im Studium geforderten – Begutachtung eines Sachverhaltes nicht auf. Der vorgegebene Sachverhalt ist als erwiesen anzusehen und „nur" im Hinblick auf die darin enthaltenen juristischen Fragen zu problematisieren – es darf daher weder etwas weglassen noch etwas dazu „erfunden" werden. Da die zur Begutachtung ausgegebenen Sachverhalte in sehr komprimierter Form rechtlich relevante Informationen enthalten, ist es erforderlich, sich diese sehr genau einzuprägen, um sämtliche Teile und „Feinheiten" des Sachverhaltes für die rechtliche Begutachtung präsent zu haben. Häufig ist es zweckmäßig, eine Skizze des Sachverhaltes anzufertigen. Dies bietet sich insb bei mehrpersonalen Rechtsverhältnissen an. In diese Skizze werden idR die am Sachverhalt beteiligten Personen, die zwischen diesen Personen bestehenden Rechtsverhältnisse und bereits erbrachten Leistungen eingetragen.
	Bsp: Der Gärtner G gestaltet dem Ehepaar H den Grünbereich ihres Grundstücks. Nach Abschluss der Arbeiten wird vereinbart, dass das Entgelt in der Höhe € 4.000,- binnen einer Woche auf das Geschäftskonto des G überwiesen werden sollte. Nach zehn Tagen ist der ausständige Betrag jedoch noch immer nicht beglichen worden.

---

[1] Ausführlich zur Subsumtionstätigkeit und Anspruchsprüfung *Riedler*, ZR I AT[8] Rz 4/1 ff und 18 ff.

2. Schritt: **Die Fallfrage**	Ein zu begutachtender Sachverhalt enthält zumindest ein, idR jedoch mehrere Rechtsproblem(e). Welche Rechtsprobleme von den Prüfungskandidaten im konkreten Prüfungsfall zu erwägen sind, ist der Fallfrage zu entnehmen, die meist den Sachverhalt abschließt. Die Fallfrage kann in den unterschiedlichsten Variationen auftreten.

- Lautet die Fallfrage: **„Ansprüche des A gegen B?"**, so sind alle denkbaren Ansprüche des A nur gegen B, nicht aber gegen sonstige am Sachverhalt beteiligte Personen zu prüfen.
- Lautet die Fallfrage: **„Ansprüche des A?"**, so sind alle denkbaren Ansprüche des A gegen alle am Sachverhalt beteiligten Personen zu prüfen.
- Lautet dagegen die Fallfrage: **„Wie ist die Rechtslage?"**, so sind alle denkbaren Ansprüche zwischen allen am Sachverhalt beteiligten Personen einer rechtlichen Prüfung zu unterziehen, also abzuklären, welche Ansprüche zwischen allen am Sachverhalt beteiligten Personen existieren bzw von diesen geltend gemacht werden können.
- Möglich – aber eher selten – ist die Beschränkung der Fragestellung auf die Frage nach dem **Bestehen eines Vertragsverhältnisses** oder eines **Gestaltungsrechtes** einer am Sachverhalt beteiligten Person.

Die exakte Beachtung der Fallfrage ist für Prüfungskandidat/Innen **absolut wichtig**, da ausschließlich die Beantwortung der Fallfrage für die Beurteilung der Prüfungsarbeit relevant ist und „überschießende" Ausführungen iSe „Themenverfehlung" nicht gewertet werden und daher letztlich nur zum Zeitverlust führen.

Bsp: Der oben dargestellte Sachverhalt wird mit der Fallfrage „Wie ist die Rechtslage?" abgeschlossen. Es sind – entsprechend dieser Fragestellung – alle denkbaren Ansprüche zwischen allen am Sachverhalt beteiligten Personen zu prüfen.

3. Schritt: **Die Formulierung** **des Anspruchs**	Soweit sich aus der Fallfrage nichts Gegenteiliges ergibt, ist die Falllösung in Form der Anspruchsprüfung durchzuführen. Der rechtlichen Begutachtung des Sachverhaltes (des Falles) wird in der Prüfungsarbeit der zu prüfende **Anspruch** (als Überschrift) vorangestellt.

Ein **Anspruch** berechtigt eine Person (den Berechtigten oder

Gläubiger) dazu, von einer anderen Person (dem Verpflichteten oder Schuldner) ein aktives Tun oder passives Unterlassen fordern zu können.

Der Anspruch spiegelt das dem Sachverhalt und der Fallfrage entnehmbare tatsächliche Begehren auf juristischer Ebene wider. Durch die Anspruchsformulierung wird die Fragestellung der tatsächlichen Ebene in eine juristisch verwertbare Form gebracht. Dies geschieht, indem Sie sich unter Berücksichtigung der konkreten Fallfrage die Frage stellen:

Wer will **was** von **wem** aus welchem **Rechtsgrund**?

Die von diesem Merksatz angesprochenen Punkte sind zwingende Bestandteile eines jeden Anspruchs:

- Das „**Wer**" definiert den Kläger/Anspruchsberechtigten,
- mit dem „**Wem**" wird der Beklagte/Anspruchsgegner festgestellt,
- das „**Was**" beschreibt das dem Sachverhalt und der Fallfrage entnehmbare tatsächliche Begehren und
- der „**Rechtsgrund**" stellt die gesetzliche Anspruchsgrundlage dar, also jene Rechtsnorm, die (möglicherweise) rechtliche Grundlage für das tatsächlich gestellte Begehren sein könnte.

Bsp: Der Gärtner G (= wer) will vom Ehepaar H (= wem) die Bezahlung des Entgelts in der Höhe von € 4.000,- (= was) auf Grundlage von § 1170 (= aus welchem Rechtsgrund; Entgeltzahlungspflicht beim Werkvertrag). Der formulierte Anspruch würde daher lauten:

Anspruch des G gegen das Ehepaar H auf Zahlung des Werkentgelts von € 4.000,- gemäß § 1170?

Ein häufiger Fehler von Studienanfängern ist, dass der am Beginn jeder Falllösung formulierte Anspruch das Ergebnis der Falllösung bereits vorwegnimmt. Der der Begutachtung vorangestellte **Anspruch** löst den Sachverhalt aber gerade nicht, sondern **wirft** – wenn auch nicht grammatikalisch als Frage formuliert – **(nur) die Frage auf**, die im Zuge der weiteren Begutachtung aus juristischer Sicht zu behandeln ist, ob also ein (denkbarer zu prüfender) Anspruch besteht. Erst nach Überprüfung sämtlicher im Sachverhalt enthaltenen Probleme wird (als Ergebnis am Schluss

	der Begutachtung des Sachverhaltes als „Endergebnis") festgestellt, ob der geprüfte Anspruch (die juristische Fragestellung unter rechtlichen Aspekten tatsächlich) besteht.
4. Schritt: **Subsumtion**	Unmittelbar an die Formulierung des Anspruchs schließt der Kern der Falllösung an – die Prüfung und Lösung der für den geprüften Anspruch durch den Sachverhalt aufgeworfenen Rechtsfragen. Dieser Bereich erfordert nahezu ausschließlich Subsumtionstätigkeit des Bearbeiters. Der vorgegebene Sachverhalt wird den für die zu behandelnden Rechtsprobleme relevanten Rechtsvorschriften unterstellt. Einschlägig ist nicht nur die im Anspruch angeführte Rechtsgrundlage, sondern einschlägig sind sämtliche Rechtsnormen, deren Tatbestand durch den Sachverhalt erfüllt sind und die Auswirkungen auf den geprüften Anspruch haben könnten. Zu beachten sind nicht nur **rechtsbegründende Normen**, die den Anspruch stützen, sondern auch **rechtsverhindernde**, **rechtsvernichtende** und **rechtshemmende Vorschriften**, die dem Entstehen, dem Bestehen oder der rechtlichen Durchsetzbarkeit des geprüften Anspruchs entgegenstehen (zB Einwand der Vertragsanfechtung wegen Irrtums, der mangelnden Fälligkeit des Entgelts oder der Zug-um-Zug-Abwicklung). **Bsp:** Der Abschluss des Vertrages zwischen Gärtner G und dem Ehepaar H ist unter §§ 861 ff zu subsumieren, hinsichtlich der Qualifikation des Vertrages als Werkvertrag unter §§ 1151, 1165 ff und die Fälligkeit des Werkentgelts betreffend unter § 1170 iVm §§ 904, 1417.
5. Schritt: **Rechtsfolgen**	Die im Rahmen der Subsumtion festgestellten, durch den Gesetzgeber in den Rechtsnormen abstrakt vorgegebenen Rechtsfolgen sind auf den konkreten Sachverhalt umzusetzen. **Bsp:** Bei übereinstimmenden Willenserklärungen der Vertragsschluss-parteien betreffend die Errichtung eines Werkes ist ein Werkvertrag rechtswirksam abgeschlossen (§§ 861 ff, 1151, 1165 f). Die Fälligkeit des Werkentgelts wird primär durch Vereinbarung der Vertragsparteien festgelegt (§ 1170 iVm §§ 904, 1417). Überträgt man diese abstrakten rechtlichen Überlegungen auf den konkreten Sachverhalt, so bedeutet dies: Zwischen G und dem Ehepaar H wurde (durch mündliche Einigung) rechtswirksam ein

	(formfreier, § 883) Werkvertrag abgeschlossen. Nach § 1170 sind die Werkbesteller zur Zahlung des Entgelts verpflichtet. Das vereinbarte Werkentgelt in der Höhe von € 4.000,- ist fällig, da zwischen den Vertragsparteien eine Zahlungsfrist von sieben Tagen vereinbart war, die bereits abgelaufen ist.
6. Schritt: **Beantwortung der** **Fallfrage**	Zum Abschluss der Begutachtung wird der der Fallprüfung „als Überschrift vorangestellte" Anspruch beurteilt. Dabei sind – wenn es sich um eine Anspruchsprüfung handelt – nur zwei Alternativen denkbar: **1. Der geprüfte Anspruch besteht.** oder **2. Der geprüfte Anspruch besteht nicht.** Je nach eintretender Rechtsfolge ist der Anspruch daher zu bejahen oder zu verneinen. In der Praxis bedeutet dies, dass bei Bestehen des Anspruchs der Anspruchsberechtigte (Kläger) sein Begehren erfolgreich gerichtlich geltend machen kann, während bei Verneinung des Anspruchs der Kläger in einer gerichtlichen Auseinandersetzung unterliegen wird. **Bsp:** Der Anspruch des G gegen das Ehepaar H auf Zahlung des Werkentgelts von € 4.000,- gemäß § 1170 besteht.

II.

Falltraining

Übungsfälle ZR I AT

Fall 1
Snowboard

Schwerpunkte	Training Falllösungstechnik, Subsumtion, Aufbau eines Rechtsgutachtens, Kaufvertrag, Anspruchs-prüfung, Vertragsschluss – Angebot, Annahme (durch Schweigen?), Anwendungsbereich ABGB, Unternehmer-Verbraucher-Rechtsgeschäfte, **KSchG**, **FAGG**, Fernabsatz
Vorbereitung	*Riedler*, ZR I AT[8] (2022) 2. Kap Privatrecht 4. Kap Tätigkeit des Juristen – Subsumtion 10. Kap Privatautonomie und Rechtsgeschäft 11. Kap Vertragsschluss 12. Kap Sonderfälle des Vertragsschlusses

Sachverhalt

Das **Versandhaus V** verteilte im August circa 120.000 Herbst-/ Winterkataloge, in denen ua auch das neueste Modell eines Snowboards der Firma X zum Preis von € 500.- angepriesen wird. **K** füllte die beiliegende Bestellkarte mit der Bestellnummer des Boardes aus und schickte diese in einem verschlossenen Kuvert am 1. September an das **Versandhaus V** ab. Das Kuvert langte zwar am 5. September beim **Versandhaus V** ein, wurde jedoch von einem Angestellten irrtümlich ungeöffnet zum Altpapier gegeben. Als **K** Ende November noch immer keine Lieferung erhalten hat, will er das Versandhaus auf Leistung klagen.

Hat K Anspruch auf Lieferung des Boardes?

Fünf Fragen zur Einführung

1. Welche **Personen** sind am Sachverhalt beteiligt?

2. Welche **Rechtsverhältnisse** bestehen zwischen den beteiligten Personen?

3. Welche **Leistungen** wurden zwischen diesen Personen bereits erbracht?

4. Wie lautet die **Fallfrage**?

5. Welche **Ansprüche** sind zu prüfen, wenn wir uns die Frage stellen: **Wer will was von wem aus welchem Rechtsgrund?**

Anspruch des K gegen das Versandhaus V auf Lieferung des Snowboards Zug um Zug gegen Bezahlung von € 500,- gem § 1061 ABGB

Rechtsgutachten

Anspruch des K gegen das Versandhaus V auf Lieferung des Snowboards Zug um Zug gegen Bezahlung von € 500,- gem § 1061 ABGB

Voraussetzung für diesen Anspruch ist, dass ein gültiger **Kaufvertrag** zwischen K und V über das Snowboard zum Preis von € 500,- zustandegekommen ist. Gem § 1054 ABGB iVm § 861 ABGB kommt der Kaufvertrag als Konsensualvertrag durch zwei miteinander übereinstimmende Vertragsschlusshandlungen (Angebot einerseits und Annahme andererseits) zustande.[2] Im Zuge der Anspruchsprüfung ist zu überlegen, ob zwischen K und V ein entsprechender Kaufvertrag geschlossen wurde, wobei anhand der zeitlichen Abfolge der Handlungen im Sachverhalt der Frage nachzugehen ist, ob und allenfalls welche Handlungen aus rechtlicher Perspektive als Vertragsschlusshandlungen (Angebot bzw Annahme) anzusehen sind.

Ein **Angebot im Rechtssinne** ist dabei zunächst jene zeitlich erste Handlung, welche die Voraussetzungen eines Angebotes im Rechtssinne erfüllt – dies sind 1. Willenserkärung, 2. Bestimmtheit der Willenserkärung, 3. Bindungswille des Erklärenden, 4. Zugang der Erklärung beim Erklärungsempfänger und 5. kein Widerruf der Erkärung durch den Erklärenden.[3]

Zusendung des Kataloges – Angebot?

Die Zusendung eines Kataloges ist zwar eine vom Willen des Versandhauses getragene Handlung samt Rechtsfolgewille (im Geschäftsverkehr) und verfolgt (durch die Zusendung an Kunden) auch einen Kundgabezweck **(Willenserklärung)**.

Im Katalog sind auch Ware und Preis des vom erklärenden Versandhaus V angestrebten Kaufvertrages ausreichend **bestimmt** im Sinne des § 869 ABGB, also die essentialia negotii (die wesentlichen Elemente eines Rechtsgeschäftes) des in Aussicht genommenen Kaufvertrages enthalten.

Allerdings kann nicht angenommen werden, dass sich das Versandhaus V in Bezug auf jeden Artikel, der sich im Katalog findet, hinsichtlich jedes der 120.000 potentiellen Kunden binden will, vielmehr will das Versandhaus V aus der Perspektive des redlichen

---

2   *Riedler*, ZR I AT[8] Rz 11/3.
3   *Riedler*, ZR I AT[8] Rz 11/49.

Erklärungsempfängers K nur liefern, solange der Vorrat reicht. Aus diesem Grunde fehlt aus der Perspektive des Bestellenden dem Versandhaus V erkennbar der **Bindungswille**, sich gegenüber jedermann in Bezug auf jede beliebige Bestellmenge zu binden. In der Zusendung des Kataloges ist daher mangels Bindungswillens des Versandhauses nur eine invitatio ad offerendum, eine **Aufforderung zur Stellung eines Angebotes** zu sehen.[4]

Bestellkarte des K – Angebot?

Auch die ausgefüllte und an V verschickte Bestellkarte des K ist eine vom Willen des handelnden K getragene Willensäußerung im Geschäftsverkehr samt Rechtsfolgewille und Kundgabezweck (**Willenserklärung**).

Allerdings enthält diese Bestellkarte nach dem Sachverhalt nur die Bestellnummer des Snowboards. Da Ware (Snowboard) und Preis (€ 500,-) mittels der Bestellnummer anhand des von V verschickten Kataloges aus der Empfängerperspektive des Versandhauses V aber **bestimmbar** sind, ist auch hier das Kriterium der Bestimmtheit der Willenserklärung iSd § 869 ABGB erfüllt.

Aus der Bestellkarte des K geht auch sein **Bindungswille** hervor, da er mit seiner Bestellung dem Versandhaus V das Recht einräumt, durch einseitige Annahme den Vertrag zu perfektionieren.

Laut Sachverhalt ist das ungeöffnete Kuvert des K am 5.9. beim Versandhaus V eingelangt, jedoch durch Unachtsamkeit des Angestellten ungeöffnet beim Altpapier gelandet. Nach der für den **Zugang** maßgebenden Empfangstheorie kommt es für den Zugang einer Willenserklärung nicht auf die tatsächliche Kenntnisnahme der Erklärung durch den Empfänger – das Versandhaus V – an, vielmehr reicht es aus, wenn die Erklärung derart in den Machtbereich des Empfängers gelangt ist, dass dieser sich unter normalen Umständen von deren Inhalt Kenntnis verschaffen konnte und Störungen nur mehr in seiner Sphäre, nicht beim Absender oder der Übermittlungsanstalt möglich sind (objektive Kenntnisnahmemöglichkeit genügt).[5] Da die Bestellkarte des K derart in die Machtsphäre des Versandhauses gelangt ist, dass dieses objektiv vom Inhalt der Erklärung Kenntnis nehmen konnte, und der Angestellte des Versandhauses nach der Verkehrsauffassung zur Entgegennahme von Erklärungen bestellt anzusehen ist (Empfangsbote), ist die Erklärung des K dem Versandhaus V im Sinn der Empfangstheorie zugegangen. Das nachträgliche Wegwerfen des ungeöffneten Kuverts ändert am schon vorher eingetretenen Zugang nichts.

---

[4]   *Riedler*, ZR I AT[8] Rz 11/16.
[5]   *Riedler*, ZR I AT[8] Rz 11/18.

Für eine nachträgliche Zerstörung seiner Erklärung durch nachträglichen, bis zur tatsächlichen Kenntnisnahme der Erklärung des K durch V rechtlich möglichen **Widerruf** der Willenserklärung durch K ergeben sich aus dem Sachverhalt keine Anhaltspunkte. Die Bestellkarte des K stellt daher ein gültiges Angebot auf Abschluss eines Kaufvertrages an das Versandhaus V über das Snowboard zum Preis von € 500,- dar.

Annahme des Versandhauses?

Einen Annahme eines Angebotes kann durch Annahme durch Willenserklärung (§ 863 ABGB) oder Willensbetätigung (§ 864 ABGB) erfolgen, wobei eine Annahme durch Willenserklärung (§ 863 ABGB) im Rechtssinne erfordert: 1. (Ausdrückliche oder konkludente) Willenserklärung, 2. Bindungswille des Erklärenden (des Annehmenden), 3. Zugang der Erklärung (des Annehmenden beim Erklärungsempfänger [dem Anbietenden]) 4. Rechtzeitigkeit der Annahme und 5. Kein Widerruf der Erklärung (durch den Annehmenden gegenüber dem Anbietenden).[6]

Schweigen (Untätigkeit) des Versandhauses V – Annahme?

Nach dem Sachverhalt hat das Versandhaus V auch Ende November das bestellte Board noch immer nicht geliefert und sich auch sonst gegenüber K nicht geäußert, also geschwiegen. Fraglich ist, ob und welchen Erklärungswert aus rechtlicher Perspektive bloßes **Schweigen eines Erklärungsempfängers** hat, dem ein Angebot auf Abschluss eines Vertrages zugegangen ist. Nach dem Regelungskonzept des § 863 ABGB können Angebote durch ausdrückliche oder konkludente (stillschweigende) Willenserklärungen angenommen werden, wobei nach § 863 Abs 2 ABGB auch bloßes Unterlassen, also passives Schweigen einen Erklärungswert haben kann. Damit stellt sich die Frage, ob im vorliegenden Fall passives **Unterlassen (Schweigen)** des Versandhauses V als Annahme des Angebotes gewertet werden kann und somit zum Vertragsschluss führt. Prinzipiell gilt **Schweigen** nicht als Annahme eines Angebotes, doch kann Schweigen als Zustimmung gewertet werden, wenn den Schweigenden eine Redepflicht getroffen hätte. Derartige Redepflichten können sich aus dem **Gesetz**, Rahmenverträgen, der Übung des redlichen Verkehrs oder vorvertraglichen Aufklärungspflichten ergeben.[7]

Analysiert man die Rechtsordnung zunächst auf die Frage hin, ob **gesetzliche Redepflichten** von Versandhäusern bestehen, welche Angebote (Bestellungen) von potenziellen Kunden erhalten haben, so ist zunächst festzuhalten, dass der Abschluss von Kaufverträgen im Versandhandel in den §§ 1053 ff **ABGB** selbst nicht speziell geregelt ist

---

6   *Riedler*, ZR I AT[8] Rz 11/49.
7   *Riedler*, ZR I AT[8] Rz 11/30.

und sich auch keine sonstigen ausdrücklich angeordneten Redepflichten aus dem ABGB ergeben. Fraglich bleibt daher, ob und allenfalls welche zusätzlichen Sondergesetze auf den vorliegenden Fall zur Anwendung gelangen und ob sich Redepflichten von Versandhäusern allenfalls aus diesen Sondergesetzen ergeben.

Fraglich ist zunächst, ob sich eine gesetzliche Redepflicht des Versandhauses aus dem **KSchG** ableiten lässt. Das 1. Hauptstück des KSchG gilt für Rechtsgeschäfte, an welchen einerseits jemand, für den das Geschäft zum Betrieb seines Unternehmes gehört (Unternehmer) und andererseits jemand beteiligt ist, für den dies nicht zutrifft (Verbraucher). Ein Unternehmen ist dabei nach der Legaldefinition des § 1 Abs 2 KSchG jede auf Dauer angelegte Organisation selbständiger wirtschaftlicher Tätigkeit, mag sie auch nicht auf Gewinn gerichtet sein. V betreibt als Versandhaus eine auf Dauer angelegte Organisation selbständiger wirtschaftlicher Tätigkeit, somit ein Unternehmen iSd § 1 Abs 2 KSchG und ist daher als Unternehmerin iSd § 1 Abs 1 Z 1 KSchG anzusehen. Da dies auf K nicht zutrifft, ist K als Verbraucher iSd § 1 Abs 1 Z 2 KSchG einzuordnen. Damit sind auf den vorliegenden Fall zwar auch die Sondernormen des KSchG anzuwenden, allerdings enthält das KSchG keine Sondernormen mehr[8] über den Versandhandel, sodass sich auch aus dem KSchG keine gesetzlich angeordneten Redepflichten des Versandhauses V ableiten lassen.

Fraglich bleibt, ob auf den vorliegenden Fall nicht auch das seit 13.6.2014 in Geltung stehende **FAGG** anwendbar ist und ob sich darin eine Bestimmung für eine derartige Redepflicht findet. Gem § 1 Abs 1 Z 1 FAGG ist dieses Gesetz anwendbar auf Verträge, welche a. zwischen einem Verbraucher und einem Unternehmer iSd § 1 KSchG b. im Fernabsatz oder außerhalb von Geschäftsräumen geschlossen wurden und nach denen c. der Verbraucher zu einer Zahlung verpflichtet ist. a. V ist Unternehmerin, K Verbraucher iSd

---

[8] Urspünglich waren im KSchG in den §§ 5a ff KSchG Normen enthalten, welche auf Vertragsabschlüsse Im Fernabsatz, also auch dem Versandhandel zur Anwendung gelangten. Nach dieser alten Rechtslage, welche bis in das Jahr 2014 in Kraft war, normierte **§ 5i KSchG** folgende Pflichten auch für Unternehmer, welche im Versandhandel tätig waren:
"(1) Sofern die Parteien nicht etwas anderes vereinbart haben, hat der Unternehmer eine Bestellung des Verbrauchers spätestens 30 Tage nach dem auf die Übermittlung der Bestellung durch den Verbraucher folgenden Tag auszuführen, es sei denn, daß er das Anbot des Verbrauchers nicht annimmt. (2) Kann der Unternehmer eine Bestellung des Verbrauchers nicht ausführen, weil die bestellte Ware oder Dienstleistung nicht verfügbar ist, so hat er dies dem Verbraucher unverzüglich mitzuteilen und ihm bereits geleistete Zahlungen zu erstatten. Gleiches gilt, wenn der Unternehmer das Anbot des Verbrauchers nicht annimmt. ..."
Aus der Bestimmung des § 5i Abs 2 KSchG wurde von einem Teil der Lehre abgeleitet, dass den Unternehmer eine gesetzliche Redepflicht traf, wenn er Bestellungen von Kunden nicht annehmen wollte (dazu *Riedler*, Zivilrecht I AT[5] Rz 11/30), sodass Schweigen auf einlaufende Bestellungen wegen Verletzung einer gesetzlichen Redepflicht als Zustimmung zum Vertragsschluss gewertet werden konnte. Allerdings wurden die Normen der §§ 5a ff KSchG und damit auch § 5i KSchG im Jahr 2014 durch das sog Verbraucherrechteumsetzungsgesetz BGBl I 2014/33 aufgehoben, und gleichzeitig der Fernabsatz in einem eigens geschaffenen Sondergesetz, dem FAGG einer überarbeiteten Regelung zugeführt.

KSchG (siehe oben). b. Ein Fernabsatzvertrag ist nach der Legaldefinition des § 3 Z 2 FAGG ein Vertrag, welcher ohne gleichzeitige körperliche Anwesenheit des Unternehmers und des Verbrauchers im Rahmen eines für den Fernabsatz organisierten Vertriebs- oder Dienstleistungssystems unter ausschließlicher Verwendung von Fernkommunikationsmitteln abgeschlossen wird. Fernkommunikationsmittel sind zB Briefe, Internet, Telefon, Fax und auch Kataloge. V bedient sich als Versandhaus eines für den Fernabsatz organisierten Vertriebssystems und der Vertrag sollte ohne gleichzeitige körperliche Anwesenheit der beiden künftigen Vertragspartner V und K unter ausschließlicher Verwendung von Fernkommunikationsmitteln (Katalog, Bestellkarte, Versendung der Ware) abgeschlossen werden. Und nachdem c. der Verbraucher K aus diesem Vertrag auch zu einer Zahlung verpflichtet wäre, sind somit auch die Voraussetzungen für die zusätzliche Anwendbarkeit des FAGG erfüllt (§ 1 Abs 1 FAGG). Allerdings lässt sich auch aus keiner der Bestimmungen des FAGG eine gesetzlich normierte Redepflicht des Unternehmers gegenüber dem Verbraucher ableiten.[9]

Nachdem eine Redepflicht von V auch nicht aus Rahmenverträgen, der Übung des redlichen Verkehrs oder vorvertraglichen Aufklärungspflichten abgeleitet werden kann, bleibt es im Ergebnis beim oben angeführten Grundsatz, dass Schweigen prinzipiell nicht als Zustimmung bzw als Annahme eines Angebots gilt. Damit ist das Schweigen des Versandhauses V auf die Bestellung des K nicht als Zustimmung zum Vertragsschluss zu sehen.

Zusammenfassend ist daher festzuhalten, dass zwischen K und V mangels Annahmehandlung von V **kein Kaufvertrag** über das Snowboard zustande gekommen ist.

Der Anspruch des K gegen V auf Lieferung des Snowboards zum Preis von € 500,- gemäß § 1061 ABGB besteht daher nicht.

---

[9] Die alte Vorschrift des § 5i KSchG wurde nicht in das neue FAGG übernommen, sodass die Fortentwicklung der Rechtsordnung zu einem Rückschritt im österreichischen Verbraucherschutzrecht geführt hat.

Fall 2
Badverfliesung

Schwerpunkte	Training Falllösungstechnik, Subsumtion, Aufbau eines Rechtsgutachtens, Werkvertrag, Anspruchsprüfung, Vertragsschluss, Angebot, nachträglicher Widerruf, **Annahme durch Willenserklärung § 863 ABGB**, Geltungsdauer des Angebotes, Rechtzeitigkeit der Annahme, Fristenrechnung bei gesetzter Frist, Vertragsschluss nach § 862a ABGB; unverzüglicher Rücktritt?
Vorbereitung	*Riedler*, ZR I AT[8] (2022) 4. Kap Tätigkeit des Juristen – Subsumtion 10. Kap Privatautonomie und Rechtsgeschäft 11. Kap Vertragsschluss

Sachverhalt

U inseriert in einer Tageszeitung folgenden Text: "Übernehme günstig Fliesenlegerarbeiten. Zuschriften unter Chiffre 9990 an den Verlag." Da **B** sein Bad renovieren will, setzt er sich über die angegebene Chiffrenummer mit **U** in Verbindung, welcher das Bad zwecks Überblick über die anfallenden Arbeiten am 11.11. besichtigt. **U** bietet im Zuge der Besichtigung dem **B** an, das Bad gegen einen Stundenlohn von € 20.- am ersten Dezemberwochenende zu verfliesen. **B** könne sich dieses Angebot bis zum 22.11. überlegen.

Am 18.11. reut es den **B**, das Angebot des **U** nicht angenommen zu haben und er schreibt **U** einen Brief, in dem er ihn mit der Verfliesung – wie besprochen – beauftragt. **B** sendet den Brief noch am 18.11. von Traun aus an **U**, der in Linz wohnt, ab. Infolge einer Postverzögerung bekommt **U** den Brief erst am 24.11. zugestellt, da er aber nicht zuhause ist, wird der Brief am 25.11. ab 8.00 Uhr beim Postamt 4020 Linz hinterlegt. **U** holt den Brief am 26.11. ab und teilt **B** sofort telefonisch mit, dass er inzwischen für das erste Dezemberwochenende anders disponiert habe und daher die Arbeiten nicht ausführen könne. **B** besteht auf die Verfliesung zum angeführten Termin.

Wie ist die Rechtslage?

Fünf Fragen zur Einführung

1. Welche **Personen** sind am Sachverhalt beteiligt?

2. Welche **Rechtsverhältnisse** bestehen zwischen den beteiligten Personen?

3. Welche **Leistungen** wurden zwischen diesen Personen bereits erbracht?

4. Wie lautet die **Fallfrage**?

5. Welche **Ansprüche** sind zu prüfen, wenn wir uns die Frage stellen: **Wer will was von wem aus welchem Rechtsgrund?**

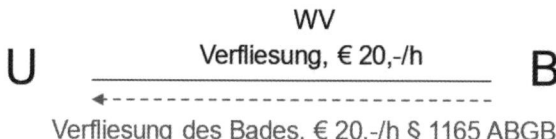

Anspruch des B gegen U auf Ausführung der Verfliesungsarbeiten des Bades zum Preis von € 20,- pro Stunde gem § 1165 ABGB

Rechtsgutachten

Anspruch des B gegen U auf Ausführung der Verfliesungsarbeiten des Bades zum Preis von € 20,- pro Stunde gem § 1165 ABGB

Voraussetzung für diesen Anspruch ist, dass ein **Werkvertrag** über die Verfliesungs-arbeiten zum angegebenen Preis zwischen U und B zustande gekommen ist. Da B von U keine fertige Sache gegen Entgelt erwerben will, sondern U die Herstellung eines Werkes gegen Entgelt übernimmt (§ 1151 Abs 1 2. HS ABGB), geht es in casu um das Zustandekommen eines Werkvertrages. Da die §§ 1165 - 1171 ABGB keine Spezialnormen enthalten, kommt auch der Werkvertrag als Konsensualvertrag nach den allgemeinen Vertragsabschlußregelungen der §§ 859 ff ABGB, also durch Angebot und Annahme (§ 861 ABGB) zustande. Für ein **Angebot im Rechtssinne** müssen fünf Voraussetzungen kumulativ erfüllt sein: 1. Vorliegen einer Willenserklärung, 2. ausreichende Bestimmtheit der Willenserklärung, 3. Bindungswille des Erklärenden, 4. Zugang der Erklärung des potentiell Anbietenden beim Erklärungsadressaten (dem potentiell Annehmenden) und 4. keine nachträgliche Zerstörung der Erklärung durch nachträglichen Widerruf der Erklärung durch den Erklärenden.[1]

Inserat des U – Angebot?

Im Inserat des U sind weder die auszuführenden Arbeiten für ein konkretes Werk **bestimmt** noch ein konkretes Entgelt festgelegt. Letzteres stünde der Bestimmtheit iSd § 869 ABGB zwar nicht entgegen, weil bei Werkverträgen im Zweifel gem § 1152 ABGB mangels ausdrücklicher Vereinbarung von Unentgeltlichkeit ein angemessenes Entgelt als bedungen gilt. Mangels Bestimm(bar)keit des auszuführenden Werkes liegt aber jedenfalls kein Angebot im rechtlichen Sinne vor.

Zudem ist im Inserat mangels **Bindungswillens** des Inserierenden nur die Aufforderung zur Stellung eines Angebotes zu sehen, da dieser nur liefern will, „solange der Vorrat reicht" – sind doch die Arbeitskapazitäten des U beschränkt.

---

[1] *Riedler*, ZR I AT[8] Rz 10/25, 11/4.

Besichtigung des U – Angebot?

Die Besichtigung des Bades durch U dient nur zur Einholung von Informationen. Es handelt sich um sogenannte **Vorverhandlungen** iSd § 861 S 2 ABGB. Auch darin liegt kein Angebot im Rechtssinne.

Erklärung des U vom 11.11 – Angebot?

In dieser Erklärung des U ist sowohl das auszuführende **Werk** (Verfliesung des Bades des B) bestimmt als auch das Werkentgelt **bestimmbar** (€ 20,- pro Stunde). Es sind daher die essentialia negotii des in Aussicht genommenen Werkvertrages (Werk und Entgelt) bestimmt(-bar).

Bindungswille des U ist unzweifelhaft gegeben, da er mit seiner Erklärung dem B das Recht einräumt, durch einseitige Annahme den Vertrag zu perfektionieren.

Die mündliche Erklärung des U ist dem anwesenden B iSd Empfangstheorie sofort **zugegangen**, wobei in casu sogar davon auszugehen ist, dass sie von diesem sofort tatsächlich zur Kenntnis genommen wurde.

Für einen nachträglichen, auch grundlos und formfrei zulässigen **Widerruf** der Erklärung des U könnte sein Telefonanruf vom 26.11. in Betracht kommen. Da ein Widerruf einer Erklärung aber nur maximal bis zur tatsächlichen Kenntnisnahme durch den Erklärungsempfänger B rechtlich zulässig ist, ist im Telefonat des U vom 26.11. kein wirksamer Widerruf zu sehen, der zur einseitigen nachträglichen Zerstörung des Angebotes des U vom 11.11. führen hätte können. In der mündlichen Erklärung des U vom 11.11. liegt somit ein gültiges Angebot des U auf Abschluss eines Werkvertrages an B auf Verfliesung des Bades am ersten Dezemberwochenende zu € 20/Stunde.

Brief des B vom 18.11. – Annahme?

Eine **Annahme im Rechtssinne** ist jene mit der Angebotserkärung korrespondierende Handlung des Annehmenden, welche die Voraussetzungen einer Annahme im Rechtssinne erfüllt – dies sind bei einer Annahme durch Willenserklärung im Sinne des § 863 ABGB: 1. (Annahme durch ausdrückliche oder konkludente) Willenserklärung, 2. Zugang der Annahmeerklärung (des Annehmenden beim Anbietenden), 3. Rechtzeitigkeit der Annahmeerklärung und 4. Kein Widerruf der Annahmeerklärung (durch den Annehmenden).[2] Nach dem Sachverhalt kommt eine Annahme des Angebotes des U durch den Brief des B

---

[2]   *Riedler*, ZR I AT[8] Rz 11/27.

vom 18.11. in Form einer **ausdrücklichen Willenserklärung (§ 863 ABGB)** in Betracht, da B ausdrücklich sein Einverständnis erklärt.

Fraglich ist allerdings, ob und wann diese Willenserklärung dem U **zugegangen iSd Empfangstheorie** ist. B hat sich bei der Übermittlung des Briefes der Post bedient, die daher auch als **Erklärungsbotin des B** anzusehen ist, sodass der Brief des B dem U erst zugegangen ist, wenn der Brief des B derart in die Machtsphäre des U gelangt ist, dass dieser sich unter normalen Umständen vom Inhalt des Briefes Kenntnis verschaffen konnte. Nach der Empfangstheorie kommt es für den Zugang auf die objektive Kenntnisnahmemöglichkeit des Empfängers an, tatsächliche Kenntnisnahme des Empfängers vom Inhalt der Erklärung ist für den Zugang der Erklärung also nicht erforderlich.[3] Hinterlegte Briefe gelten nach der Rsp mit der objektiv ersten Möglichkeit der Abholung als zugegangen, sodass im vorliegenden Fall der Zugang des Briefes des B bei U mit 25.11. anzunehmen ist. Dass U den Brief tatsächlich erst am 26.11. abgeholt hat, ist für den aus rechtlicher Perspektive relevanten Zugangszeitpunkt iSd Empfangstheorie irrelevant.

Im nächsten Schritt ist die **Rechtzeitigkeit der Annahme** zu analysieren, welche anhand der Frage zu prüfen ist, ob der Brief des annehmenden B dem anbietenden U innerhalb der zeitlichen Geltungsdauer von dessen Angebotserklärung zugegangen im Sinne der Empfangstheorie ist. U hat für die Geltungsdauer seines Angebotes iSd § 862 S 1 eine Frist bis 22.11. gesetzt, sodass sein Angebot gegenüber B bis zum 22.11. bestanden hat und mangels rechtzeitigen Zugangs einer Annahmeerklärung mit dem Ablauf des 22.11. (24.00 Uhr; § 903 ABGB) erloschen ist. Ein Vertragsschluss müsste daher grundsätzlich scheitern. Allerdings ist in diesem Zusammenhang noch die Sondervorschrift des **§ 862a ABGB** zu beachten, welche einen Vertragsschluss trotz **nicht rechtzeitigen Zugangs der zeitgerecht abgeschickten, aber für den Empfänger erkennbar verzögert übermittelten Annahmeerklärung** ermöglicht. Da B den Brief in Traun zeitgerecht am 18.11. abgesendet hat, könnte ungeachtet des nicht rechtzeitigen (verspäteten) Zugangs der Annahmeerklärung ein Vertragsschluss nach der Sondernorm des § 862a ABGB in Betracht kommen. Musste U die zeitgerechte Absendung der Annahmeerklärung des B auf Grund des Poststempels erkennen, so kam zwar an sich der Werkvertrag zwischen U und B gem § 862a S 2 ABGB zustande. Allerdings hat **U** den Brief am 26.11. abgeholt und dem B sofort telefonisch mitgeteilt, dass er inzwischen für das erste Dezemberwochenende anders disponiert habe und daher die Arbeiten nicht ausführen könne. Damit hat aber U von seinem ihm nach § 862a ABGB zustehenden Rücktrittsrecht unverzüglich Gebrauch gemacht und dadurch

---

[3] *Riedler*, ZR I AT[8] Rz 11/18.

den an sich zunächst zustande gekommenen Vertrag durch die Geltendmachung des ihm zustehenden Gestaltungsrechtes einseitig wieder aufgelöst. Der Vertrag besteht somit im Ergebnis nicht. Konnte und musste U die zeitgerechte Absendung der Annahmeerklärung des B hingegen nicht erkennen (zB Poststempel wurde am durch Regen nass gewordenen Kuvert unleserlich verwischt), so ist der Tatbestand des § 862a ABGB nicht erfüllt, sodass ein Vertragsschluss ohnedies schon am nicht rechtzeitigen Zugang der Annahmeerklärung des B scheitert und die Sondervorschrift des § 862a ABGB nicht eingreift. Für beide Varianten gilt:

Der Anspruch des B gegen U auf Verfliesung des Bades gem § 1165 ABGB besteht daher nicht.

Fall 3
Schlittschuhe

Schwerpunkte	Training Falllösungstechnik, Subsumtion, Aufbau eines Rechtsgutachtens, Anspruchsprüfung, Vertragsschluss, Kaufvertrag – Angebot, **Annahme durch Willensbetätigung § 864 ABGB**, Ermittlung des Erklärungsinhalts, Vertrauenstheorie, Konsens, Dissens, abweichende Annahme als neues Angebot, Realofferte § 864 Abs 2 ABGB
Vorbereitung	*Riedler*, ZR I AT[8] (2022) 4. Kap Tätigkeit des Juristen – Subsumtion 10. Kap Privatautonomie und Rechtsgeschäft 11. Kap Vertragsschluss 15. Kap Konsens, Dissens, Interpretation von Erklärungen und Verträgen 16. Kap Vertragsschlusshindernisse I – Rechtsfolgenüberblick

Sachverhalt

K bestellt am 1.12. beim **Versandhaus V** per Bestellkarte 1 Paar Schlittschuhe zum Preis von € 70.- als Weihnachtsgeschenk für seine Freundin. Die Schlittschuhe werden am 10.12. bei **V** verpackt und zur Post gegeben. Als **K** das Paket öffnet, bemerkt er, dass auf der beiliegenden Rechnung infolge einer Steigerung des Zulieferpreises ein Preis von € 100.- aufscheint – so viel möchte er nicht ausgeben.

Wie ist die Rechtslage?

Fünf Fragen zur Einführung

1. Welche **Personen** sind am Sachverhalt beteiligt?

2. Welche **Rechtsverhältnisse** bestehen zwischen den beteiligten Personen?

3. Welche **Leistungen** wurden zwischen diesen Personen bereits erbracht?

4. Wie lautet die **Fallfrage**?

5. Welche **Ansprüche** sind zu prüfen, wenn wir uns die Frage stellen: **Wer will was von wem aus welchem Rechtsgrund?**

Anspruch des Versandhauses V gegen K auf Zahlung von € 100,- für die gelieferten Schlittschuhe gem § 1062 ABGB

Rechtsgutachten

Anspruch des Versandhauses V gegen K auf Zahlung von € 100,- für die gelieferten Schlittschuhe gem § 1062 ABGB

Voraussetzung für diesen Anspruch ist, dass ein **Kaufvertrag** über die Schlittschuhe zum Preis von € 100,- zustande gekommen ist. Ein Kaufvertrag kommt als Konsensualvertrag gem § 1054 ABGB iVm § 861 ABGB durch zwei miteinander übereinstimmende Vertragsschlusshandlungen (Angebot und Annahme) zustande. Für ein **Angebot im Rechtssinne** müssen fünf Voraussetzungen kumulativ erfüllt sein: 1. Vorliegen einer Willenserklärung, 2. ausreichende Bestimmtheit der Willenserklärung, 3. Bindungswille des Erklärenden, 4. Zugang der Erklärung des potentiell Anbietenden beim Erklärungsadressaten (dem potentiell Annehmenden) und 4. keine nachträgliche Zerstörung der Erklärung durch nachträglichen Widerruf der Erklärung durch den Erklärenden.[1]

Bestellung des K – Angebot?

Eine **Willenserklärung** ist eine Willensäußerung oder -handlung, die auf die Herbeiführung von Rechtsfolgen gerichtet ist und einen Kundgabezweck verfolgt.[2] Das Ausfüllen und Abschicken der Bestellkarte an das Versandhaus V durch K ist eine vom Willen des K getragene Handlung, mit der ein Rechtsfolgewille verbunden ist und mit der ein Kundgabezweck verfolgt wird.

Bestimmtheit dieser Willenserklärung liegt vor, da sowohl Ware – 1 Paar Schlittschuhe – als auch Preis – € 70,- – ausreichend bestimmt im Sinne des § 869 ABGB sind, die Willenserklärung also die essentialia negotii des in Aussicht genommenen Kaufvertrages enthält.

Nachdem K mit seiner Erklärung dem Versandhaus V das Recht einräumt, den Vertrag durch einseitige Annahme (Lieferung der bestellten Ware) zu perfektionieren, ist auch **Bindungswille** des Erklärenden K gegeben.

Nach dem Sachverhalt werden die Schlittschuhe am 10.12. vom Versandhaus verpackt und zur Post gegeben, sodass daher davon auszugehen ist, dass das Angebot des K dem Versandhaus im Sinn der Empfangstheorie **zugegangen** ist. Diese (Angebots)Erklärung

---

[1] *Riedler*, ZR I AT^8 Rz 10/25, 11/4.
[2] *Riedler*, ZR I AT^8 Rz 11/6.

wurde von K gegenüber dem Versandhaus V auch nicht durch nachträglichen Widerruf zerstört – dem Sachverhalt ist keine Widerrufserklärung des K gegenüber dem Versandhaus V zu entnehmen. Die Bestellung des K ist daher ein Angebot im Rechtssinne.

Lieferung der Schlittschuhe – Annahme (durch Willensbetätigung § 864 ABGB)?

Fraglich ist, ob das Angebot des K durch den Versand der Ware seitens V angenommen wurde. Eine Annahme durch ausdrückliche Willenserklärung iSd § 863 ABGB seitens des Versandhauses – etwa durch telefonischen Rückruf bei K – ist nach dem Sachverhalt zunächst nicht erfolgt. Fraglich ist jedoch, ob nicht im Versenden der Ware eine **Annahme durch Willensbetätigung iSd § 864 ABGB** mit dem Effekt liegt, dass der Vertrag bereits mit der Absendung der Ware und nicht erst mit dem späteren Zugang der Ware bei K zustande gekommen ist. Damit eine gültige Annahme duch Willensbetätigung nach § 864 ABGB vorliegt, müssen folgende fünf Voraussetzungen kumulativ erfüllt sein: 1. eine Annahme des Angebotes durch Willenserklärung des Annehmenden darf nach der Verkehrssitte oder nach der Natur des Geschäftes nicht zu erwarten sein oder es muss ein Verzicht des Offerenten auf eine Annahme durch Willenserklärung vorliegen, 2. (der Annehmende muss eine) Annahmehandlung setzen, also dem Angebot des Anbietenden tatsächlich entspechen, 3. (der Annehmende muss einen) Vertragsabschlusswillen aufweisen, also den Willen haben, den vom Anbietenden intendierten Vertrag durch seine Annahmehandlung zustandebringen zu wollen, 4. Rechtzeitigkeit der Annahmehandlung muss vorliegen, die Annahmehandlung also innerhalb der zeitlichen Geltungsdauer des Angebotes des Anbietenden gesetzt worden sein und 5. der Annehmende darf seine Annahme nicht durch einseitigen nachträglichen Widerruf gegenüber dem Anbietenden wieder zerstört haben.[3]

Eine Annahme durch Willensbetätigung ist zunächst gem § 864 ABGB rechtlich nur wirksam und möglich, wenn eine Annahme durch Willenserklärung nach der Natur des Geschäftes oder nach der Verkehrssitte nicht zu erwarten ist oder der Anbotsteller auf die Annahme durch Willenserklärung verzichtet hat.[4] Gerade bei Versandhausbestellungen, bei welchen vom Versandhaus mit einer Vielzahl von Kunden Geschäfte abgeschlossen werden, ist die **Annahme von Angeboten (Kundenbestellungen) durch ausdrückliche Willenserklärungen nach der Verkehrssitte nicht zu erwarten**, da Kundenbestellungen üblicherweise nicht zB durch (ausdrücklichen) telefonischen Rückruf „zur Bestätigung der tatsächlichen Auslieferung der bestellten Ware" bestätigt bzw angenommen werden. Eine Annahme durch Willensbetätigung im Sinne des § 864 ABGB ist somit rechtlich zulässig und möglich.

---

[3]   *Riedler*, ZR I AT[8] Rz 11/49.
[4]   *Riedler*, ZR I AT[8] Rz 11/42.

Zweite Voraussetzung für die Annahme durch Willensbetätigung ist, dass der Annehmende dem Angebot mit einer nach außen in Erscheinung tretenden **Annahmehandlung** tatsächlich entsprechen muss (eine Annahmehandlung vorliegt).[5] Im Verpacken und Aufgeben der Schlittschuhe durch das Versandhaus am 10.12. könnte eine solche Annahmehandlung liegen. An dieser Beurteilung sind jedoch einerseits insofern Zweifel anzumelden, als das Versandhaus dem Versand der bestellten Ware eine Rechnung mit dem mittlerweile erhöhten Preis von € 100,- beilegt, sodass davon auszugehen ist, dass durch diese Absendung der teureren Ware vom Versandhaus (Schlittschuhe zu EUR 100.-) dem Angebot des K (Schlittschuhe zu EUR 70.-) gerade nicht tatsächlich entsprochen im Sinne des § 864 ABGB worden ist.

Andererseits ist mit dem gleichen Argument auch am Vorliegen eines Vertragsabschlusswillens durch V zu € 70.- zu zweifeln, da das Versenden der Ware durch V zwar auf Abschluss eines Vertrages, aber eben nur zum Preis von € 100,-, aber nicht auf die Annahme des Angebotes des K zum dort ausgewiesenen Preis von € 70.- gerichtet ist – der **Annahmewille** des Versandhauses zur Annahme des Angebotes des K zur € 70.- fehlt. Aus diesen beiden Gründen kommt eine Annahme des Angebotes des K durch das Versandhaus V durch Willensbetätigung schon durch die Absendung der Schlittschuhe iSd § 864 ABGB nicht in Betracht.

Lieferung der Schlittschuhe – Annahme (durch Willenserklärung § 863 ABGB)?

Zu beachten ist überdies, dass spätestens mit dem Zugang der Warensendung (Schlittschuhe) bei K auch eine Annahme des Angebotes des K durch V nach **§ 863 ABGB** zu prüfen ist, da die in der Absendung liegende Willensbetätigung mit dem Zugang der in der Zusendung der Schlittschuhe liegenden Erklärung des Versandhauses auch in eine potenzielle Annahmeeklärung iSd § 863 ABGB „mutiert".

Diese „Annahme" durch **Willenserklärung** des Versandhauses V ist K **zugegangen** im Sinne der Empfangstheorie, dieser Zugang ist auch **rechtzeitig** innerhalb der zeitlichen Geltungsdauer des Angebotes nach § 862 ABGB erfolgt und von V auch nicht durch nachfolgenden **Widerruf** gegenüber K beseitigt worden.

Konsens?

Allerdings ist zu beachten: Sowohl für die Annahme durch Willensbetätigung im Sinne des § 864 ABGB als auch die Annahme durch Willenserklärung im Sinne des § 863 ABGB gilt: Der Abschluss jedes Konsensualvertrages (Kaufvertrages) setzt voraus, dass

---

[5]   *Riedler*, ZR I AT[8] Rz 11/43.

Angebotserklärung einerseits und Annahmeerklärung bzw. –handlung andererseits vollinhaltlich miteinander übereinstimmen, also **Konsens** vorliegt.[6] Demgemäß können diese beiden intendierten Vertragsschlusshandlungen nur dann zum Abschluss eines Kaufvertrages geführt haben, wenn sich auch der Erklärungswert der beiden Vertragsschlusshandlungen vollinhaltlich deckt. Der Inhalt einer von einem Rechtssubjekt abgegebenen Erklärung beurteilt sich aus rechtlicher Perspektive nach der **Vertrauenstheorie**. Nach der Vertrauenstheorie ist eine Erklärung aus der Sicht eines objektiv-redlichen Erklärungsempfängers zu betrachten.[7] Objektiv-redlicher Erklärungsempfänger ist, wer sich bemüht, richtig zu verstehen, was der Erklärende mit seiner Erklärung ausdrücken will. Das Versandhaus V musste aus seiner Perspektive die Bestellung des K nach den Kriterien der §§ 914 f ABGB klar als Bestellung der Schlittschuhe zum Preis von € 70,- verstehen. **Inhalt der Angebotserklärung** war somit: Ankauf der Schlittschuhe zum Preis von € 70,-.

Die im Verpacken und Zusenden der Ware liegende Willensbetätigung weicht schon im Bezug auf den Preis der Schlittschuhe von € 100,- vom Inhalt der Bestellung zu € 70,- ab, sodass **Annahme durch Willensbetätigung nach § 864 ABGB** aus oben angeführten Gründen nicht in Betracht kommt.

Mit dem Einlangen der Ware bei K kann zwar auch **Annahme durch Willenserklärung im Sinne des § 863 ABGB** geprüft werden. K musste und konnte seinerseits aus seiner Perspektive das Zusenden der Schlittschuhe durch V nach der Vertrauenstheorie unter Berücksichtigung der Interpretationsregelungen der §§ 914 f ABGB aber nicht als Annahmehandlung zum Verkauf der Schlittschuhe zum Preis von € 70,- verstehen, sondern musste als objektiv-redlicher Erklärungsempfänger davon ausgehen, dass das Versandhaus wegen der beiliegenden Rechnung mit dem geänderten Preis nur zum Verkauf der Schlittschuhe zum Preis von € 100,- bereit ist. Dem Schreiben des Versandhauses, wonach infolge Steigerung des Zulieferpreises der Preis der Schlittschuhe nunmehr € 100,- betrage, kann klar die Absicht des Kaufhauses entnommen werden, nicht unter diesem Preis verkaufen zu wollen.

Da somit der Erklärungswert der Angebotserklärung einerseits und der Erklärungswert der Annahmehandlung des Versandhauses andererseits inhaltlich nicht übereinstimmen, also

---

[6]   *Riedler*, ZR I AT[8] Rz 15/1.
[7]   *Riedler*, ZR I AT[8] Rz 15/9 ff.

kein Konsens vorliegt, scheitert ein Vertragsschluss am **offenen Dissens der Parteien über Hauptpunkte** (Preis) des in Aussicht genommenen Kaufvertrages.[8]

Lieferung der Schlittschuhe – neues Angebot (durch Realofferte § 864 Abs 2 ABGB)?

Zu prüfen bleibt schließlich die Frage, ob nicht die Zusendung der Schlittschuhe mit dem erhöhten Preis als neue Angebotserklärung von V an K anzusehen ist, einen Kaufvertrag zum Kaufpreis von € 100.- zu schließen. Prinzipiell ist jede „Annahmeerklärung", welche inhaltlich nicht dem Angebot entspricht, wieder als neue Angebotserklärung zum Abschluss des Vertrages zu den geänderten Bedingungen anzusehen.[9] Im vorliegenden Fall ist zusätzlich zu beachten, dass V dem K die Schlittschuhe mit dem erhöhten Preis gleich geliefert, also real ausgefolgt hat, sodass ein Realoffert vorliegt. Ein **Realoffert** ist (im Rahmen des § 864 Abs 2 ABGB) ein Angebot, bei welchem der Anbietende dem potentiell Annehmenden ohne dessen vorhergehende (adäquate) Veranlassung eine unbestellte oder jedenfalls „nicht so bestellte" Ware übermittelt bzw real vorlegt und damit zum Ankauf anbietet.[10] Da der Gesetzgeber das unerwünschte Aufdrängen von unbestellt zugesandten Waren verhindern will, wurde allerdings in § 864 Abs 2 ABGB klargestellt, dass auch das Behalten, Verwenden und selbst das Verbrauchen einer Sache, die dem Empfänger ohne seine Veranlassung (adäquate Verursachung) übersandt worden ist, – für sich betrachtet – nicht als Annahme eines Antrages gilt. Und damit wurde gesetzlich auch klargestellt, dass auch das Schweigen auf ein (unerbetenes) Realoffert genauso wenig als Zustimmung zu einem Angebot gilt, wie auch das Behalten, Verwenden oder Verbrauchen der (unverlangt zugesandten) Sache nicht zum Vertragsschluss führt. Damit ist auch **Schweigen des K auf das Realoffert** von V nicht als Zustimmung zum Vertragsschluss zu werten.

Zusammenfassend kann daher festgehalten werden: Zwischen dem Versandhaus V und K kam weder ein Kaufvertrag über die Schlittschuhe zum Preis von € 70,- noch ein Kaufvertrag über die Schlittschuhe zum Preis von € 100,- zustande.

Der Anspruch des Versandhauses V gegen K auf Bezahlung der Schlittschuhe zum Preis von € 100,- gem § 1062 ABGB besteht nicht.[11]

---

8   *Riedler*, ZR I AT[8] Rz 15/5.
9   *Riedler*, ZR I AT[8] Rz 15/18.
10 *Riedler*, ZR I AT[8] Rz 11/47.
11 **Anmerkung:** Ob in diesem Fall der Anspruch des K gegen U auf Lieferung der Schlittschuhe zum Preis von € 70,- gem § 1061 ABGB oder der oben formulierte Anspruch von U gegen K auf Zahlung von € 100.- gem § 1062 ABGB geprüft wird, ist unerheblich. In beiden Fällen ist das Zustandekommen eines Kaufvertrages zu prüfen und zu verneinen. Da kein Kaufvertrag zustande gekommen ist, kann U die Schlittschuhe von K zurückverlangen (§§ 366, 1431 ABGB – zu diesen Anspruchsgrundlagen vgl später).

          Riedler, Falllösungskompetenz ZR I AT

Fall 4
E-Bike

Schwerpunkte	Falllösungstechnik, Subsumtion, Aufbau eines Rechtsgutachtens, Anspruchsprüfung, Angebot, Annahme, **Webshop**, **Empfangstheorie**, **Vertrauens- theorie, Vertragsauslegung, ECG, Fristberechnung**
Vorbereitung	*Riedler*, ZR I AT[8] (2022) 10. Kap Privatautonomie und Rechtsgeschäft 11. Kap Vertragsschlussmechanismus 12. Kap Sonderfälle des Vertragsschlusses 14. Kap Nebenbestimmungen 16. Kap Vertragsschlusshindernisse I – Rechtsfolgenüberblick

Sachverhalt

A möchte seinen täglichen Arbeitsweg der Umwelt zuliebe in Zukunft öfter mit dem Fahrrad bestreiten und sieht sich deswegen am 2.10. im Online-Shop des Fahrradhändlers **B** nach einem passenden Modell um, wobei ihm das E-Bike PlanetSaver auffällt, welches ihn wegen der Reichweite, der Leistung und auch optisch anspricht. Das E-Bike wird als sofort lieferbar angezeigt (aktuell verfügbarer Lagerstand: 5 Stück) und ist versandkostenfrei für € 999,- direkt im Webshop erhältlich. Da die Bezahlung aber nur mit Kreditkarte möglich ist und sich **A** noch wegen der Rahmengröße beraten lassen möchte, sucht er am 3.10. den **B** auf, der ihm das passende Modell empfiehlt und meint, er werde das E-Bike „bis morgen für **A** verlässlich zurücklegen". **A** solle bis dahin Bescheid geben, ob er es haben möchte, weil der Aktionspreis von € 999,- (anstatt € 1.499,-) nur noch bis zum nächsten Tag gelte. **A** verfasst am Mittag des nächsten Tages (4.10.) eine E-Mail, wonach er das E-Bike kaufe und am nächsten Tag abholen werde, und schickt diese an die E-Mailadresse, die auf der von **B** am Vortag übergebenen Visitenkarte aufscheint. Als **A** das Fahrrad am nächsten Tag abholen möchte, verweigert **B** die Übergabe, weil er von **A** keine zeitgerechte Rückmeldung bekommen habe. Tatsächlich ist die E-Mail des **A** im Spam-Ordner des **B** gelandet, der vom Verkauf nun nichts mehr wissen will, zumal er bereits andere Interessenten für das E-Bike habe, die auch den vollen Kaufpreis von € 1.499,- bezahlen würden.

Wie ist die Rechtslage?

Fünf Fragen zur Einführung

1. Welche **Personen** sind am Sachverhalt beteiligt?

2. Welche **Rechtsverhältnisse** bestehen zwischen den beteiligten Personen?

3. Welche **Leistungen** wurden zwischen diesen Personen bereits erbracht?

4. Wie lautet die **Fallfrage**?

5. Welche **Ansprüche** sind zu prüfen, wenn wir uns die Frage stellen: **Wer will was von wem aus welchem Rechtsgrund?**

Anspruch des A gegen B auf Lieferung des E-Bikes PlanetSaver Zug-um-Zug gegen Zahlung von € 999,- gemäß § 1061 ABGB

Rechtsgutachten

Anspruch des A gegen B auf Lieferung des E-Bikes PlanetSaver Zug-um-Zug gegen Zahlung von € 999,- gemäß § 1061 ABGB

Voraussetzung für diesen Anspruch ist, dass zwischen A und B ein **Kaufvertrag** über das E-Bike zum Preis von € 999,- zustande gekommen ist. Ein Kaufvertrag kommt entsprechend § 1054 ABGB iVm § 861 ABGB durch zwei miteinander korrespondierende Vertragsschlusshandlungen, also Angebot und Annahme zustande, wobei das Angebot im Rechtssinne jene Handlung ist, welche als zeitlich erste Handlung die Voraussetzungen eines Angebotes im Rechtssinne erfüllt.[1] B hat seine E-Bikes zunächst im Online-Shop beworben, sodass sich die Frage stellt, ob bereits darin ein Angebot im Rechtssinne liegt.

E-Bikes im Online-Shop des B – Angebot des B?

Fraglich ist, ob im **„Darstellen" des E-Bikes im Webshop des B** unter Angabe der aktuell verfügbaren Menge und der Versandkosten ein **Angebot im Rechtssinne** vorliegt. Für ein Angebot im Rechtssinne müssen fünf Voraussetzungen kumulativ erfüllt sein: 1. Vorliegen einer Willenserklärung, 2. ausreichende Bestimmtheit der Willenserklärung, 3. Bindungswille des Erklärenden, 4. Zugang der Erklärung des potentiell Anbietenden beim Erklärungsadressaten (dem potentiell Annehmenden) und 4. keine nachträgliche Zerstörung der Erklärung durch nachträglichen Widerruf der Erklärung durch den Erklärenden.[2]

Die Darstellung des Fahrrades im Online-Shop des B, wonach das E-Bike PlanetSaver um EUR 999,- bestellbar ist, ist eine vom Willen des handelnden Rechtssubjektes B gedeckte (Willens)Äußerung, die durch ihre Abgabe im Geschäftsverkehr von einem Rechtsfolgewillen getragen wird und darauf gerichtet ist, gegenüber einem anderen Rechtssubjekt (Kaufinteressenten) seinen rechtsgeschäftlichen Willen zu erklären, also einen Kundgabezweck verfolgt, sohin eine **Willenserklärung** im Rechtssinne.[3]

Diese Online-Willenserklärung des B ist auch ausreichend **bestimmt iSd § 869 ABGB**, weil sich aus der Erklärung der Mindestinhalt (essentialia negotii) des vom Erklärenden B angestrebten Kaufvertrages (E-Bike PlanetSaver um EUR 999,-) ergibt.[4]

---

[1]   *Riedler*, ZR I AT[8] Rz 11/3.
[2]   *Riedler*, ZR I AT[8] Rz 11/4.
[3]   *Riedler*, ZR I AT[8] Rz 11/6.
[4]   *Riedler*, ZR I AT[8] Rz 11/15.

Riedler, Falllösungskompetenz ZR I AT

Fraglich ist jedoch, ob beim Anbieten von Waren in einem Online-Shop auch ein **Bindungswille** des Erklärenden vorliegt. Bindungswille des Antragstellers liegt vor, wenn aus der Willenserklärung hervorgeht, dass der Erklärende B dem Adressaten, also dem Erklärungsempfänger A das Recht einräumt, dass A durch einfaches "Ja" bzw einseitige Annahme den Vertrag zustande bringen kann (Gestaltungsrecht des A). Kein Bindungswille ist idR gegeben bei: bloßen Einladungen zu Verhandlungen, Übersenden von Preislisten, Mustern, Katalogen, Postwurfsendungen, Inseraten, Zeitungsannoncen, öffentlichen Ausschreibungen oder Ausstellen von (ausgepreisten) Waren im Schaufenster oder im Selbstbedienungsladen. In diesen Fällen liegt meist nur eine Aufforderung zur Stellung eines Angebotes vor, da der Erklärende nur eine invitatio ad offerendum, eine Einladung zur Stellung eines Angebotes stellt. Dies ist insb auch anzunehmen, wenn die Erklärung (zB Katalog) einem großen – oft auch unbestimmten – Personenkreis zugestellt wird (Postadresse „An einen Haushalt").[5] In den meisten Fällen wird es daher auch bei einer bloßen Darstellung von Waren in einem Online-Shop an einem derartigen Bindungswillen des Erklärenden fehlen, doch kann in besonderen Fallkonstellationen ein Offert an einen unbestimmten Personenkreis vorliegen. So wird etwa beim Angebot zum direkten Download der verfügbaren Software, bei einer Annahme des Kunden durch den Download der unbegrenzt verfügbaren Software auch der sofortige vertragliche Leistungsaustausch eingeleitet, sodass in dieser Konstellation im Online-Angebot des Software-Downloads ein (mit Bindungswillen des Anbieters versehenes) Angebot liegt, welches der Kunde durch Bestellung bzw Download annimmt. Im vorliegenden Fall wird im Webshop des B die aktuell verfügbare Menge der sofort lieferbaren E-Bikes angezeigt, da die Bezahlung zudem nur mit Kreditkarte und damit Vorkasse möglich ist, erübrigt sich auch eine weitere Bonitätsprüfung des Kunden. Bei Online-Bestellsystemen, die so ausgestaltet sind, dass sie die Bestellmöglichkeit ausschließlich nur für Verkäufe zulassen, die durch einen ausreichenden Lagerbestand gedeckt sind, und infolge Vorkasse des Kunden bei Kreditkartenzahlung auch eine weitere Bonitätsprüfung des Kunden entfällt, kann mF schon in Darstellung der E-Bikes im Webshop des B auch ein Bindungswille des B dahin angenommen werden, dass er jedem Käufer das Gestaltungsrecht einräumt, dass dieser den Kaufvertrag durch einseitige Annahme (Bestellung samt Vorkasse) zustande bringen kann.[6] Bindungswille des B liegt vor.

---

[5] *Riedler*, ZR I AT[8] Rz 11/16.
[6] Ein solches Bestellsystem ist iaR nach dem first-come-first-serve-Prinzip programmiert, bei welchem eine Bestellung nur für jene Käufer ermöglicht wird, bei denen im Zeitpunkt von deren Bestellung noch ausreichend Ware verfügbar ist. Das Bestellsystem muss somit nach einer Bestellung die Anzahl der noch möglichen Bestellungen vollautomatisiert an den noch bestehenden Lagerbestand knüpfen und bei ausgeschöpften Lagerkapazitäten die Bestellmöglichkeit sofort unterbinden. Damit ist sichergestellt, dass sich der Anbietende nicht an Verträge bindet, die den aktuellen Lagerbestand überschreiten, womit auch die Lieferfähigkeit des Anbietenden gewährleistet wird. Ein weiterer Umstand, der für einen Bindungswillen spricht

Vierte Voraussetzung für das Vorliegen eines Angebotes im Rechtssinne ist der **Zugang der Willenserklärung** des Erklärenden (anbietenden) B beim Erklärungsempfänger A iSd sog Empfangstheorie. Nach der Empfangstheorie ist eine Erklärung dem Empfänger zugegangen, wenn sie derart in seinen Machtbereich gelangt ist, dass dieser sich unter normalen Umständen Kenntnis vom Inhalt der Erklärung verschaffen kann und Störungen nur mehr in seiner Machtsphäre, nicht aber durch den Absender möglich sind. Objektive Kenntnisnahmemöglichkeit des Empfängers genügt, tatsächliche Kenntnisnahme des konkreten Erklärungsinhalts durch den Empfänger ist zwar nicht erforderlich, führt aber den Zugang jedenfalls herbei. A hat die auf der Website angezeigte Erklärung des B mit dem Lesen dieser Erklärung tatsächlich zur Kenntnis genommen, sodass diese Erklärung des B dem A auch sofort zugegangen iSd Empfangstheorie ist.[7]

Der Erklärende kann seine Erklärung auch durch nachträglichen, grundlos möglichen und formfrei zulässigen **Widerruf** zerstören, dies aber bis zu maximal jenem Zeitpunkt, in welchem der Erklärungsempfänger die zu widerrufende Erklärung schon tatsächlich zur Kenntnis genommen hat. A hat die Erklärung des B auf dessen Website schon mit deren Lesen tatsächlich zur Kenntnis genommen, sodass auch ein nachträglicher Widerruf dieser Erklärung durch B ausscheidet.[8] B hat seine Erklärung nicht durch nachträglichen Widerruf zerstört. Damit liegt in der Anzeige des E-Bike unter Angabe der aktuell verfügbaren Menge auf der Website des B ein Angebot des B zum Verkauf der (jeweils aktuell verfügbaren) E-Bikes zu EUR 999,-.

Annahme des A?

Nach dem Sachverhalt gibt A auf der Website des B (noch) keine Bestellung ab, da er sich wegen der Rahmengröße noch beraten lassen wollte, sodass keine Annahme des Angebotes des B durch A erfolgte und bis dato auch **kein Kaufvertrag** zustande kam.

Erklärung des B vom 03.10. – (weiteres) Angebot des B?

Nach dem Sachverhalt sucht A am 3.10. den B auf, der ihm das passende Modell empfiehlt und meint, er werde das E-Bike „bis morgen für A verlässlich zurücklegen". Diese Äußerung des B ist eine **Willenserklärung**, also eine vom Willen des handelnden Rechtssubjektes B gedeckte (Willens)Äußerung, die im Geschäftsverkehr von einem Rechtsfolgewillen getragen

---

ist, dass die Bezahlung der Ware ausschließlich mit Kreditkarte möglich ist. Damit entfällt eine Bonitätsprüfung des Käufers, weil dieser die Ware noch vor Lieferung vollständig bezahlen muss.

[7] *Riedler*, ZR I AT[8] Rz 11/19.
[8] *Riedler*, ZR I AT[8] Rz 11/24.

wird und darauf gerichtet ist, gegenüber einem anderen Rechtssubjekt seinen rechtsgeschäftlichen Willen zu erklären, also einen Kundgabezweck verfolgt.[9]

Die Willenserklärung des B ist auch ausreichend **bestimmt**, weil sich daraus der Mindestinhalt (essentialia negotii) des angestrebten Kaufvertrages (E-Bike PlanetSaver um EUR 999,-) ergibt.[10]

B meint, dass er das E-Bike bis morgen für A „verlässlich" zurücklegen werde, wobei A aber bis dahin Bescheid geben solle, ob er das Fahrrad haben möchte, weil der Aktionspreis von € 999,- (anstatt € 1.499,-) nur bis morgen noch gelte. Dieser Willenserklärung des B ist somit auch ein **Bindungswille** des Antragstellers B entnehmbar, weil aus dessen Erklärung hervorgeht, dass er dem Adressaten A das Recht einräumt, dass dieser durch einfaches "Ja" bzw einseitige Annahme den Vertrag zustande bringen kann (Gestaltungsrecht).[11] Weil es sich um eine Erklärung unter Anwesenden handelt, ist diese Erklärung des B dem anwesenden Erklärungsempfänger A auch iSd Empfangstheorie sofort **zugegangen**.[12]

Und nachdem diese Erklärung des B vom anwesenden Erklärungsempfänger A auch tatsächlich sofort zur Kenntnis genommen worden ist, scheidet auch ein nachträglicher **Widerruf** der Erklärung des B gegenüber A aus.[13]

Erklärung des A vom 04.10 – Annahme des A?

Für eine Annahme des Angebotes durch Willenserklärung (§ 863) müssen vier Voraussetzungen erfüllt sein: 1. ausdrückliche oder konkludente Willenserklärung, 2. Zugang der Willenserklärung, 3. Rechtzeitigkeit der Annahme und 4. kein Widerruf der Willenserklärung.[14]

A hat in seiner E-Mail vom 04.10. dem B mitgeteilt, dass er das E-Bike am nächsten Tag bezahlen und abholen werde, und damit eine **Annahme durch ausdrückliche Willenserklärung** getätigt.[15]

Fraglich ist allerdings, ob und allenfalls zu welchem Zeitpunkt diese Annahmeerklärung des A dem anbietenden B auch zugegangen ist. Nach der Empfangstheorie ist eine Erklärung jedenfalls **zugegangen**, wenn sie der Empfänger tatsächlich zur Kenntnis nimmt; Zugang ist

---

[9]   *Riedler*, ZR I AT[8] Rz 11/6.
[10] *Riedler*, ZR I AT[8] Rz 11/15.
[11] *Riedler*, ZR I AT[8] Rz 11/16.
[12] *Riedler*, ZR I AT[8] Rz 11/19.
[13] *Riedler*, ZR I AT[8] Rz 11/24.
[14] *Riedler*, ZR I AT[8] Rz 11/27.
[15] *Riedler*, ZR I AT[8] Rz 11/29.

aber schon vorher gegeben, wenn die Erklärung derart in den Machtbereich des Empfängers gelangt ist, dass sich dieser unter normalen Umständen von ihrem Inhalt Kenntnis verschaffen kann und Störungen nur mehr in seiner Sphäre, nicht mehr beim Absender oder der Übermittlungsanstalt möglich sind (beachte: objektive Möglichkeit der Kenntnisnahme durch den Empfänger genügt, tatsächliche Kenntnisnahme des Empfängers ist nicht erforderlich!). Ortsabwesenheit des Empfängers hindert den Zugang also prinzipiell nicht. Spätestens mit tatsächlicher Kenntnisnahme ist die Willenserklärung dem Empfänger aber jedenfalls zugegangen.[16] Für den Zugang kommt es also nicht auf den Zeitpunkt der internen Erklärungsbildung durch den Erklärenden (A denkt sich, er werde B einen Brief schreiben), nicht auf den Zeitpunkt der Äußerung der Erklärung (A schreibt den Brief), nicht auf die Absendung der Erklärung (A gibt den Brief am Postamt auf), sondern auf den Eintritt der Erklärung in die Machtsphäre des Empfängers (Einwurf des Briefes in den Postkasten des B), nicht aber auf die Kenntnisnahme der Erklärung durch den Adressaten (Lesen des Briefes des A durch B) an. Objektive Kenntnisnahmemöglichkeit des Adressaten B reicht, tatsächliche Kenntnisnahme durch B ist nicht erforderlich.[17] Fraglich ist, wie der Zugang zu beurteilen ist, wenn eine **E-Mail im Spam-Ordner des Empfängers** einlangt. Prinzipiell ist der E-Mail-Account des Empfängers als dessen „elektronischer Postkasten" dem körperlichen Hausbriefkasten gleichzuhalten, der an der Garteneingangstüre des Einfamilienhauses angebracht ist, sodass demgemäß eine E-Mail mit dem Einlangen im dem Absender bekanntgegebenen oder öffentlich verfügbaren E-Mail-Account des Empfängers auch „räumlich" in dessen Machtsphäre eintritt. Durch die Aushändigung der Visitenkarte hat B zu erkennen gegeben, dass er (auch) unter seiner E-Mail-Adresse erreichbar ist. Eine E-Mail ist für den Empfänger in dem Zeitpunkt abrufbar, in dem sie in seiner Mailbox eingelangt und gespeichert ist und am Bildschirm angezeigt oder ausgedruckt werden kann, sobald also ein Abruf durch den Empfänger möglich ist (objektive Möglichkeit der Kenntnisnahme durch den Empfänger genügt). Allerdings sind im vorliegenden Zusammenhang noch zwei Aspekte zu beachten: Erstens enthält § 12 ECG für elektronische Erklärungen eine Sonderanordnung für die Beurteilung des Zugangs und zweitens stellt sich die Frage, ob diese Prinzipien auch gelten, wenn die einlangende Email im SPAM-Ordner des Empfängers abgelegt wird. Da es sich bei der E-Mail des A um eine elektronische Erklärung iSd § 1 ECG handelt, ist im vorliegenden Fall zudem die (zugunsten des Verbrauchers zwingende) Vorschrift des § 12 ECG zu beachten. Nach **§ 12 S 1 ECG** gelten elektronische Vertragserklärungen als zugegangen, „wenn sie die Partei, für die sie bestimmt sind, unter gewöhnlichen Umständen abrufen kann". Eine tatsächliche Kenntnisnahme dieser Erklärungen durch den Empfänger wird daher nicht vorausgesetzt; maßgeblich ist vielmehr die Möglichkeit der Kenntnisnahme

---

[16] *Riedler*, ZR I AT[8] Rz 11/18.
[17] *Riedler*, ZR I AT[8] Rz 11/19.

„unter gewöhnlichen Umständen". Das Einlangen der Erklärung des A im E-Mail-Account des B an der von diesem angegebenen E-Mail-Adresse am Mittag des nächsten Tages ist somit als wirksamer Zugang am selben Tage zu beurteilen, da bei einem Einlaufen des E-Mails am Mittag mit einer unter gewöhnlichen Umständen noch mit einem Abruf am selben Tag (Geschäftszeiten) gerechnet werden kann (§ 12 ECG).[18] Dies gilt zweitens auch in dem Fall, dass die eingelangte E-Mail im Account des Empfängers in dessen **SPAM-Ordner** abgelegt wird, da es ausschließlich in der Sphäre des Empfängers liegt, nach welchen Sicherheitseinstellungen die E-Mails in seinem Account verwaltet und abgelegt werden. Damit ist die Annahmeerklärung des B dem A am 04.10. zugegangen im Sinne der Empfangstheorie.

Die Annahmeerklärung des B gegenüber A erfolgte damit auch **rechtzeitig** iSd § 862 ABGB, also innerhalb der zeitlichen Geltungsdauer der Angebotserklärung des B, da die Annahmeerklärung des A dem Anbietenden B innerhalb der von B für die Geltungsdauer seines Angebotes gesetzten Frist von einem Tag, also noch am 04.10. zugegangen ist.[19] Für diese **Fristenberechnung** gelten die §§ 902 f ABGB, sodass die am 03.10. gesetzte eintägige Frist prinzipiell erst am 04.10. um 24.00 Uhr abläuft.

Und da A seine Annahmeerklärung auch nicht durch nachträglichen **Widerruf** gegenüber B zerstört hat, ist damit ein Kaufvertrag über das E-Bike PlanetSaver um EUR 999,- zwischen A und B zustande gekommen.

Der Anspruch des A gegen B auf Lieferung des E-Bikes PlanetSaver Zug um Zug gegen Zahlung von € 999,- gemäß § 1061 ABGB besteht.

---

[18]   *Riedler*, ZR I AT[8] Rz 11/19.
[19]   *Riedler*, ZR I AT[8] Rz 11/34 f.

Fall 5
Armbanduhr und Parfum

Schwerpunkte	Falllösungstechnik, Subsumtion, Aufbau eines Rechtsgutachtens, Anspruchsprüfung, rechtsvernichtende Einwendungen, Anwendbarkeit bzw Ausnahmen von **KSchG und FAGG**, **Rücktrittsrechte, Rücktrittsfristen, Rücktrittsform**
Vorbereitung	*Riedler*, ZR I AT[8] (2022) 11. Kap Vertragsschlussmechanismus 12. Kap Sonderfälle des Vertragsschlusses 14. Kap Nebenbestimmungen 16. Kap Vertragsschlusshindernisse I – Rechtsfolgenüberblick

Sachverhalt

Anlässlich des bevorstehenden Geburtstages ihres Lebensgefährten **L** möchte **F** ein passendes Geschenk besorgen. Am 12.09.2022 stöbert **F** auf der Homepage des Uhrenmachers **U**, auf welcher verschiedene Uhren beworben werden, die auf Wunsch des Kunden für einen geringen Aufpreis auch mit einer individuellen Gravur versehen werden können. **F** wählt eine der Herrenuhren aus, gibt als gewünschte Gravur den Schriftzug *„Für L, meine große Liebe"* (Preis für Uhr und Gravur: € 120,-) an und klickt anschließend auf den deutlich sichtbaren Button „zahlungspflichtig bestellen". Nach wenigen Minuten erhält **F** ein E-Mail von **U**, mit dem die Bestellung der Uhr bestätigt wird; die Uhr selbst wird ihr am 14.09.2022 geliefert. Noch bevor **F** den Kaufpreis an **U** überweist, trennt sich **L** am 26.09.2022 von ihr. **F** wendet sich am selben Tag telefonisch an **U** und möchte die Uhr zurückschicken, da sie dafür keine Verwendung mehr hat. **U**, der sämtlichen gesetzlichen Informationsverpflichtungen nachgekommen ist, beharrt hingegen auf Zahlung des Kaufpreises durch **F**.

Als **F** tags darauf auf der Einkaufsstraße in ihrem Heimatort schlendert, wird der selbständige Drogeriefachhändler **D** auf sie aufmerksam. Um sein Geschäft anzukurbeln, spricht **D** vermehrt Passanten auf der Einkaufsstraße an, um Vertragsabschlüsse über ausgewählte Parfum-Sorten zu erzielen. **D** preist **F** das neueste Parfum der Marke „Sweet Dreams" an. **F**, die wegen ihrer Trennung von **L** auf andere Gedanken kommen möchte, beschließt, sich Gutes zu tun und erwirbt von **D** gegen Barzahlung von € 40,- das Parfum, irgendwelche Vertragsunterlagen werden nicht übergeben. Zuhause bereut sie den unüberlegten Kauf, weshalb **F** am nächsten Tag **D** in seinen Geschäftsräumen aufsucht, um das unbenutzte Parfum zurückzugeben. **D** verweigert die Rückzahlung der € 40,- mit dem Hinweis, **F** habe die Sache rechtmäßig gekauft und könne daher das Geld nicht zurückfordern.

Wie ist die Rechtslage?

Fünf Fragen zur Einführung

1. Welche **Personen** sind am Sachverhalt beteiligt?

2. Welche **Rechtsverhältnisse** bestehen zwischen den beteiligten Personen?

3. Welche **Leistungen** wurden zwischen diesen Personen bereits erbracht?

4. Wie lautet die **Fallfrage**?

5. Welche **Ansprüche** sind zu prüfen, wenn wir uns die Frage stellen: **Wer will was von wem aus welchem Rechtsgrund?**

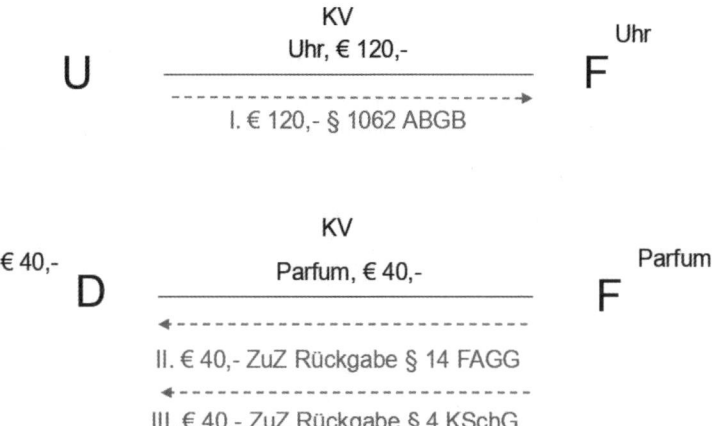

I. Anspruch des U gegen F auf Zahlung von € 120,- gemäß § 1062 ABGB

II. Anspruch der F gegen D auf Rückzahlung der € 40,- Zug um Zug gegen Rückgabe des Parfums gemäß § 14 FAGG

III. Anspruch der F gegen D auf Rückzahlung der € 40,- Zug-um-Zug gegen Rückgabe des Parfums gemäß § 4 KSchG

Rechtsgutachten

I. Anspruch des U gegen F auf Zahlung von € 120,- gemäß § 1062 ABGB

Voraussetzung für diesen Anspruch ist, dass zwischen U und F ein **Kaufvertrag** über die gravierte Uhr zum Preis von € 120,- zustande gekommen ist. Ein Kaufvertrag kommt entsprechend § 1054 ABGB iVm § 861 ABGB durch zwei miteinander korrespondierende Vertragsschlusshandlungen, also Angebot und Annahme zustande, wobei das Angebot im Rechtssinne jene Handlung ist, welche als zeitlich erste Handlung die Voraussetzungen eines Angebotes im Rechtssinne erfüllt.[1] Nach dem Sachverhalt hat F die Armbanduhr samt Gravur als Geschenk für L bei U auf dessen website zu einem Kaufpreis von € 120,- bestellt (Angebot), was durch das Bestätigungs-Email von U und die anschließende Lieferung der gravierten Uhr auch angenommen wurde, sodass nach dem Sachverhalt davon auszugehen ist, dass zwischen U und F ein Kaufvertrag zustandegekommen ist und daher der Zahlungsanspruch des U gegen F erfolgreich durchgesetzt werden kann.

Fraglich ist jedoch, ob und allenfalls welche **rechtsvernichtenden Einwendungen** F diesem Zahlungsbegehren des U entgegenhalten kann. F hat U telefonisch mitgeteilt, dass sie die Uhr zurückschicken möchte, U beharrt hingegen auf Zahlung. Zu prüfen ist daher zunächst die Fage, ob F ein Recht zur nachträglichen (rückwirkenden) Vertragauflösung hat – sofern F ein Recht zum Rücktritt vom Vertrag hat und dieses gegenüber U auch ausgeübt hat, wird der Kaufvertrag (rückwirkend) beseitigt, sodass auch der Zahlungsanspruch des U nicht bestehen würde. Da der Kaufvertrag zwischen U und F ausschließlich über die website des U samt Lieferung geschlossen wurde, stellt sich zunächst die Frage, ob „zusätzlich" zum ABGB auch allfällige **Sondernormen** zur Anwendung gelangen, aus welchen sich allfällige Rücktrittsrechte der F ergeben können.

Anwendbarkeit des FAGG?

Fraglich bleibt, ob auf den vorliegenden Fall nicht auch das **FAGG** anwendbar ist.[2] Gem § 1 Abs 1 Z 1 FAGG ist dieses Gesetz anwendbar auf Verträge, welche 1. zwischen einem Verbraucher und einem Unternehmer iSd § 1 KSchG, 2. im Fernabsatz oder außerhalb von Geschäftsräumen geschlossen wurden und nach denen 3. der Verbraucher zu einer Zahlung verpflichtet ist.

---

[1] *Riedler*, ZR I AT[8] Rz 10/25, 11/3.
[2] Dazu *Riedler*, ZR I AT[8] Rz 12/12 ff.

Unternehmer-Verbraucher-Verträge sind erstens nach § 1 KSchG all jene Geschäfte, an denen einerseits jemand, für den das Geschäft zum Betrieb seines Unternehmens gehört (**Unternehmer**) und andererseits jemand, auf den dies nicht zutrifft (**Verbraucher**), beteiligt ist. Ein **Unternehmen** ist dabei nach der Legaldefinition des § 1 Abs 2 KSchG jede auf Dauer angelegte Organisation selbständiger wirtschaftlicher Tätigkeit, mag sie auch nicht auf Gewinn gerichtet sein. U betreibt ein Uhrengeschäft, also ein Unternehmen im Sinne des § 1 Abs 2 KSchG und ist daher Unternehmer im Sinne des § 1 Abs 1 Z 1 KSchG, wobei der Verkauf von Uhren auch zum Betrieb seines Unternehmens gehört. Auf F als Käuferin trifft dies nicht zu, da sie die Armbanduhr als (Privat)Geschenk für ihren Freund L kauft, F ist daher Verbraucherin im Sinne des § 1 Abs 1 Z 2 KSchG.

Ein **Fernabsatzvertrag** ist zweitens nach der Legaldefinition des § 3 Z 2 FAGG „jeder Vertrag, der zwischen einem Unternehmer und einem Verbraucher ohne gleichzeitige körperliche Anwesenheit des Unternehmers und des Verbrauchers im Rahmen eines für den Fernabsatz organisierten Vertriebs- oder Dienstleistungssystems geschlossen wird, wobei bis einschließlich des Zustandekommens des Vertrags ausschließlich Fernkommunikationsmittel verwendet werden". F hat die Armbanduhr über einen Onlineshop bestellt, die Uhr wurde geliefert, damit waren F und U nicht gleichzeitig körperlich anwesend, der Vertrag wurde im Rahmen eines für den Fernabsatz organisierten Vetriebssystems (website des U) geschlossen und es wurden bis einschließlich des Zustandekommens nur Fernkommunikationsmittel verwendet, im vorliegenden Fall das Internet (Bestellung über Webseite + E-Mail-Bestätigung und Informationserteilung ebenfalls via Homepage und E-Mail) und anschließende Lieferung. Es lag keine Kommunikation zwischen F und U in gleichzeitiger körperlicher Anwesenheit vor. Damit wurde zwischen F und U ein Kaufvertrag geschlossen, welcher auch die Definition des Fernabsatzvertrages erfüllt.

Und nachdem drittens die **Verbraucherin F aus diesem Vertrag auch zu einer Zahlung verpflichtet** ist, sind auch die Voraussetzungen für die zusätzliche Anwendbarkeit des FAGG erfüllt (§ 1 Abs 1 FAGG). Damit sind auch die Sondervorschriften des FAGG anwendbar.

Sondervorschriften des FAGG für den Vertragsschlussvorgang?

Das FAGG enthält zunächst in den §§ 4 ff FAGG umfangreiche **Informationspflichten des Unternehmers**.[3] So hat der Unternehmer dem Verbraucher vor Vertragsschluss bzw Abgabe seiner Vertragserklärung klar und verständlich die in **§ 4 Abs 1 Z 1 - 19 FAGG** angeführten vertragsrelevanten Informationen (zB wesentliche Eigenschaften der Ware,

---

[3] *Riedler*, ZR I AT[8] Rz 12/13.

Name und Firma des Unternehmers, Gesamtpreis, Zahlungs- und Lieferbedingungen,…) zu erteilen und ihn insb auch über sein Rücktrittsrecht nach den §§ 11 ff FAGG zu belehren (§ 4 Abs 1 Z 8 FAGG; eine Muster-Widerrufsbelehrung findet sich im Anhang zum FAGG). Im konkreten Fall sind zusätzlich die §§ 7 und 8 FAGG einschlägig: **§ 7 FAGG** regelt die Informationserteilung bei Fernabsatzverträgen; **§ 8 FAGG** enthält besondere Erfordernisse bei elektronisch – also etwa über Webseiten und nicht „nur" per SMS oder E-Mail, die ebenso individuelle Kommunikationsmittel darstellen – geschlossenen Verträgen. In casu wurde die Uhr über den Onlineshop des U gekauft, weshalb auch die besonderen Erfordernisse bei der Informationserteilung erfüllt werden müssen. Nach dem Sachverhalt ist U aber ohnedies allen Informationspflichten nachgekommen ist, sodass diese Aspekte nicht näher zu prüfen sind.

Zusätzliche Beachtung bedarf aber die Norm des **§ 8 Abs 2 FAGG**. Nach § 8 Abs 2 FAGG hat der Unternehmer dafür zu sorgen, dass der Verbraucher bei der Bestellung ausdrücklich bestätigt, dass die Bestellung mit einer **Zahlungsverpflichtung** verbunden ist. Wenn der Unternehmer dem nicht nachkommt, ist der Verbraucher nach der ausdrücklichen Bestimmung des § 8 Abs 2 S 3 FAGG an den Vertrag oder seine Vertragserklärung nicht gebunden. Damit stellt § 8 Abs 2 S 3 FAG ein zusätzliches Gültigkeitserfordernis für das Zustandekommen eines Fernabsatzvertrages auf, welches zu den Voraussetzungen des § 861 ABGB hinzutritt. Nach dem Sachverhalt hat F auf der website des U über den dort angezeigten Button „zahlungspflichtig bestellen" die Uhr bestellt, sodass auch diese Wirksamkeitsvoraussetzung für ihre Vertragsschlusserklärung erfüllt ist (§ 8 Abs 2 FAGG). Damit kann (auch vor dem zusätzlichen Hintergrund des § 8 FAGG) von einem gültigen Vertragsschluss zwischen U und F ausgegangen werden.

Rücktrittsrecht der F nach dem FAGG?

Fraglich bleibt, ob F von diesem Vertrag nach FAGG zurücktreten und diesen dadurch wieder auflösen konnte, in welchem Fall U keinen Anspruch auf Zahlung des Kaufpreises durch F (mehr) hätte. [4] Nach dem Sachverhalt teilt F dem U am 26.09. telefonisch mit, dass sie die Uhr zurückschicken möchte und deren Zahlung verweigert. Zu prüfen bleibt, ob dieser Rücktritt wirksam war, also die gesetzlichen Voraussetzungen des Rücktritts nach FAGG vorliegen. **§ 11 FAGG** normiert ein **Rücktrittsrecht** des Verbrauchers vom Fernabsatzvertrag. Der Verbraucher kann „von einem Fernabsatzvertrag oder einem außerhalb von Geschäftsräumen geschlossenen Vertrag nach § 11 Abs 1 FAGG binnen 14 Tagen ohne Angabe von Gründen zurücktreten". Die Rücktrittsfrist beginnt nach § 11 Abs 2 lit a FAGG bei Kaufverträgen mit dem Tag, „an dem der Verbraucher … den Besitz an der

---

[4]   *Riedler*, ZR I AT[8] Rz 12/43 ff.

Ware erlangt". Nach § 13 FAGG Abs 1 S 1 FAGG ist die Erklärung des Rücktritts an keine bestimmte Form gebunden. Zu prüfen bleibt, ob 1. F ihre Rücktrittserklärung innerhalb offener Rücktrittsfrist abgegeben hat, 2. auch telefonisch (formfrei) abgegebene Rücktrittserklärungen wirksam sind, 3. F mit ihrer Erklärung gegenüber U zum Ausdruck gebracht hat, dass sie den Vertrag auflösen möchte und 4. kein Ausnahmetatbesand eingreift, welcher den Rücktritt des Verbrauchers ausschließt.

Die **Rücktrittsfrist** beträgt erstens nach dem Gesetzeswortlaut des § 11 Abs 1 FAGG „14 Tage". Die Berechnung dieser Frist ist im FAGG nicht näher geregelt, sodass für diese Frage die allgemeinen Vorschriften der §§ 902 – 904 ABGB sowie das von Österreich ratifizierte, unmittelbar – als österreichisches Sachrecht – anwendbare Europäische Übereinkommen über die Berechnung von Fristen (EuFrÜb) zur Anwendung gelangen.[5] Nach § 902 Abs 1 ABGB beginnt eine nach Tagen bestimmte Frist mit dem auf das fristauslösende Ereignis folgenden Tag. Art 2 und 3 Abs 1 EuFrÜb konkretisieren den Beginn der Frist insofern, als sie Mitternacht des „dies a quo" (Tag, an dem die Frist zu laufen beginnt) als den entscheidenden Zeitpunkt festlegen. Das die Rücktrittsfrist auslösende Ereignis war die Besitzerlangung der Uhr durch die Lieferung an F am 14.09.2022. Die Frist begann daher am 15.09.2022 um 0:00 Uhr und dauerte 14 Tage, somit bis zum 28.09.2022 um 23:59 Uhr und läuft folglich mit 0:00 Uhr des 29.09.2022 ab. Eine Verlängerung dieser Frist nach § 12 FAGG um weitere 12 Monate kommt nicht in Betracht, da U nach dem Sachverhalt seinen gesetzlichen Informationspflichten nachgekommen ist. F hat U am 26.09.2022 telefonisch mitgeteilt, dass sie die Uhr zurückschicken möchte, sodass sie ihre Rücktrittserklärung noch innerhalb offener Rücktrittsfrist gegenüber U abgegeben hat.

Nach § 13 Abs 1 FAGG ist zweitens der Verbraucher bei der Erklärung seines Rücktrittes an **keine bestimmte Form** gebunden, sodass die mündliche telefonische Rücktrittserkärung der F auch formfrei rechtswirksam war.

Die Aussage von F gegenüber U, die Uhr mangels Verwendungszweckes zurückschicken zu wollen, ist im Sinne der Vertrauenstheorie aus Sicht eines **objektiv-redlichen Erklärungsempfängers** dahin zu verstehen, dass F zurücktreten möchte.

Fraglich bleibt jedoch viertens, ob ein Rücktrittsrecht der F nicht ausgeschlossen ist, weil einer der **Ausnahmetatbestände des § 18 FAGG** vorliegt.[6] § 18 FAGG regelt, wann einem

---

[5] Keine Überlagerung durch FAGG: ErläutRV 89 BlgNR 25. GP 34: Zivilkomputation bei FAGG anwendbar.
[6] *Riedler*, ZR I AT[8] Rz 12/44.

Verbraucher ausnahmeweise **kein Rücktrittsrecht** zusteht. In all den dort angeführten – eng auszulegenden – Fällen wird das Interesse des Verbrauchers an der Vertragsauflösung als geringer angesehen als das Interesse des Unternehmers am Aufrechtbleiben des Vertrags. Nach dem für den vorliegenden Fall relevanten § 18 Abs 1 Z 3 FAGG hat der Verbraucher kein Rücktrittsrecht nach FAGG bei „Waren, die nach Kundenspezifikationen angefertigt werden oder eindeutig auf die persönlichen Bedürfnisse zugeschnitten sind". Erfasst sind etwa personalisierte Foto-Shirts, Maßanfertigungen zB von Kleidung, Möbeln oder Vorhängen, aber auch mit individueller Gravur versehener Schmuck. Nach dem Sachverhalt wurde die Uhr auf Wunsch der F mit der Gravur *„Für L, meine große Liebe"* versehen und damit nach Kundenspezifikationen angefertigt bzw auf die persönlichen Bedürfnisse der F zugeschnitten. Damit hat F nach § 18 Abs 1 Z 3 FAGG aber letztlich kein gesetzliches Rücktrittsrecht nach § 11 FAGG, sodass auch die gegenüber U abgebene Rücktrittserklärung keine Rechtswirksamkeit entfalten und den Kaufvertrag über die Uhr auch nicht auflösen konnte.

Damit ist der zwischen F und U geschlossene **Kaufvertrag** weiterhin **aufrecht.**

Rücktrittsrecht der F nach dem KSchG?

Zu überlegen bleibt, ob sich F nicht auf ein **Rücktrittsrecht (vom Haustürgeschäft) nach § 3 KSchG** stützen könnte, da der Kaufvertrag F und U (auch) ein Unternehmer-Verbraucher-Vertrag im Sinne des § 1 KSchG ist (siehe oben). [7]

Dabei ist zunächst fraglich, wie sich die beiden Rücktrittsrechte nach § 3 KSchG einerseits und den §§ 11 FAGG andererseits zueinander verhalten. Nach **§ 3 Abs 3 Z 4 KSchG** „steht das Rücktrittsrecht dem Verbraucher nicht zu …. 4. bei Verträgen, die dem Fern- und Auswärtsgeschäftegesetz … unterliegen". Damit wird der Anwendungsbereich des Rücktrittsrechtes (beim Haustürgeschäft) nach § 3 KSchG vom Anwendungsbereich des Rücktrittsrechtes (beim Fern- und Auswärtsgeschäft) nach den §§ 11 ff FAGG wechselseitig abgegrenzt. Dabei ist zu beachten, dass das Rücktrittsrecht des § 3 KSchG nicht (schon) dann zur Anwendung gelangt, wenn ein Rücktrittsrecht nach FAGG nach § 18 FAGG ausgeschlossen ist, also kein Rücktrittsrecht nach FAGG besteht, sondern dass § 3 KSchG nur dann zur Anwendung gelangt, wenn ein Vertrag nicht dem FAGG unterliegt, der Vertrag also überhaupt nicht in den Anwendungsbereich des FAGG fällt (§ 1 FAGG). [8] Damit gelangt aber das Rücktrittsrecht des § 3 KSchG auch dann **nicht** zur Anwendung, wenn die Prüfung nach FAGG ergibt, dass letztlich kein Rücktrittsrecht besteht, weil einer der

---

[7] Zum Rücktritt von sog Haustürgeschäft nach § 3 KSchG *Riedler*, ZR I AT[8] Rz 12/31 ff.
[8] KSchG *Riedler*, ZR I AT[8] Rz 12/33.

Ausnahmetatbestände des § 18 FAGG vorliegt. Damit kam auch ein Rücktrittsrecht der F nach § 3 KSchG nicht in Betracht.

Der Kaufvertrag blieb somit aufrecht, der von F gegenüber U **erklärte Rücktritt** war somit aus rechtlicher Perspektive **unwirksam**.

Der Anspruch des U gegen F auf Zahlung von € 120,- gemäß § 1062 ABGB besteht.

II. Anspruch der F gegen D auf Rückzahlung der € 40,- Zug um Zug gegen Rückgabe des Parfums gemäß § 14 FAGG

Nach dem Sachverhalt hat F am 27.09.2022 vom Drogeriefachhändler D ein Parfum gegen Barzahlung von € 40,- erworben, welches sie am 27.09. zurückgeben möchte, wobei D die Rücknahme des Parfums und die Rückzahlung des Kaufpreises verweigert. Nach **§ 14 Abs 1 FAGG** hat der Unternehmer, wenn der Verbraucher gemäß § 11 Abs 1 vom Vertrag zurücktritt, alle vom **Verbraucher geleisteten Zahlungen**, gegebenenfalls einschließlich der Lieferkosten, unverzüglich, spätestens jedoch binnen 14 Tagen ab Zugang der Rücktrittserklärung **zu erstatten**. **Voraussetzung** für den Anspruch der F gegen D auf Rückzahlung der € 40.- ist daher, dass F den mit D geschlossenen Kaufvertrag nach den §§ 11 FAGG wieder aufgelöst hat, sodass D als Unternehmer die Pflicht zur Erstattung der von F geleisteten Zahlungen hat (§ 14 Abs 1 FAGG).

Anwendung des FAGG?

Das FAGG umfasst nicht nur Fernabsatzverträge, sondern ausweislich § 1 Abs 1 auch **Unternehmer-Verbraucher-Verträge**, welche außerhalb von Geschäftsräumen Verträge geschlossen werden (Auswärtsgeschäfte).

D betreibt als als selbständiger Drogeriefachhändler ein Unternehmen im Sinne des § 1 Abs 2 KSchG und ist daher Unternehmer im Sinne des § 1 Abs 1 Z 1 **KSchG**. Der Verkauf von Parfum gehört ebenso zum Betrieb seines Unternehmens. Da dies auf F nicht zutrifft, ist diese Verbraucherin im Sinne des § 1 Abs 1 Z 2 KSchG.

Nach der Legaldefinition in § 3 Z 1 lit a FAGG bezeichnet der Ausdruck „außerhalb von Geschäftsräumen geschlossener Vertrag" (**Auswärtsgeschäft**) unter anderem auch jeden Vertrag zwischen einem Unternehmer und einem Verbraucher, der bei gleichzeitiger körperlicher Anwesenheit des Unternehmers und des Verbrauchers an einem Ort geschlossen wird, der kein Geschäftsraum des Unternehmers ist (lit a). **Geschäftsräume** sind dabei nach der Definition des § 3 Z 3 FAGG „unbewegliche Gewerberäume, in denen der Unternehmer seine Tätigkeit dauerhaft ausübt, oder bewegliche Gewerberäume, in denen der Unternehmer seine Tätigkeit für gewöhnlich ausübt". F hat das Parfum von D auf einer belebten Einkaufsstraße erworben. Eine belebte Einkaufsstraße ist **kein** Geschäftsraum des Drogeriefachhändlers U. Damit wurde der Kaufvertrag iSd § 3 Z 1 lit a FAGG bei gleichzeitiger körperlicher Anwesenheit von F und D an einem Ort geschlossen, der kein Geschäftsraum ist. Der Kaufvertrag ist (auch) ein Auswärtsgeschäft im Sinne des FAGG, sodass prinzipiell (auch) die Sondervorschriften des FAGG zur Anwendung gelangen (würden).

Allerdings ist zu beachten, dass das FAGG nach § 2 Abs 2 Z 1 **FAGG nicht** für Verträge gilt, die außerhalb von Geschäftsräumen geschlossen werden (§ 3 Z 1 FAGG) und bei denen das vom Verbraucher zu zahlende Entgelt den **Betrag von € 50,- nicht überschreitet**. Nachdem der Kaufvertrag zwar außerhalb der Geschäftsräume des D geschlossen wurde, aber F für das Parfum nur € 40.- bezahlt hat, ist das FAGG auf diesen Kaufvertrag (doch) nicht anwendbar.

Der Anspruch der F gegen D auf Rückzahlung der € 40,- Zug um Zug gegen Rückgabe des Parfums gemäß § 14 FAGG besteht nicht.

III. Anspruch der F gegen D auf Rückzahlung der € 40,- Zug um Zug gegen Rückgabe des Parfums gemäß § 4 KSchG

Da somit das FAGG für den Kaufvertrag[9] D – F nicht gilt, verbleibt die Frage die Frage, ob F nicht ein Rücktrittsrecht nach § 3 KSchG geltend machen kann. Tritt F wirksam vom Kaufvertrag nach § 3 KSchG zurück, so hat der Unternehmer D der Vebraucherin F alle empfangenen Leistungen samt Zinsen nach § 4 KSchG zurückzuerstatten. **Voraussetzung** für den Anspruch der F gegen D auf Rückzahlung der € 40.- ist daher, dass F den Kaufvertrag mit D nach § 3 KSchG wieder aufgelöst hat, sodass D als Unternehmer die Pflicht zur Erstattung der von F geleisteten Zahlungen hat (§ 4 KSchG).

---

[9]   **§ 5a KSchG** normiert **umfassende Informationspflichten** des Unternehmers gegenüber dem Verbraucher. Bevor der Verbraucher durch einen Vertrag oder seine Vertragserklärung gebunden ist, muss ihn der Unternehmer in klarer und verständlicher Weise über die in Z 1 – 8 KSchG informieren. Allerdings ist die Einhaltung dieser Informationspflichten nach § 5a KSchG – anders als im FAGG – nicht Wirksamkeitsvoraussetzung für die Vertragsschlusserklärung des Verbrauchers, vielmehr ist die Nichteinhaltung dieser Informationspflichten im Rahmen des KSchG (zunächst nur) verwaltungsrechtlich sanktioniert (§ 32 Abs 1 Z 1 lit a KSchG: Verwaltungsübertretung Geldstrafe von bis zu € 1450,-).

Rücktrittsrecht nach dem KSchG?

Hat der Verbraucher seine Vertragserklärung weder in den vom Unternehmer für seine geschäftlichen Zwecke dauernd benützten Räumen noch bei einem von diesem dafür auf einer Messe oder einem Markt benützten Stand abgegeben, so kann er gemäß § 3 Abs 1 KSchG von seinem Vertragsantrag oder vom Vertrag zurücktreten (Rücktritt vom **Haustürgeschäft**). Das Rücktrittsrecht soll den Verbraucher vor übereilt abgeschlossenen Rechtsgeschäften oder übereilt abgegebenen Erklärungen sowie möglicherweise unseriösen Verkaufsmethoden schützen. Erfasst ist insbesondere auch das Ansprechen des Verbrauchers durch den Unternehmer auf der Straße und an anderen öffentlich zugänglichen Orten. D spricht F auf der Einkaufsstraße an, welche in der Folge das Parfum erwirbt, wobei F ihre Vertragserklärung nicht in den Geschäfsäumen des D und auch nicht auf einem von diesem benützen Markt- oder Messestand abgeben hat, sodass F prinzipiell ein Rücktrittsrecht nach § 3 Abs 1 KSchG zukommt.

Ausschluss des Rücktrittsrechtes

Fraglich bleibt nur, ob nicht ein Ausnahmetatbestand des **§ 3 Abs 3 KSchG** in Betracht kommt, welcher dieses Rücktrittsrecht der F (doch) ausschließt. Nach § 3 Abs 3 KSchG steht dem Verbraucher das Rücktrittsrecht ua nicht zu, wenn er selbst die geschäftliche Verbindung mit dem Unternehmer oder dessen Beauftragten zwecks Schließung dieses Vertrages **angebahnt** hat (Z 1) oder der abgeschlossene Vertrag dem **FAGG** oder **VersVG** unterliegt (Z 4). Für diese beiden Ausnahmen liegen im Sachverhalt keine Anhaltspunkte vor. Nach **§ 3 Abs 3 Z 3 KSchG** steht dem Verbraucher das Rücktrittsrecht allerdings auch nicht zu, bei Verträgen, bei denen die beiderseitigen Leistungen sofort zu erbringen sind, wenn entweder diese Verträge üblicherweise von Unternehmern außerhalb ihrer Geschäftsräume geschlossen werden und das Entgelt € 25.- nicht übersteigt, oder das Unternehmen seiner Natur nach nicht in ständigen Geschäftsräumen betrieben wird (zB Taxi) und das Entgelt € 50,- nicht übersteigt. Nach dem Sachverhalt kauft F von D auf der Einkaufsstraße ein Parfum. Ein Vertrag über den Verkauf von Parfum wird nicht üblicherweise außerhalb von Geschäftsräumlichkeiten von Unternehmen geschlossen, sodass die erste Alternative nicht erfüllt ist. Und da auch Unternehmen, welche (auch) Parfum verkaufen, nicht ihrer Natur nach außerhalb von ständigen Geschäftsräumlichkeiten betrieben werden, ist auch die zweite Alternative dieses Ausnahmetatbestandes nicht erfüllt. Somit ist festzuhalten, dass F prinzipiell ein Rücktrittsrecht zusteht.

Rücktritt der F?

Der Rücktritt kann vom Verbraucher gegenüber dem Unternehmer bis zum **Zustandekommen des Vertrags oder danach binnen 14 Tagen erklärt** werden (§ 3

Abs 1 S 2 KSchG). Der Lauf dieser Rücktrittsfrist beginnt mit der **Ausfolgung einer Urkunde**, die zumindest den Namen und die Anschrift des Unternehmers, die zur Identifizierung des Vertrags notwendigen Angaben sowie eine Belehrung über das Rücktrittsrecht, die Rücktrittsfrist und die Vorgangsweise für die Ausübung des Rücktrittsrechts enthält, an den Verbraucher, frühestens jedoch mit dem Zustandekommen des Vertrags, bei Kaufverträgen über Waren mit dem Tag, an dem der Verbraucher den Besitz an der Ware erlangt (§ 3 Abs 1 S 3 KSchG). Ist die Ausfolgung einer solchen **Urkunde unterblieben**, so steht dem Verbraucher das Rücktrittsrecht für eine **Frist von zwölf Monaten und 14 Tagen ab Vertragsabschluss** bzw **Warenlieferung** zu; wenn der Unternehmer die Urkundenausfolgung innerhalb von zwölf Monaten ab dem Fristbeginn nachholt, so endet die verlängerte Rücktrittsfrist 14 Tage nach dem Zeitpunkt, zu dem der Verbraucher die Urkunde erhält (§ 3 Abs 1 S 4 KSchG). Nach dem Sachverhalt fallen Vertragsabschluss und der Erhalt der Ware zeitlich zusammen (27.09.2022). Der Fristenlauf beginnt mit der Ausfolgung einer entsprechenden Urkunde, für die Berechnung der Frist ist nach § 902 ABGB auf den auf das fristauslösende Ereignis folgenden Tag abzustellen (siehe oben), also mit 0:00 Uhr des 28.09.2022. Nach dem Sachverhalt werden keinerlei Vertragsunterlagen übergeben, sodass die **Rücktrittsfrist zwölf Monate und 14 Tage ab Warenlieferung** beträgt. F hat ihre Rücktrittserklärung am 28.09.2022 gegenüber D damit **fristgerecht** abgegeben. Die Rücktrittserklärung der F ist nach § 3 Abs 4 S 2 KSchG an keine besondere Form gebunden ist, war also auch durch **formfreie** telefonische **Erklärung** zulässig, rechtlich wirksam und hat somit zur Auflösung des Kaufvertrages geführt.

D hat daher an F den bezahlten Kaufpreis samt gesetzlichen Zinsen zurückzuerstatten, während F das nicht benützte Parfum zurückgeben muss.

Der Anspruch der F gegen D auf Rückzahlung der € 40,- Zug um Zug gegen Rückgabe des Parfums gemäß § 4 KSchG besteht.

Fall 6
Haus gekauft? – Rasenmäher geschenkt?

Schwerpunkte	Rückforderungsanspruch § 877 ABGB, **gesetzliche Formvorschriften**, **gewillkürter Formvorbehalt, Heilung durch nachträgliche Erfüllung**, Schenkungsvertrag, **Motivirrtum**
Vorbereitung	*Riedler*, ZR I AT[8] (2022) 11. Kap Vertragsschlussmechanismus 16. Kap Vertragsschlusshindernisse I – Rechtsfolgenüberblick 20. Kap Form

Sachverhalt

Der alleinstehenden Pensionistin **P** macht die hohe Inflation zu schaffen. Da sie von ihrer Pension nur noch schwer leben kann, beschließt sie, ihr Einfamilienhaus zu verkaufen. Als sie mit ihrer Freundin **F**, die schon immer Interesse an **P**s Haus hatte, ins Gespräch kommt, vereinbaren beide mündlich den Verkauf des Einfamilienhauses zum „Freundschaftspreis" von € 550.000,- (objektiver Wert € 600.000,-), der für die Grundbuchseintragung erforderliche schriftliche Vertrag solle aber noch von einem Rechtsanwalt aufgesetzt werden.

Voller Freude über den Hauskauf will der **W**, der Lebensgefährte von **F**, ihr seinen gebrauchten Rasenmäher schenken, wobei beide einen von **W** formulierten Schenkungsvertrag unterfertigen, der auch jede Irrtumsanfechtung ausschließt. Der Rasenmäher selbst verblieb vorerst bei **W**, wurde aber zwei Wochen später von **W** nach Erledigung seines letzten Rasenschnittes im Herbst doch an **F** übergeben.

Kurz vor der vereinbarten Übergabe des Einfamilienhauses erzielt **P** einen Lottogewinn in Millionenhöhe. Sie möchte daher nun doch weiterhin in ihrem Haus bleiben und verweigert dessen Übergabe an **F** mit dem Hinweis, dass der Kaufvertrag beim Rechtsanwalt ohnedies noch nicht unterschrieben sei. **F** beharrt auf der mündlichen Vereinbarung mit **P**. **W** will, nachdem er von der gescheiterten Übergabe des Einfamilienhauses erfährt, seinen Rasenmäher von **F** zurück und beruft sich auf die Ungültigkeit der Schenkung.

Prüfen Sie folgende Ansprüche:

I. Anspruch der F gegen P auf Übergabe des Einfamilienhauses und Einwilligung in die Einverleibung ihres Eigentums Zug um Zug gegen Zahlung von € 550.000,- gemäß § 1061 ABGB

II. Anspruch des W gegen F auf Rückgabe des Rasenmähers gemäß § 877 ABGB

Fünf Fragen zur Einführung

1. Welche **Personen** sind am Sachverhalt beteiligt?

2. Welche **Rechtsverhältnisse** bestehen zwischen den beteiligten Personen?

3. Welche **Leistungen** wurden zwischen diesen Personen bereits erbracht?

4. Wie lautet die **Fallfrage**?

5. Welche **Ansprüche** sind zu prüfen, wenn wir uns die Frage stellen: **Wer will was von wem aus welchem Rechtsgrund?**

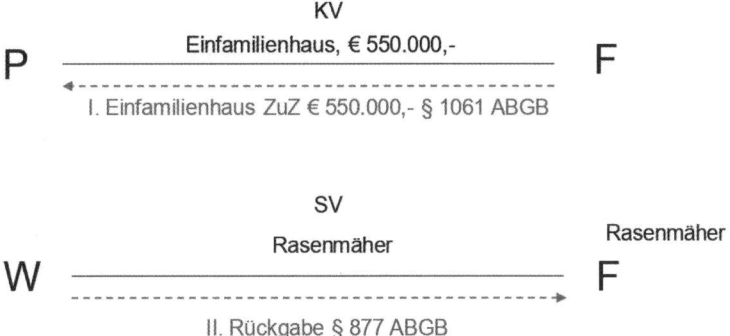

I. **Anspruch der F gegen P auf Übergabe des Einfamilienhauses und Einwilligung in die Einverleibung ihres Eigentums Zug um Zug gegen Zahlung von € 550.000,- gemäß § 1061 ABGB**

II. **Anspruch des W gegen F auf Rückgabe des Rasenmähers gemäß § 877 ABGB**

Rechtsgutachten

I. Anspruch der F gegen P auf Übergabe des Einfamilienhauses und Einwilligung in die Einverleibung ihres Eigentums Zug um Zug gegen Zahlung von € 550.000,- gemäß § 1061 ABGB

Voraussetzung für diesen Anspruch ist das Vorliegen eines Kaufvertrages zwischen F und P über die Liegenschaft (samt Einfamilienhaus) zu € 550.000,-. Ein Kaufvertrag kommt als Konsensualvertrag gemäß §§ 1054 iVm 861 ff ABGB durch übereinstimmende Willenserklärungen der beteiligten Parteien zustande. Nach dem Sachverhalt sind im Rahmen des Vertragsschlussvorganges zwei Aspekte relevant. 1. Nach dem Sachverhalt bietet P das Einfamilienhaus mündlich um € 550.000,- F an, welche zustimmt. In diesem Zusammenhang ist fraglich, ob nicht ein Kaufvertrag über Liegenschaften von Gesetzes wegen der Einhaltung einer bestimmten Form bedarf, also eine **gesetzliche Formvorschrift** besteht. 2. Und zudem einigen sich P und F mündlich auch darauf, dass der Vertrag wegen der Grundbuchseintragung auch noch von einem Rechtsanwalt errichtet werden solle. In diesem Zusammenhang ist zu analysieren, wie sich ein von den Parteien **kraft Vereinbarung geschaffener (gewillkürter) Formvorbehalt** auf das Zustandekommen des Vertrages auswirkt.

Prinzip der Formfreiheit

Prinzipiell sind Rechtsgeschäfte formfrei gültig (§ 883 ABGB; **Prinzip der Formfreiheit**), sodass auch alle Konsensualverträge bereits durch formlose Parteieneinigung zustandekommen. Dieses Prinzip der Formfreiheit wird jedoch durchbrochen in jenen Fällen, in welchen gesetzliche Formvorschriften existieren oder gewillkürte Formvorbehalte vereinbart werden.

Gesetzliche Formvorschrift?

Das ABGB enthält keine ausdrücklichen gesetzlichen Vorschriften für die Einhaltung einer bestimmten Form für den Abschluss von Kaufverträgen über Liegenschaften. Zwar normiert **§ 431 ABGB**, dass „zur Übertragung des Eigentums unbeweglicher Sachen ... das Erwerbsgeschäft in die dazu bestimmten öffentlichen Bücher eingetragen werden" muss (Intabulation) und **§ 4 GBG** ergänzt, dass „die Erwerbung .... der bücherlichen Rechte nur durch ihre Eintragungen in das Hauptbuch" des Grundbuches erwirkt wird. Damit ist aber nur ausgesagt, dass die Intabulation (Eintragung des Eigentumsrechts des Käufers) im

Grundbuch der für den Rechtserwerb an Liegenschaften vorgeschriebene Modus ist (§ 431 ABGB).[1] Zwar ergibt sich aus diesen beiden Normen auch, dass die Eintragung des Käufers auch nur mit einer eintragungsfähigen Urkunde möglich ist, eine gesetzliche Formvorschrift dahin, dass auch das Zustandekommen des Kaufvertrages nur wirksam wäre, wenn eine einverleibungsfähige Urkunde unterfertigt wird, resultiert daraus aber nicht. Nach hA ist daher aus den grundbuchsrechtlichen Vorschriften über die Intabulation des Eigentümers ins Grundbuch keine gesetzliche Formvorschrift für die Wirksamkeit des Verpflichtungsgeschäftes (Kaufvertrages) abzuleiten.

(Gewillkürter) Formvorbehalt durch Parteienvereinbarung?

Haben die Parteien für ein Rechtsgeschäft eine entsprechende Form vorbehalten, so stellt sich die Frage, ob und wie sich dieser **gewillkürte Formvorbehalt** auf den Vertragsabschluss auswirkt. Entsprechend der (widerleglichen) Vermutung des **§ 884 ABGB** wollen die Parteien bei einem gewillkürten Formvorbehalt im Zweifel erst mit Einhaltung der entsprechenden Form rechtsgeschäftlich gebunden sein (**konstitutiver Formvorbehalt**).[2] Haben die Parteien allerdings nachweislich lediglich einen **deklaratorischen Formvorbehalt** vereinbart, so hat dies keine Auswirkungen auf den Vertragsschlussmechanismus, sodass formfreie Konsensualverträge bereits mit der Zustimmung der Parteien (Konsens) wirksam zustande kommen, unabhängig vom deklaratorischen Formvorbehalt der Parteien.[3] Der zwischen P und F vereinbarte Formvorbehalt ist zwar entsprechend § 884 ABGB zunächst im Zweifel konstitutiver Natur, doch ist diese Vermutung im vorliegenden Fall widerlegt. Nach hA ist ein vereinbarter Formvorbehalt, der im Zusammenhang mit Liegenschaftskäufen bloß wegen der Abfassung einer schriftlichen Urkunde, die zur Eintragung ins Grundbuch nötig ist, vereinbart wird, entgegen der Vermutung des § 884 ABGB bloß deklaratorischer Natur, sodass der von P und F vereinbarte Formvorbehalt keine Auswirkungen auf den „Vertragsschlussmechanismus" hat. Der Kaufvertrag kam daher als (formfreier) Konsensualvertrag bereits mit der mündlichen Vereinbarung zustande.

Der Anspruch der F gegen P auf Übergabe des Einfamilienhauses und Einwilligung in die Einverleibung ihres Eigentums Zug um Zug gegen Zahlung von € 550.000,- gemäß § 1061 ABGB besteht.

---

[1]   *Riedler*, ZR I AT[8] Rz 30/19.
[2]   *Riedler*, ZR I AT[8] Rz 20/36.
[3]   *Riedler*, ZR I AT[8] Rz 20/37.

II. Anspruch des W gegen F auf Rückgabe des Rasenmähers gemäß § 877 ABGB

Voraussetzung für diesen Anspruch ist eine rechtsgrundlose Leistung. Eine **Leistung** ist eine bewusste und gewollte Vermögensverschiebung, welche im gegenständlichen Fall in der bewussten und gewollten Übergabe des Rasenmähers von W an F liegt. **Rechtsgrundlos** ist eine Leistung, wenn sie entweder im Vertrauen auf die Gültigkeit des Vertrages erbracht wurde, obwohl dieser nicht existiert oder wenn zwar zunächst ein Vertrag existiert und im Vertrauen darauf Leistungen erbracht werden, dieser Vertrag aber nachträglich durch Anfechtung ex-tunc aufgehoben oder angepasst wird.

Schenkungsvertrag W – F?

Laut SV haben W und F einen Schenkungsvertrag über den gebrauchten Rasenmäher abgeschlossen. Der **Schenkungsvertrag** ist ein Konsensualvertrag über die unentgeltliche Überlassung einer beweglichen oder unbeweglichen, verbrauchbaren oder unverbrauchbaren Sache (§ 938 ABGB).[4] Fraglich ist jedoch, ob gesetzliche Formvorschriften für das Zustandekommen des Schenkungsvertrages existieren. **§ 943 ABGB** normiert: „Aus einem mündlichen, ohne wirkliche Übergabe geschlossenen Schenkungsvertrage erwächst dem Geschenknehmer kein Klagerecht. Dieses Recht muss durch eine schriftliche Urkunde begründet werden". Allerdings wird § 943 ABGB durch **§ 1 Abs 1 lit d NAktG** inhaltlich überlagert und verdrängt (materielle Derogation). § 1 Abs 1 lit b NAktG sieht für gewisse **Rechtsgeschäfte zwischen Ehegatten** und § 1 Abs 1 lit d NAktG sieht (zum Schutz des Schenkers vor übereilten Schenkungen) für **Schenkungen ohne tatsächliche Übergabe** das Erfordernis eines Notariatsaktes vor.[5] Gesetzliche Formvorschriften sind zwingendes Recht. Werden die Formvorschriften von den Parteien nicht eingehalten, so liegen gesetzwidrige (unerlaubte) Rechtsgeschäfte vor (§ 879 Abs 1 ABGB).[6] Nach dem Sachverhalt sind W und F nicht Ehegatten, sondern bloße Lebensgefährten. Das von ihnen abgeschlossene Rechtsgeschäft ist daher kein Rechtsgeschäft unter Ehegatten und unterliegt daher nicht der Formvorschrift des § 1 Abs 1 lit b NAktG. Allerdings hat W an F nach dem Sachverhalt den Rasenmäher (das Geschenk) (zunächst) nicht wirklich übergeben, sondern beide haben nur einen schriftlichen Schenkungsvertrag unterzeichnet. Ein Schenkungsvertrag ohne wirkliche Übergabe bedarf jedoch für sein Zustandekommen nach § 1 Abs 1 lit d NAktG eines **Notariatsaktes,** welcher im gegenständlichen Fall nicht vorliegt. Die Nichteinhaltung der gebotenen gesetzlichen Form bewirkt (idR von Amts wegen wahrzunehmende absolute) Nichtigkeit des

---

[4] *Riedler,* ZR I AT[8] Rz 4/1.
[5] *Riedler,* ZR I AT[8] Rz 20/21.
[6] *Riedler,* ZR I AT[8] Rz 20/25.

Rechtsgeschäftes. Dies ist auch expressis verbis in § 1 Abs 1 NAktG festgehalten, dass die Gültigkeit der in § 1 Abs 1 lit a - e NAktG angeführten Rechtsgeschäfte „durch die Aufnahme eines Notariatsaktes über dieselben bedingt" ist, Verletzung der Formvorschriften idR die Nichtigkeit des Rechtsgeschäftes bewirkt. Bis dato kam daher noch kein Schenkungsvertrag über den Rasenmäher zustande.

Fraglich bleibt, ob die tatsächliche Erbringung der Leistungen durch die Parteien die Nichtigkeit des formunwirksamen Rechtsgeschäftes nachträglich heilt. Für die Beurteilung der **nachträglichen Heilung eines formunwirksamen Rechtsgeschäftes durch tatsächliche Erfüllung** ist die Sondervorschrift des **§ 1432** zu beachten. Gemäß § 1432 hinterlassen also formungültige Rechtsgeschäfte **Naturalobligationen**, das sind Verpflichtungen, die zwar nicht vom Gläubiger einklagbar, aber vom Schuldner (freiwillig) erfüllbar sind. Konsequenz dieser Anordnung ist, dass die vom Schuldner erbrachten Leistungen von diesem nicht (nach § 1431) wegen Rechtsgrundlosigkeit der Leistung zurückgefordert werden können. Im Ergebnis bedeutet dies die **Heilung (Konvaleszenz) des (formungültigen) Rechtsgeschäftes durch nachträgliche Erfüllung.** Diese Prinzipien gelten auch für jene formlos abgeschlossenen Rechtsgeschäfte, die an sich gem § 1 NAktG eines Notariatsaktes bedürften. Daher wird etwa die Heilung von Schenkungen ohne wirkliche Übergabe durch die spätere Erfüllung, also zB tatsächliche Leistungserbringung zugelassen, weil der Schutz des Schenkers vor Übereilung durch die Hingabe der Sache bei der Erfüllung ohnedies gewahrt ist.[7] Nach dem Sachverhalt hat W den Rasenmäher 14 Tage nach Unterzeichnung des Schenkungsvertrags an F übergeben. Diese nachträgliche Übergabe von W an F bewirkt eine nachträgliche Heilung des ursprünglich nichtigen Rechtsgeschäfts, womit im Ergebnis ein gültiger Schenkungsvertrag vorliegt und somit auch ein gültiger Titel für den Eigentumserwerb der F.

Zu prüfen bleibt somit nur noch die Frage, ob dieser Schenkungsvertrag aufgrund eines **(Motiv-)Irrtums** (über den Erwerb des Hauses durch F) von W angefochten und damit rückwirkend beseitigt werden kann. Im Schenkungsvertrag wurde eine **Irrtumsanfechtung ausgeschlossen.** Nach dem Sachverhalt sind W als auch F mangels gegenteiliger Hinweise Verbraucher im Sinne des § 1 Abs 1 Z 2 KSchG, sodass die Bestimmungen des I. Abschnittes des KSchG (§§ 1 - 27i KSchG) – insbesondere **§ 6 Abs 1 Z 14 KSchG** – auf diesen Vertrag keine Anwendung finden. Ein vorheriger Verzicht auf eine Vertragsanfechtung bzw Vertragsanpassung wegen Irrtums zwischen Verbrauchern ist daher

---

[7]   *Riedler*, ZR I AT[8] Rz 20/30.

rechtswirksam vereinbart,[8] eine Anfechtung des Schenkungsvertrages durch W nach Maßgabe des § 871 ABGB kommt somit nicht in Betracht.

Nachdem die von W erbrachte **Leistung des Rasenmähers** an F auf einem gültigen Schenkungsvertrag beruht, war die Leistung des Rasenmähers nicht rechtsgrundlos, sondern **rechtmäßig**, der Rasenmäher kann daher durch W von F nicht zurückgefordert werden.

Der Anspruch des W gegen F auf Rückgabe des Rasenmähers gemäß § 877 ABGB besteht nicht.[9]

---

[8]   *Riedler*, ZR I AT[8] Rz 21/48.
[9]   Ein möglicher Anspruch des Walter gegen Franziska auf Herausgabe des Rasenmähers nach § 366 ABGB ist von der gestellten Fallfrage nicht umfasst.

Fall 7
Zeitschriftenabo

Schwerpunkte	**Geschäftsfähigkeit, AGB, Einbeziehungskontrolle, Geltungskontrolle, Inhaltskontrolle,** KSchG, Vertragsverlängerungsklausel, Erklärungsfiktion, gewillkürter Formvorbehalt
Vorbereitung	*Riedler*, ZR I AT[8] (2022) 6. Kap Natürliche Personen 11. Kap Vertragsschlussmechanismus 13. Kap Allgemeine Geschäftsbedingungen 20. Kap Form

Sachverhalt

In seiner Freizeit liest der wirtschaftlich interessierte 17-jährige Lehrling **U**, welcher ein monatliches Lehrlingseinkommen von € 700,- bezieht, gerne Zeitschriften. Anlässlich seines Geburtstags am 24.5.2021 abonniert er deshalb für ein Jahr das internationale Wirtschaftsmagazin „Economy" direkt bei der **P GmbH,** welches halbjährlich im Ausmaß von € 70,- zu bezahlen ist. Der von **U** unterzeichnete Vertrag verwies ausdrücklich und deutlich auf die auf der Homepage der **P GmbH** abrufbaren AGB, welche folgende fett hervorgehobene Klausel enthielt: *„Wenn der Kunde nicht innerhalb von 3 Monaten vor Vertragsende per Einschreiben den Vertrag kündigt, bleibt dieser für weitere 5 Jahre unter Kündigungsverzicht aufrecht."* **U** hatte diese Klausel gelesen und mit seiner Unterschrift auch ausdrücklich zugestimmt.

Am 24.5.2022 beschließt **U** das Abo zu kündigen und sendet noch am selben Tag per E-Mail eine Kündigungserklärung an die **P GmbH**. Als **U** am 15.11.2022 schließlich eine weitere Rechnung über € 70,- für das nächste halbe Jahr zugestellt bekommt, ist er verärgert. Die **P GmbH** hingegen besteht auf dem rechtsgültigen Abonnementvertrag mit **U**.

Wie ist die Rechtslage?

Fünf Fragen zur Einführung

1. Welche **Personen** sind am Sachverhalt beteiligt?

2. Welche **Rechtsverhältnisse** bestehen zwischen den beteiligten Personen?

3. Welche **Leistungen** wurden zwischen diesen Personen bereits erbracht?

4. Wie lautet die **Fallfrage**?

5. Welche **Ansprüche** sind zu prüfen, wenn wir uns die Frage stellen: **Wer will was von wem aus welchem Rechtsgrund?**

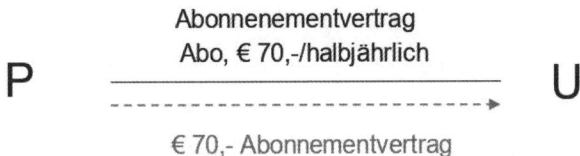

Anspruch der P GmbH gegen U auf Zahlung von € 70,- aus dem Abonnementvertrag

Rechtsgutachten

Anspruch der P GmbH gegen U auf Zahlung von € 70,- aus dem Abonnementvertrag

Voraussetzung für diesen Anspruch ist das Vorliegen eines gültigen Abonnementvertrags mit entsprechendem Inhalt (Zeitschriften um halbjährlich € 70,-). Nach dem Sachverhalt abonniert U anlässlich seines Geburtstags am 24.5.2021 für ein Jahr das internationale Wirtschaftsmagazin „Economy" direkt bei der P GmbH. Damit erübrigt sich zunächst auch eine genauere Prüfung der einzelnen Vertragsschlusshandlungen. Fraglich bleiben jedoch zwei Aspekte: 1. Hatte der 17-jährige U ausreichende Geschäftsfähigkeit für den Abschluss eines solchen Vertrages? 2. Hat U den Vertrag nicht ohnedies durch wirksame Kündigung aufgelöst?

(Ausreichende) Geschäftsfähigkeit des U?

Fraglich ist, ob der 17-jährige U über **ausreichende Geschäftsfähigkeit** zum Kauf (Abschluss) des Abonnementvertrages verfügte. Volle Geschäftsfähigkeit natürlicher Personen tritt erst mit Vollendung des 18. Lebensjahres ein (§ 865 Abs 1 S 2 ABGB). **Mündig Minderjährige** sind Personen, die zwar das 14., aber noch nicht das 18. Lebensjahr vollendet haben (§ 21 Abs 2 ABGB). U ist 17 Jahre und damit mündig Minderjähriger. Mündig Minderjährige sind nur **beschränkt geschäftsfähig**. Ihre beschränkte Geschäftsfähigkeit ist etwas weiter als jene der unmündig Minderjährigen, da mündig Minderjährige nach § 170 Abs 2 ABGB – neben alterstypischen Geschäften – über die ihnen zur freien Verfügung überlassenen Sachen und über ihr Einkommen aus eigenem Erwerb soweit frei verfügen und sich verpflichten können, als dadurch nicht die Befriedigung ihrer Lebensbedürfnisse gefährdet wird.[1] Bei der Beurteilung der Frage, ob ein Geschäft die Befriedigung der Lebensbedürfnisse gefährdet, ist davon auszugehen, dass sich Minderjährige prinzipiell selbst erhalten müssen, sofern sie dazu in der Lage sind (§ 231 ABGB).[2] U ist als 17-jähriger mündig minderjährig und damit beschränkt geschäftsfähig. Er verfügt als Lehrling über eine monatliche Lehrlingsentschädigung in Höhe von € 700,-. Das Abonnement in Höhe von € 70,- halbjährlich (monatlich rund € 12,-) bei einer monatlichen Lehrlingsentschädigung von € 700,- gefährdet nicht die Befriedigung seiner Lebensbedürfnisse, sodass ausreichende Geschäftsfähigkeit des U zum Abschluss dieses Abonnementvertrags vorlag. U verfügt somit über eine ausreichende Geschäftsfähigkeit zum

---

[1] *Riedler*, ZR I AT[8] Rz 6/31.
[2] *Riedler*, ZR I AT[8] Rz 6/31.

Abschluss des Abonnementvertrags und es kam ein gültiger Vertrag mit einjähriger Dauer zwischen U und der P GmbH zustande.

(Wirksame) Kündigung des Abonnementvertrages durch U?

Nach dem Sachverhalt kündigt U den Abonnementvertrag per E-Mail am 24.5.2022 und ist daher über die am 15.11.2022 zugestellte Rechnung verärgert. Die P GmbH besteht auf Zahlung des ausstehenden Betrags in Höhe von € 70,- (für das zweite Halbjahr 2022) unter Bezugnahme auf ihre Klausel in den AGB. Fraglich ist, ob die AGB in ihrer Gesamtheit und insbesondere auch die im Sachverhalt angegebene Klausel über die Kündigungsmodalitäten und den fünfjährigen Kündigungsverzicht des U wirksam vereinbart wurden. Diese Kündigungsklausel der P GmbH ist in deren Allgemeinen Geschäftsbedingungen (AGB) enthalten.

Einbeziehungskontrolle

Zunächst ist zu prüfen, ob die AGB der P GmbH in ihrer Gesamtheit Inhalt des Vertrages werden konnten (Einbeziehungskontrolle): AGB können sowohl durch ausdrückliche als auch schlüssige **Vereinbarung** Vertragsinhalt werden. Mangels einer ausdrücklichen Abrede setzt die Vereinbarung der AGB zumindest einen deutlichen Hinweis auf die AGB durch den Verwender und eine Unterwerfung durch den Kunden voraus.[3] Dafür reicht aus, dass ein Vertragspartner zu erkennen gibt, unter seinen AGB kontrahieren zu wollen und der andere Vertragspartner daraufhin vom Vertragsschluss keinen Abstand nimmt. Im vorliegenden Fall war U klar erkennbar, dass die P GmbH unter Zugrundelegung ihrer AGB kontrahieren möchte – der Vertrag verwies ausdrücklich auf die auf der Homepage der P GmbH abrufbaren AGB. Fraglich ist, ob dies ausreicht, damit die AGB auch Vertragsinhalt werden oder ob die AGB direkt auf der Vertragsurkunde abgedruckt sind oder dem Kunden zumindest im Zeitpunkt der Abgabe seiner Vertragsschlusserklärung (allenfalls auch ausgedruckt) vorliegen müssen. Prinzipiell gilt, dass eine tatsächliche Kenntnisnahme des Kunden vom Inhalt der AGB nicht notwendig ist – auch müssen die AGB im Zeitpunkt des Vertragsschlusses nicht real vorliegen. Allerdings ist von Bedeutung, ob der Vertragspartner den Wunsch des Verwenders nach Einbeziehung seiner AGB bei Abgabe seiner Vertragsschlusserklärung kannte oder kennen musste und der **Vertragspartner** die **Möglichkeit hatte, vom Inhalt der AGB Kenntnis zu erlangen**.[4] Da andernfalls eine Zustimmung zu den AGB nicht unterstellt werden kann, ist also auch die Möglichkeit der Kenntnisnahme der AGB durch den Kunden erforderlich. Die tatsächliche Zugänglichmachung der AGB kann dabei durch Übergabe oder Übersendung, bei Verträgen,

---

[3]   *Riedler*, ZR I AT[8] Rz 13/5.
[4]   *Riedler*, ZR I AT[8] Rz 13/5.

die im Geschäftslokal selbst abgeschlossen werden, auch durch Aushang in geeigneter Form geschehen, liegt aber etwa auch vor, wenn die AGB ohnedies öffentlich zB im Internet auf der Website des Vertragspartners zur Verfügung stehen. Auch die Zustimmung des Kunden kann ausdrücklich („Ich erkenne die AGB an", Unterzeichnen der AGB etc) oder konkludent erfolgen.[5] Im vorliegenden Fall war auf die AGB der P GmbH im Vertrag ausdrücklich und deutlich hingewiesen und die AGB waren auf der Website der P GmbH frei verfügbar, sodass die AGB der P GmbH in ihrer Gesamtheit grundsätzlich durch Parteienvereinbarung in den Vertrag einbezogen wurden. Nach dem Sachverhalt hat U die Klausel ohnedies auch tatsächlich gelesen und dieser zugestimmt.

Geltungskontrolle § 864a ABGB

Fraglich bleibt jedoch, ob die Klausel nicht wegen Verstoßes gegen § 864a ABGB unwirksam ist (**Geltungskontrolle**). Im Rahmen der Geltungskontrolle wird geprüft, ob die einzelne Klausel überraschend, nachteilig, ungewöhnlich ist iSd § 864a ABGB und kein besonderer Hinweis des Aufstellers auf die ungewöhnliche Klausel erfolgt ist – nur wenn alle vier kumulativen Tatbestandselemente erfüllt sind, übersteht die Klausel die Geltungskontrolle nicht und ist unwirksam, also nicht Vertragsinhalt geworden.[6]

Die **Ungewöhnlichkeit** der Klausel ist zunächst objektiv und entsprechend der Üblichkeit beim betreffenden Geschäftstyp im redlichen Verkehr unter Berücksichtigung des angesprochenen Adressatenkreises zu verstehen. Ob eine Bestimmung ungewöhnlich ist, ergibt sich also aus der redlichen Branchenüblichkeit (objektiv). Objektiv ungewöhnlich ist aber nicht nur eine (nicht verbreitete) branchenunübliche Bestimmung, sondern auch eine (verbreitete) branchenübliche Bestimmung, die nicht der redlichen Verkehrsübung entspricht, sodass hierbei die Inhaltskontrolle mit der Frage der Geltung verknüpft wird. Zur Beurteilung der Ungewöhnlichkeit ist der Inhalt der Klausel zu bewerten, wobei auch der Umfang des Abweichens vom dispositiven Recht bedeutsam ist. Die Klausel regelt die von der P GmbH intendierte automatische Vertragsverlängerung mangels Kündigung durch U mit den Worten: *„„Wenn der Kunde nicht innerhalb von 3 Monaten vor Vertragsende per Einschreiben den Vertrag kündigt, bleibt dieser für weitere 5 Jahre unter Kündigungsverzicht aufrecht."* Selbst wenn man Verlängerungsklauseln als branchenüblich einordnen würde, so ist doch in casu zu beachten, dass die Verlängerungsklausel eine fünfjährige Verlängerung bewirken würde, obwohl im Vertrag selbst bloß von einem einjährigen Abo die Rede ist; dies ist daher (zumindest) als subjektiv ungewöhnliche Klausel einzuordnen.

---

[5] *Riedler*, ZR I AT[8] Rz 13/6.
[6] *Riedler*, ZR I AT[8] Rz 13/10.

„Nachteilig" ist eine Bestimmung, wenn sie entweder zulasten des Unterworfenen vom dispositiven objektiven Recht abweicht oder den Unterworfenen im Vergleich zum Verwender der AGB schlechter stellt. Diese Frage ist aus der Perspektive eines redlichen Vertragspartners im Zeitpunkt des Vertragsschlusses, also objektiv ex ante zu beurteilen.[7] Die Klausel ist als nachteilig zu werten, da durch sie U bei Schweigen für weitere fünf Jahre an einen Vertrag ohne Kündigungsmöglichkeit gebunden wird, was nach der Rechtslage ohne die Klausel nicht der Fall wäre.

§ 864a erfasst nur Klauseln, mit denen der Partner des Aufstellenden „nicht zu rechnen brauchte".[8] Allerdings ist der **Überraschungseffekt** bei der konkreten Klausel nicht gegeben, da die Klausel nach dem Sachverhalt in den AGB fettgedruckt und kursiv ist, somit aus dem AGB-Text hervorgehoben ist. Schließlich ist für die Beurteilung des Überraschungseffekts im Ergebnis entscheidend, ob einem durchschnittlich sorgfältigen Leser die ungewöhnliche Bestimmung aus dem äußeren Erscheinungsbild (dem Gesamteindruck) der Urkunde auffallen („in die Augen fallen") musste.
Damit verstößt die Klausel nicht gegen § 864a ABGB.

Inhaltskontrolle § 879 Abs 3 ABGB – Klauselkontrolle nach § 6 KSchG
Nach **§ 879 Abs 3 ABGB** sind in AGB oder Vertragsformblättern enthaltene gröblich benachteiligende Nebenbestimmungen unwirksam (Inhaltskontrolle), wobei die gröbliche Benachteiligung auch anhand des in § 6 KSchG verankerten Maßstabes eruiert werden kann. Auf das Vertragsverhältnis P GmbH-U kommt auch das **KSchG** zur Anwendung, da die P GmbH als Kapitalgesellschaft Unternehmerin kraft Rechtsform ist (§ 2 UGB; § 1 Abs 1 Z 1 KSchG) und U als Lehrling als Verbraucher zu qualifizieren ist (§ 1 Abs 1 Z 2 KSchG).

Fraglich ist, ob die Dauer sowie die Art der Kündigung bzw der Kündigungsausschluss rechtswirksam sind oder zumindest der jeweils diesbezügliche Teil der Klausel gegen **§ 879 Abs 3 ABGB** verstößt. Gem § 879 Abs 3 ABGB ist eine Vertragsbestimmung, die nicht eine der beiderseitigen Hauptleistungen festlegt, nichtig, wenn sie unter Beachtung aller Umstände einen Teil (den Unterworfenen) gröblich benachteiligt.[9]

Die Inhaltskontrolle nach Abs 3 beschränkt sich also auf **Nebenbestimmungen**. Abzustellen ist allein auf vertragliche Nebenbestimmungen (zB Zeit und Ort der Erfüllung). Nicht erfasst

---

[7]   *Riedler*, ZR I AT[8] Rz 13/14.
[8]   *Riedler*, ZR I AT[8] Rz 13/15.
[9]   *Riedler*, ZR I AT[8] Rz 13/21.

werden also Bestimmungen, welche die beiderseitigen Hauptleistungen (im engeren Sinne) festlegen.[10]

Für die Beurteilung der **gröblichen Benachteiligung** des Unterworfenen ist der Maßstab das dispositive Recht. Je krasser die AGB von der Wertung des objektiven dispositiven Rechtes abweichen bzw – wenn es solches nicht gibt – sich die Rechtspositionen von AGB-Aufsteller und AGB-Unterworfenem voneinander unterscheiden und je „verdünnter" die Willensfreiheit des Unterworfenen ist, desto eher kann auf gröbliche Benachteiligung des Unterworfenen geschlossen werden.[11] Zu beachten ist, dass für die Beurteilung der gröblichen Benachteiligung iSd § 879 Abs 3 auch die Regeln über das Verbrauchergeschäft, insb **§ 6 KSchG**, hilfsweise herangezogen werden können, da zwischen AGB-Aufsteller und AGB-Unterworfenem eine ähnliche Ungleichgewichtslage wie zwischen Unternehmern und Verbrauchern herrscht.[12]

Fünfjährige Verlängerungsklausel unter Kündigungsverzicht

Die in § 6 Abs 1 KSchG angeführten Bestimmungen sind in jedem Fall unwirksam, können also keinesfalls zulasten des Verbrauchers vereinbart werden.[13] Nach der AGB-Klausel der P GmbH bleibt der Abonnementvertrag mangels Kündigung durch U *„für weitere 5 Jahre unter Kündigungsverzicht aufrecht."* Nach **§ 6 Abs 1 Z 1 KSchG** sind für Verbraucher Bestimmungen jedenfalls nicht verbindlich, nach denen sich der Unternehmer eine unangemessen lange oder nicht hinreichend bestimmte Frist ausbedingt, während deren er einen Vertragsantrag des Verbrauchers annehmen oder ablehnen kann oder während deren der Verbraucher an den Vertrag gebunden ist. Im vorliegenden Fall handelt es sich bei der intendierten fünfjährigen Verlängerung eines ursprünglichen Jahresvertrages um eine sachlich nicht gerechtfertigte übermäßige Vertragsbindung. Die Klausel ist daher unter anderem wegen Verstoßes gegen § 6 Abs 1 Z 1 KSchG ungültig.

Vertragsverlängerung durch Unterlassen der Kündigung?

Nach der AGB-Klausel der P GmbH soll sich der Abonnementvertrag automatisch verlängern, wenn *„der Kunde nicht innerhalb von 3 Monaten vor Vertragsende ... den Vertrag kündigt"*. Nach **§ 6 Abs 1 Z 2 KSchG** sind Vertragsbestimmungen nicht verbindlich, nach denen ein bestimmtes Verhalten des Verbrauchers als Abgabe oder Nichtabgabe einer Erklärung gilt, es sei denn, der Verbraucher wird bei Beginn der hiefür vorgesehenen Frist auf die Bedeutung seines Verhaltens besonders hingewiesen und hat zur Abgabe einer

---

[10]   *Riedler*, ZR I AT[8] Rz 13/23.
[11]   *Riedler*, ZR I AT[8] Rz 13/25.
[12]   *Riedler*, ZR I AT[8] Rz 13/26.
[13]   *Riedler*, ZR I AT[8] Rz 13/29.

ausdrücklichen Erklärung eine angemessene Frist (Erklärungsfiktion).[14] Nach dem Sachverhalt wird U nach dem Text der AGB-Klausel eine Frist von 3 Monaten vor (sonstigem) Vertragsende eingeräumt, in welcher er sich überlegen kann, ob er der (sonst eintretenden) Vertragsverlängerung widerspricht. Widerspricht er, so endet der Vertrag nach einem Jahr, widerspricht er nicht, so würde sich der Vertrag um weitere fünf Jahre verlängern. Die dreimonatige Überlegungsfrist ist angesichts der Bedeutung des Vertragsverhältnisses, der Höhe der daraus resultierenden Zahlungsverpflichtungen des U und der Dauer der Vertragsverlängerung zwar als angemessen zu werten. Allerdings gibt es im Sachverhalt keine Hinweise darauf, dass U von der P GmbH bei Beginn der hierfür vorgesehenen 3-Monatsfrist auf die Bedeutung seines Verhaltens (Vertragsverlängerung mangels Kündigung) besonders hingewiesen wurde, sodass schon daher die Vertragsverlängerung nicht eintreten hat können (§ 6 Abs 1 Z 2 KSchG).

„Einschreibeerfordernis" der Kündigungserklärung?

Nach der AGB Klausel der P GmbH soll sich der Abonnementvertrag automatisch verlängern, wenn der Kunde nicht innerhalb von 3 Monaten vor Vertragsende *„per Einschreiben"* den Vertrag kündigt. Nach **§ 6 Abs 1 Z 4 KSchG** sind AGB-Klauseln unwirksam, wenn besondere Zugangserfordernisse für Erklärungen des Verbrauchers oder eine strengere Form als die Schriftform für Erklärungen des Verbrauchers vorgesehen werden (Form- oder Zugangserfordernisse).[15] Nach der Klausel hat U den Vertrag per Einschreiben zu kündigen. Da eine Kündigung per Einschreiben eine strengere Form als die Schriftform darstellt, ist die Klausel zudem nach § 6 Abs 2 Z 4 KSchG unwirksam.

Im Ergebnis ist somit die AGB Klausel nach § 879 Abs 3 ABGB bzw § 6 Abs 1 Z 1, 2, 4 KSchG unwirksam und damit nicht Vertragsinhalt geworden. Der auf ein Jahr befristet abgeschlossene Abonnementvertrag wurde daher mit Ablauf dieser Jahresfrist (durch bloßen Zeitablauf) beendet.

Der Anspruch der P GmbH gegen U auf Zahlung von € 70,- aus dem Abonnementvertrag besteht nicht.

---

[14] *Riedler*, ZR I AT[8] Rz 13/30.
[15] *Riedler*, ZR I AT[8] Rz 13/30.

Fall 8
Aufschließungskosten des Baugrundes

Schwerpunkte	Anspruchsprüfung, Rückzahlungsanspruch, **Vertrauenstheorie, Vertragsauslegung,** Geschäfts-, Motiv- und Erklärungsirrtum beim Kaufvertrag
Vorbereitung	*Riedler*, ZR I AT[8] (2022) 15. Kap Konsens, Dissens, Interpretation von Erklärungen und Verträgen 16. Kap Vertragsschlusshindernisse I – Rechtsfolgenüberblick 21. Kap Irrtum

Sachverhalt

B möchte schon lange ein Einfamilienhaus im Linzer Umland. Als er erfährt, dass **C** ein Baugrundstück verkauft, nimmt er Kontakt mit **C** auf, welcher dem **B** mitteilt, dass die „Aufschließungskosten der Gemeinde" bereits bezahlt seien. Daraufhin einigen sie sich auf einen Kaufpreis von € 100.000,-, den **B** in den Folgetagen auch überweist. Im vom **C** beauftragen Notar verfassten schriftlichen Kaufvertragsentwurf findet sich nur der Passus: „Aufschließungskosten bezahlt".

Als **B** erfährt, dass zwar die Gemeindegebühren für Wasser- und Kanalanschluss entrichtet wurden, die Gebühren für den Stromanschluss (iHv € 10.000,-) aber noch offen sind, will **B** von **C** „Rückzahlung der Wertdifferenz".

Wie ist die Rechtslage?

Fünf Fragen zur Einführung

1. Welche **Personen** sind am Sachverhalt beteiligt?

2. Welche **Rechtsverhältnisse** bestehen zwischen den beteiligten Personen?

3. Welche **Leistungen** wurden zwischen diesen Personen bereits erbracht?

4. Wie lautet die **Fallfrage**?

5. Welche **Ansprüche** sind zu prüfen, wenn wir uns die Frage stellen: **Wer will was von wem aus welchem Rechtsgrund?**

Anspruch der B gegen C auf Rückzahlung von € 10.000.- gemäß § 877 ABGB

Rechtsgutachten

Anspruch der B gegen C auf Rückzahlung von € 10.000,- gemäß § 877 ABGB

Voraussetzung für diesen Anspruch ist das Vorliegen einer (teilweise) **rechtsgrundlosen Leistung**. **Leistung** ist bewusste und gewollte Vermögenszuwendung. **Rechtsgrundlos** ist eine Leistung, wenn entweder ein die Leistung rechtfertigender Rechtsgrund von vornherein fehlt oder ein die Leistung rechtfertigender Rechtsgrund zwischen den Parteien zwar ursprünglich vorhanden war, dieser jedoch nachträglich zB durch Anfechtung oder Anpassung beseitigt bzw geändert wird, sodass die ursprünglich rechtmäßige Leistung nachträglich (rückwirkend) zur Gänze oder zumindest teilweise rechtsgrundlos wird. Nach dem Sachverhalt haben sich B und C für das Grundstück auf einen Preis von € 100.000 geeinigt und hat B den Kaufpreis bereits überwiesen, also geleistet im Rechtssinne, sodass ein diese Leistung rechtfertigender Rechtsgrund im Kaufvertrag zwischen B und C über das Grundstück zu einem Preis von € 100.000.- liegt. Zu prüfen bleibt, ob nicht B diesen im Kaufvertrag vereinbarten Kaufpreis nachträglich durch Geltendmachung eines Anpassungsrechts reduzieren kann, wodurch der dann überschießende Teil der bereits geleisteten Zahlung nachträglich rückwirkend rechtsgrundlos würde und nach § 877 ABGB bereicherungsrechtlich kondiziert werden könnte.

Anpassung des Vertrages wegen Irrtum durch B gemäß § 871 ABGB

Ein gültig zustande gekommener Vertrag kann nachträglich rückwirkend durch erfolgreiche Irrtumsanfechtung beseitigt bzw durch Irrtumsanpassung inhaltlich modifiziert werden, wenn folgende vier Voraussetzungen erfüllt sind: Beachtlichkeit des Irrtums, Kausalität des Irrtums für den Vertragsschluss, fehlendes Vertrauensschutzbedürfnis beim Gegner des Irrenden und ein un-/wesentlicher Irrtum, was für die konkret in Betracht kommenden Rechtsfolgen (Anfechtung/Anpassung) von Relevanz ist.

Erste Voraussetzung für eine Irrtumsanfechtung/-anpassung ist das **Vorliegen eines beim betreffenden Rechtsgeschäft beachtlichen Irrtums**. Beim Kaufvertrag handelt es sich um ein entgeltliches Geschäft, sodass nur Erklärungs- und Geschäftsirrtum, prinzipiell aber nicht Motivirrtümer beachtlich sind.[1] Zu untersuchen ist zunächst, ob A einem **Geschäftsirrtum** erlegen ist, also über einen tatsächlichen oder rechtlichen Umstand geirrt hat, der Inhalt des Vertrages geworden ist.[2] Bei der Beurteilung der Frage, ob Geschäftsirrtum vorliegt, kann in

---

[1] *Riedler*, ZR I AT[8] Rz 21/7.
[2] *Riedler*, ZR I AT[8] Rz 21/11.

drei Teilschritten vorgegangen werden: Im ersten Schritt ist genau festzulegen, über welchen Umstand sich der Irrende geirrt hat. Im zweiten Schritt ist (durch Auslegung der Vertragsschlusserklärungen und durch Vertragsauslegung) festzustellen, welche Umstände von den Parteien (durch Konsens) zum Vertragsinhalt erhoben worden sind. Und im dritten Schritt gilt: Wenn der Umstand, über den sich der Irrende geirrt hat, Vertragsinhalt geworden ist, so liegt Geschäftsirrtum vor, wenn der Umstand, über den sich der Irrende geirrt hat, hingegen nicht Vertragsinhalt geworden ist, so ist bloßer Motivirrtum gegeben.[3] B irrt über den Umstand, dass bestimmte Aufschließungskosten – konkret auch die Gebühren für den Stromanschluss – (bereits) bezahlt sind. Fraglich ist daher, welchen **Bedeutungsgehalt/-inhalt die im Vertragstext enthaltene Wendung „Aufschließungskosten bezahlt"** hat. Die **Auslegung von Verträgen** erfolgt zunächst nach § 914 ABGB, nach welcher Bestimmung *„nicht an dem buchstäblichen Sinne des Ausdrucks zu haften, sondern die Absicht der Parteien zu erforschen und der Vertrag so zu verstehen ist, wie es der Übung des redlichen Verkehrs entspricht"*. Das Wort „Aufschließungskosten" ist rechtlich nicht näher definiert, sodass es einer Auslegung und Klärung der Frage bedarf, was die konkreten Parteien insb auch vor dem Hintergrund der von ihnen abgegebenen Vertragsschlusserkärungen darunter verstehen durften und verstehen mussten. Die sog „Aufschließung eines Grundstückes" kann faktisch mehrere Bereiche betreffen (Wasser, Strom, Gas, Fernheizung, Telefon, Abwasser etc),[4] in der Sache geht es in all diesen Fällen darum, dass das Grundstück an die notwendige Infrastruktur angeschlossen wird, welche für den „normalen Gebrauch" eines Bau(!)Grundstückes erforderlich ist. In der Folge gilt es nun festzustellen, welche dieser Aufschließungskosten von den Parteien aus rechtlicher Perspektive zum Vertragsinhalt erhoben worden sind. Nach der – aus § 863 abgeleiteten – **Vertrauenstheorie** sind die jeweiligen Vertragschlusserklärungen aus der Sicht des jeweiligen objektiv-redlichen Erklärungsempfängers zu betrachten, alle Kenntnisse des wirklichen Erklärungsempfängers, auch soweit sie ungewöhnlich sind, eingeschlossen. Ein objektiv-redlicher Erklärungsempfänger ist, wer sich bemüht, richtig zu verstehen, was der Erklärende mit seiner Erklärung ausdrücken will.[5] Daher ist der Inhalt der Vertragsschlusserklärung des B aus der Perspektive des Erklärungsempfängers C, der Inhalt der Vertragschlusserklärung des C aus der Perspektive des Erklärungsempfängers B zu eruieren. Nach dem Sachverhalt sichert C dem B zu, dass die „Aufschließungskosten der Gemeinde" bereits bezahlt seien. Ein objektiv-redlicher Erklärungsempfänger B muss diese Erklärung dahin verstehen, dass damit zunächst nur jene Gebühren gemeint sind, die eben

---

[3]   *Riedler*, ZR I AT[8] Rz 21/12.
[4]   https://www.oesterreich.gv.at/themen/bauen_wohnen_und_umwelt/bauen/2/Seite.2260510.html (aufgerufen am 15.09.2022).
[5]   *Riedler*, ZR I AT[8] Rz 15/9.

an die Gemeinde, also an die „öffentliche Hand" zu zahlen sind.[6] Damit liegt in dieser Erklärung des C gegenüber B für die Aufschließungskosten auch aus der Perspektive des objektiv-redlichen B ein inhaltlicher Verweis (nur) auf jene Gebühren, welche beim konkreten Grundstück an die Gemeinde abzuführen sind. Und umgekehrt darf auch ein objektiv-redlicher C die Zustimmungserklärung des B mit diesem Bedeutungsgehalt verstehen. Für diese Sicht der Dinge spricht zudem auch folgender öffentlich-rechtlicher Aspekt: Nach dem Sachverhalt liegt das Grundstück im Linzer Umland, also in Oberösterreich. Zu den an die Gemeinde abzuführenden Aufschließungsbeiträgen gehören neben den Anschlussgebühren für die Wasserversorgung auch die Gebühren für den Anschluss zur Kanalisation, was sich auch aus einschlägigen öffentlich-rechtlichen Normen (für in OÖ liegende Grundstücke aus § 25 oö ROG) ergibt.[7] Der diesen öffentlich-rechtlichen Normen zugrundeliegende Bedeutungsgehalt des Begriffes „Aufschließungskosten" muss zwar nicht zwingend und in jedem Fall zivilrechtlich Vertragsinhalt werden, allerdings erscheint es bei einem Verweis der Vertragspartner auf die „Aufschließungskosten der Gemeinde" auch iSd § 914 ABGB durchaus sachgerecht, die einschlägigen öffentlich-rechtlichen Normen als Indizien zur Auslegung der gegenständlichen Willenserklärung heranzuziehen, da diese öffentlich-rechtlichen Normen eben genau die Frage regeln, ob und

---

[6] Vgl auch OGH 4 Ob 146/20d: Gegenstand des zu beurteilenden Kaufvertrags war ein unbebautes Grundstück zum Zweck der Bebauung. Dazu haben die Verkäufer ausdrücklich zugesichert, dass die Aufschließungskosten bereits bezahlt wurden. Ein redlicher Erklärungsempfänger musste gerade nicht erwarten, dass er mit der Vorschreibung von Aufschließungskosten konfrontiert wird. Gemessen an der Verkehrsauffassung konnte die Klägerin berechtigt davon ausgehen, dass die Aufschließungskosten für sie kein Thema mehr sind, was auch für den Kaufpreis von Bedeutung war.

[7] Vgl auch § 25 OÖ ROG: „(1) Die Gemeinde hat dem Eigentümer eines Grundstücks oder Grundstücksteils, das im rechtswirksamen Flächenwidmungsplan als Bauland gewidmet, jedoch nicht bebaut ist, je nach Aufschließung des Grundstücks durch eine gemeindeeigene Abwasserentsorgungsanlage, eine gemeindeeigene Wasserversorgungsanlage (§ 1 Abs. 1 Oö. Interessentenbeiträge-Gesetz 1958) oder eine öffentliche Verkehrsfläche der Gemeinde einen Aufschließungsbeitrag vorzuschreiben. Abgabepflichtig ist derjenige, der im Zeitpunkt der Vorschreibung Eigentümer des Grundstücks oder Grundstückteils ist. (2) Die Verpflichtung, einen Aufschließungsbeitrag zu entrichten, besteht bis zur Vorschreibung jeweils 1. des Beitrags zu den Kosten der Errichtung einer gemeindeeigenen Kanalisationsanlage (§ 1 Abs. 1 lit. a Interessentenbeiträge-Gesetz 1958) oder 2. des Beitrags zu den Kosten der Errichtung einer gemeindeeigenen Wasserversorgungsanlage (§ 1 Abs. 1 lit. b Interessentenbeiträge-Gesetz 1958) oder 3. des Beitrags zu den Kosten der Herstellung öffentlicher Verkehrsflächen der Gemeinde (§§ 19 und 20 Oö. Bauordnung 1994)". § 1 Abs 1 Oö. Interessentenbeiträge-Gesetz lautet: „Die Gemeinden werden ermächtigt, auf Grund eines Beschlusses der Gemeindevertretung folgende Interessentenbeiträge von Grundstückseigentümern und Anrainern (derzeit § 13 Abs. 1 Z. 15 des Finanzausgleichsgesetzes 1973, BGBl. Nr. 445/1972) zu erheben: a) den Beitrag zu den Kosten der Errichtung einer gemeindeeigenen Kanalisationsanlage - **Kanal-Anschlußgebühr**; b) den Beitrag zu den Kosten der Errichtung einer gemeindeeigenen Wasserversorgungsanlage - **Wasserleitungs-Anschlußgebühr**; c) den Beitrag zu den Kosten der Errichtung einer gemeindeeigenen Einrichtung zur Abfuhr oder Beseitigung von Müll – Müllabfuhr(Müllbeseitigungs)-Anschlußgebühr. Als gemeindeeigen im Sinne dieses Gesetzes gilt eine Anlage (Einrichtung), deren sich die Gemeinde zur Erfüllung der ihr obliegenden öffentlichen Aufgaben bedient, auch dann, wenn die Anlage (Einrichtung) nicht oder nicht zur Gänze im Eigentum der Gemeinde steht."

Riedler, Falllösungskompetenz ZR I AT

welche Anschlussgebühren beim jeweiligen Grundstück „an die Gemeinde" zu entrichten sind. Damit sind aber die Gebühren für den **Stromanschluss**, welche nicht an die Gemeinde abzuführen sind, sondern direkt vom jeweiligen (privatwirtschaftlich organisierten) Elektrizitätsversorger (zB Linz-AG, Energie-AG) eingehoben werden, von der in den Vertragsschlusserklärungen und auch im Vertragstext vertraglich vereinbarten Wendung „Aufschließungskosten der Gemeinde" nicht erfasst. Nach der Verkehrsauffassung und aus der Sicht eines objektiv-redlichen Erklärungsempfängers ist daher die Äußerung, wonach die Aufschließungskosten an die Gemeinde bereits abgeführt sind, also so zu verstehen, dass die Gebühren für den Wasser- und Kanalanschluss an die zuständige Gemeinde entrichtet wurden. Nicht davon erfasst sind aber sonstige Aufschließungskosten, die an die (privatwirtschaftlich organisierten) Elektrizitätsversorger zu bezahlen sind und bspw den Strom-, Gas- oder Internetanschluss betreffen. Im Ergebnis ist daher festzuhalten, dass **Vertragsinhalt ein Baugrundstück** wurde, für das (nur) die an **die Gemeinde zu entrichtenden Aufschließungskosten (sc zur Wasserversorgung und Kanalisation)** bezahlt wurden. Der Irrtum des B über den Umstand, dass auch die Gebühren für den Stromanschluss bereits bezahlt wurden, ist somit als Motivirrtum zu qualifizieren, weil über einen Umstand geirrt wird, der außerhalb des vereinbarten Vertragsinhaltes liegt, also nicht eine vertraglich bedungene Eigenschaft des Grundstückes betrifft. Bei Kaufvertrag, der als entgeltlicher Vertrag einzustufen ist, ist ein Motivirrtum aber grundsätzlich unbeachtlich, sodass dieser Irrtum des B eine Anfechtung oder Anpassung des Kaufvertrages mit C wegen Irrtums nach § 871 ABGB nicht begründen kann.

Fraglich bleibt, ob B nicht einen Erklärungsirrtum geltend machen kann. **Erklärungsirrtum** liegt vor, wenn die objektive Bedeutung der – vom anderen Teil auch so verstandenen – Erklärung des Erklärenden vom inneren Willen des Erklärenden abweicht, also eine Divergenz zwischen objektiver Erklärungsbedeutung und subjektivem Willen des Erklärenden besteht.[8] B wollte subjektiv den Ankauf des Grundstückes (samt „Aufschließungskosten bezahlt") erklären, wobei er unter dem Begriff „Aufschließungskosten" alle für die Benutzung des Grundstückes erforderlichen Kosten – also auch die Kosten für den Stromanschluss – verstanden hat. Der objektiv-redliche B konnte und durfte diese Wendung jedoch dahin verstehen, dass darunter nur jene Aufschließungskosten verstanden werden, die an die Gemeinde abzuführen sind. Damit wich der innere Wille des Erklärenden B vom objektiven Erklärungswert seiner Erkärung im Sinne der Vertrauenstheorie ab, sodass infolge Diskrepanz zwischen subjektivem Willen des Erklärenden B und objektivem Erklärungswert der Erklärung des B ein Erklärungsirrtum des B gegeben ist.

---

[8]   *Riedler*, ZR I AT[8] Rz 21/8.

Der Irrtum war kausal iSd **Äquivalenztheorie**, wenn der Irrende bei Kenntnis der wahren Sachlage im Vertragsschlusszeitpunkt den Vertrag nicht in der konkreten Gestalt geschlossen hätte. B hätte in Kenntnis der wahren Sachlage den Vertrag nicht in dieser konkreten Gestalt abgeschlossen, also ohne seinen Irrtum das Grundstück nur um € 10.000 günstiger gekauft, sodass auch die **Kausalität** seines Irrtums für den Abschluss des Kafuvertrages in seiner konkreten Gestalt im Sinne der Äquivalenztheorie zu bejahen ist.

Eine Anfechtung bzw Anpassung des Vetrages durch B erfordert weiters, dass entweder C den Irrtum des B veranlasst hat, dem C der Irrtum des B offenbar hätte auffallen müssen oder der Irrtum des B gegenüber C rechtzeitig aufgeklärt worden ist. Der Vertragspartner (oder eine ihm zurechenbare Person) hat den Irrtum **veranlasst**, wenn er für den Irrtum adäquat (angemessen) ursächlich war. Adäquat kausal war ein Verhalten, wenn es nach der allgemeinen Lebenserfahrung geeignet ist, einen Irrtum hervorzurufen. Für ein Veranlassen durch aktives Tun ist nicht Sorgfaltswidrigkeit bzw Pflichtverletzung (anders bei List!), sondern nur gesteigerte (angemessene) Ursächlichkeit erforderlich. Nach dem Sachverhalt hat C in den Verhandlungen ausdrücklich und unmissverständlich auf den Umstand hingewiesen, dass die „Aufschließungskosten der Gemeinde" bereits bezahlt sind und damit den Erkärungsirrtum des B nicht adäquat verursacht, also veranlasst im Sinne des § 871 ABGB.

Offenbar auffallen muss der Irrtum, wenn er bei verkehrsüblicher Sorgfalt (= offenbar) erkennbar gewesen wäre oder der Partner wenigstens Verdacht hätte schöpfen müssen; wenn also der Erklärungsgegner den Irrtum des Irrenden fahrlässig nicht entdeckt hat. Aus dem Sachverhalt lassen sich auch keine Anhaltspunkte dahin entnehmen, dass dem C offenbar auffallen hätte müssen, dass B unter der Wendung „Aufschließungskosten der Gemeinde" auch Kosten versteht, welche nicht an die Gemeinde zu bezahlen sind.

Rechtzeitig aufgeklärt ist der Irrtum, wenn der Gegner des Irrenden noch keine rechtlichen oder wirtschaftlichen Dispositionen im Vertrauen auf die Gültigkeit der Erklärung getroffen hat oder die Gelegenheit zu solchen verabsäumt hat (= res-integra-Lehre). Nach hA schließt selbst teilweise Vertragserfüllung rechtzeitige Aufklärung aus, zudem wurden mit der Beauftragung des Notars zur Erstellung eines schriftlichen Kaufvertragsentwurfs durch C vom Vertragspartner des Irrenden B auch bereits wirtschaftliche Dispositionen im Vertrauen auf die Gültigkeit des Vertrags gesetzt.

Liegt aber **keine der Alternativvoraussetzungen des § 871 ABGB** vor, so kommt auch eine Anfechtung oder Anpassung des Kaufvertrages durch B wegen Irrtums nicht in Betracht.

B kann daher den Kaufvertrag (den Kaufpreis) nicht durch nachträgliche Anpassung anpassen (reduzieren). Die Zahlung der gesamten EUR 100.000,- von B an C war und bleibt eine rechtmäßig erbrachte Leistung.

Der Anspruch der B gegen C auf Rückzahlung von € 10.000.- gemäß § 877 ABGB nicht.

Fall 9
Fehlerhafte Superhelden

Schwerpunkte	Vertragsschluss, Boten, **Anfechtung eines Kaufvertrages wegen Irrtums**
Vorbereitung	*Riedler*, ZR I AT[8] (2022) 11. Kap Vertragsschluss 21. Kap Irrtum

Sachverhalt

K ersucht seine Sekretärin **E** ein Angebot für die erste Auflage der gesamten Buchreihe der Comic-Serie „Die Superhelden" von **V**, einer bekannten Comicbuchverkäuferin, einzuholen. Am Montagnachmittag macht sich **E** auf den Weg zu **V**. Diese teilt **E** mit, dass sie für **K** ein Angebot für die erste Auflage der Buchreihe „Die Superhelden" einholen solle. **V** unterbreitet **E** das Angebot, die Bücher um € 540,- zu verkaufen. **K** könne sich das Angebot bis Mittwoch überlegen, **V** gibt **E** die Bücher mit.

Noch am selben Tag teilt **E** dem **K** aufgrund eines irrtümlichen „Ziffernsturzes" mit, dass die Bücher € 450,- kosten würden. **K** möchte sich dieses lukrative Geschäft nicht entgehen lassen und schreibt **V** sogleich einen Brief mit folgendem Inhalt: „Nehme ihr Angebot von Montagnachmittag gerne an."

Kurz nach Absenden des Briefes beginnt **K** mit dem Lesen der Bücher. Auf Seite 30 bemerkt er, dass die Seiten 31 – 50 fehlen, was auch **V** nicht bekannt war. Nachdem **V** den – am Dienstag zugestellten – Brief am Donnerstag liest, verlangt sie von **K** die € 540,-. **K** verweigert die Zahlung. Er wäre zum Kauf der Bücher nur zu einem maximalen Preis von € 500,- bereit gewesen und außerdem sei der Vertrag zu € 450,- zustande gekommen. Darüber hinaus möchte er die Bücher sowieso zurückgeben, da er die Bücher mit fehlenden Seiten auf keinen Fall behalten möchte.

Prüfen Sie den Kaufpreiszahlungsanspruch der V gegen K bzw allfällige Anfechtungsrechte!

Fünf Fragen zur Einführung

1.   Welche **Personen** sind am Sachverhalt beteiligt?

2.   Welche **Rechtsverhältnisse** bestehen zwischen den beteiligten Personen?

3.   Welche **Leistungen** wurden zwischen diesen Personen bereits erbracht?

4.   Wie lautet die **Fallfrage**?

5.   Welche **Ansprüche** sind zu prüfen, wenn wir uns die Frage stellen: **Wer will was von wem aus welchem Rechtsgrund?**

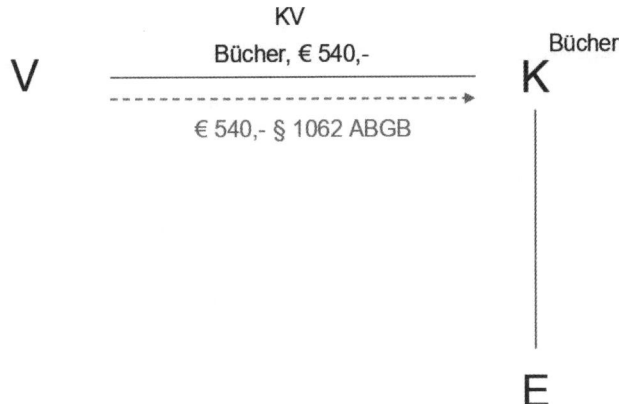

Anspruch der V gegen K auf Zahlung der € 540,- gem § 1062 ABGB

Rechtsgutachten

Anspruch der V gegen K auf Zahlung der € 540,- gem § 1062 ABGB

Voraussetzung für diesen Anspruch ist das Vorliegen eines gültigen Kaufvertrages. Zu prüfen ist daher, ob zwischen den beiden ein gültiger Kaufvertrag zustande gekommen ist und gegebenenfalls rückwirkend beseitigt werden kann.

Angebot der V – Superhelden zu € 540?

Nach dem Sachverhalt unterbreitet **V** gegenüber **E** das Angebot, die Bücher um € 540,- zu verkaufen. **K** könne sich das Angebot bis Mittwoch überlegen, **V** gibt **E** die Bücher mit. Ein Angebot im Rechtssinne setzt voraus: 1. Willenserklärung des Anbietenden, 2. ausreichende Bestimmtheit der Willenserklärung, 3. Bindungswillen des Erklärenden, 4. Zugang der Erklärung beim Empfänger, 5. kein Widerruf der Erkärung.[1]

Es liegt in der Erklärung der V eine **Willensäußerung**, die auf die Herbeiführung von Rechtsfolgen gerichtet ist und mit der ein Kundgabezweck verfolgt wird.

Die Erklärung der V ist **ausreichend bestimmt**, da sowohl die Ware (Bücherreihe der Comic-Serie „Die Superhelden") als auch der Preis (€ 540,-) ausreichend bestimmt sind (§ 869 ABGB).[2]

Aus der Erklärung der V ergibt sich eindeutig der **Bindungswille**, dass sie dem K das Recht einräumen will, durch einfaches "Ja" bzw Annahme den Kaufvertrag abzuschließen.[3] Die Willenserklärung muss dem K auch iSd Empfangstheorie **zugegangen** sein. Fraglich ist, wie sich der Zugang der Erklärung beurteilt, wenn bei der Übermittlung der Erklärung dritte Personen eingesetzt werden. Nach dem Sachverhalt holt E von V für K das Angebot auf Kauf der Bücherreihe ein, wobei V ihre an K gerichtete Erklärung gegenüber V abgibt, damit diese die Erklärung an K überbringen kann. Aus rechtlicher Perspektive ist vor diesem Hintergrund zu überlegen, ob E als **Erklärungsbotin der V oder Empfangsbotin des K** einzuordnenn ist und sie demgemäß nach der Verkehrsauffassung dem Risikobereich der Erklärenden V (= Erklärungsbote) oder dem des Empfängers K zuzurechnen ist (= Empfangsbote). Die Abgrenzung richtet sich nach der Stellung und den Fähigkeiten der Mittelsperson und den Umständen, unter denen die Erklärung erfolgt. Empfangsboten sind

---

[1]   *Riedler*, ZR I AT[8] Rz 11/4 ff.
[2]   *Riedler*, ZR I AT[8] Rz 11/15.
[3]   *Riedler*, ZR I AT[8] Rz 11/16.

nur jene Personen, die nach der Verkehrsauffassung vom Empfänger als zur Entgegennahme von Schriftstücken bestellt anzusehen sind. Wird eine Willenserklärung gegenüber einem Empfangsboten abgegeben, so gilt sie damit als dem Empfänger zugegangen, auch wenn sie dem Empfänger entweder gar nicht oder nur verändert (verstümmelt) tatsächlich zur Kenntnis gebracht wird.[4] E soll für K ein Angebot für die erste Auflage der Buchreihe „Die Superhelden" einholen. Demnach ist E Empfangsbotin des K, da sie von K zur Entgegennahme der Angebotserklärung der V bestellt wurde.

Ein (nachträglicher) **Widerruf** der Erklärung der V gegenüber K ist aus dem Sachverhalt **nicht ersichtlich**.

Daher liegt ein **gültiges Angebot** mit dem Inhalt vor: Verkauf der ersten Auflage der gesamten Buchreihe der Comic-Serie „Die Superhelden" Preis: € 540,-.

Annahme des K?

Fraglich ist, ob K das Angebot der V **angenommen** hat. Für eine Annahme des Angebots durch Willenserklärung müssen vier Voraussetzungen kumulativ erfüllt sein: 1. Ausdrückliche oder konkludente Willenserklärung, Zugang der Annahmeerklärung, Rechtzeitigkeit der Annahme, kein Widerruf.[5]

Der Brief des K mit dem Text: „Nehme ihr Angebot von Montagnachmittag gerne an." eine vom Willen des K getragene Willenäußerung mit Rechtfolge im (Geschäfts)Rechtsverkehr samt Kundgabezweck, somit eine **Willenserklärung** im Rechtssinne.

Der **Zugang** beurteilt sich nach der Empfangstheorie, sodass der Brief des K der V in jenem Zeitpunkt zugegangen ist, in welchem der Brief derart in die Machtsphäre der V eingetreten ist, dass deren objektive Kenntnisnahmemöglichkeit bestand. Der Brief ist durch die Zustellung am Dienstag derart in den Machtbereich der V gelangt, dass sich diese vom Inhalt Kenntnis verschaffen konnte und ihr damit die Erklärung spätestens am nächsten Tag (Mittwoch) zugegangen ist. Dass V den Brief erst am Donnerstag ändert am schon vorher eingetretenen Zugang nichts.

Die **Rechtzeitigkeit der Annahme** der Willenserklärung beurteilt sich nach § 862 ABGB, wonach die Annahme des Annehmenden dem Anbietenden innerhalb der Geltungsdauer

---

4   *Riedler*, ZR I AT[8] Rz 11/22 f.
5   *Riedler*, ZR I AT[8] Rz 11/27.

des Angebotes erfolgen muss.[6] Für die Beurteilung der Geltungsdauer einer Angebotserkärung ist entsprechend § 862 ABGB zwischen der **gewillkürten Frist**, also vom Anbietenden gesetzten Frist, und der gesetzlichen Frist zu unterscheiden. Bei der gewillkürten Frist, muss das Angebot innerhalb der vom Anbietenden gesetzten Frist angenommen werden, mit deren Ablauf ist es (automatisch) erloschen.[7] In casu setzt V dem K eine gewillkürte Frist von 2 Tagen. Für die **Fristenberechnung** der nach Tagen bestimmten Frist gilt § 902 ABGB, sodass die Frist erst am Dienstag begonnen hat und am Mittwoch um 24.00 Uhr abgelaufen ist (§ 903 ABGB). Nach dem Sachverhalt geht der Antwortbrief des K der V am Mittwoch zu, sodass auch die Frist gewahrt und die Annahmeerklärung des K der Anbietenden V noch innerhalb der Geltungsdauer von deren Angebot zugegangen iSd Empfangstheorie ist.[8]

Für einen **Widerruf** der Annahmeerklärung durch K sind im Sachverhalt keine Anhaltspunkte enthalten.

Konsens?

Der Konsensualvertrag setzt voraus, dass Angebotserklärung einerseits und Annahmeerklärung bzw –handlung andererseits vollinhaltlich miteinander übereinstimmen, also Konsens vorliegt. Für die Ermittlung der Erklärungsbedeutung, also des Erklärungsinhalts aus rechtlicher Perspektive ist die **Vertrauenstheorie** maßgebend. Nach der Vertrauenstheorie ist jede Erklärung aus der Sicht eines objektiven – redlichen Erklärungsempfängers zu betrachten. Objektiv-redlicher Erklärungsempfänger ist, wer sich bemüht, richtig zu verstehen, was der Erklärende mit seiner Erklärung ausdrücken will. V konnte aus ihrer Perspektive die Nachricht des K auch nach den Kriterien der §§ 914f ABGB als Annahme zu € 540.- verstehen. Inhalt des Vertrages somit Ware: erste Auflage der gesamten Buchreihe der Comic-Serie „Die Superhelden" Preis: € 540,-.

Als Ergebnis kann daher festgehalten werden, dass zwischen V und K ein **Kaufvertrag** über die erste Auflage der Bücherreihe „Die Superhelden" zum Preis von € 540,- **zustande gekommen** ist.

Irrtum des K über den Kaufpeis – Anfechtung des Kaufvertrages?

Nach dem Sachverhalt unterbreitet V über E gegenüber K das Angebot, die Bücher um € 540,- zu verkaufen. K könne sich das Angebot bis Mittwoch überlegen, V gibt E die Bücher

---

[6] *Riedler,* ZR I AT[8] Rz 11/34.
[7] *Riedler,* ZR I AT[8] Rz 11/35.
[8] *Riedler,* ZR I AT[8] Rz 11/35.

mit. Noch am selben Tag teilt E dem K aufgrund eines irrtümlichen „Ziffernsturzes" mit, dass die Bücher € 450,- kosten würden. Und vor diesem Hintergrund sendet K an V sogleich einen Brief mit folgendem Text: „Nehme ihr Angebot von Montagnachmittag gerne an.", welche aus der Perspektive der V als Zustimmung zum Vertragsschluss zu € 540.- gewertet werden durfte, sodass auch der Vertrag zu € 540,- zustande kam. K war der Auffassung, dass er damit einem Vertragsschluss zu € 450,- zustimmen würde, er wollte also überhaupt keine Erklärung mit dem Erkärungswert von € 540,- abgeben, sodass er einem **Irrtum** erlegen ist. Fraglich ist daher, ob sich K unter den Voraussetzungen des § 871 ABGB von dem von ihm nicht gewollten Vertrag durch Anfechtung wegen Irrtums lösen kann.

Irrtum ist die falsche oder fehlende Vorstellung von der Wirklichkeit.[9] Ein **Erklärungsirrtum** liegt vor, wenn eine Divergenz zwischen objektiver Erklärungsbedeutung und subjektivem Willen des Erklärenden besteht. Der Erklärende will etwas anderes erklären, als er wirklich erklärt, oder die Erklärungsabgabe als solche ist ihm nicht bewusst.[10] E teilt dem K aufgrund eines irrtümlichen „Ziffernsturzes" mit, dass die Bücher € 450,- kosten würden. Tatsächlich kosten die Bücher € 540,-. Der objektive Erklärungswert der Angebotserkärung der V gegenüber K ist damit € 540,-. K hat vor diesem Hintergrund gegenüber V die Annahme erklärt, wobei seine Erklärung aus der Perpektive der V mit € 540.- verstanden werden durfte (objektiver Erklärungswert). Der innere subjektive Wille des K war allerdings € 450,-. Damit divergieren objektive Erklärungsbedeutung und subjektiver Erklärungswert der Erklärung. Es liegt ein bei entgetlichen Kaufverträgen **beachtlicher Erklärungsirrtum** des K vor.

Der Irrtum war **kausal** iSd Äquivalenztheorie, wenn bei Kenntnis der wahren Sachlage im Vertragsschlusszeitpunkt der Irrende den Vertrag nicht in der konkreten Gestalt geschlossen hätte[11]. K hätte die Bücher von V nicht zu € 540,- sondern nur zu € 450,- gekauft, also den Vertrag nicht in der konkreten Gestalt (zu einem Kaufpreis von € 540,-) geschlossen.

Zu prüfen bleibt, ob der Irrende K **schutzwürdiger** ist als seine Vertragspartnerin V. K ist dann schutzwürdiger als V, wenn zumindest eine der drei in § 871 Abs 1 ABGB angeführten Alternativen erfüllt ist. Es ist daher zu untersuchen, ob V den Irrtum des K veranlasst hat, ihr der Irrtum des K offenbar hätte auffallen müssen oder der Irrtum des K der V gegenüber rechtzeitig aufgeklärt wurde.[12]

---

9   *Riedler*, ZR I AT[8] Rz 21/6.
10   *Riedler*, ZR I AT[8] Rz 21/8.
11   *Riedler*, ZR I AT[8] Rz 21/24.
12   *Riedler*, ZR I AT[8] Rz 21/26.

Der Vertragspartner (oder eine ihm zurechenbare Person) hat den Irrtum **veranlasst**, wenn er für den Irrtum adäquat (angemessen) ursächlich war. Adäquat kausal war ein Verhalten, wenn es nach der allgemeinen Lebenserfahrung geeignet ist, einen Irrtum hervorzurufen. Für ein Veranlassen durch aktives Tun ist nicht Sorgfaltswidrigkeit bzw Pflichtverletzung (anders bei List!), sondern nur gesteigerte (angemessene) Ursächlichkeit erforderlich. V hat den Irrtum des K zwar veranlasst, wenn sie für den Irrtum adäquat ursächlich war. Dies ist dann der Fall, wenn das Verhalten der V nach der allgemeinen Lebenserfahrung geeignet ist, einen Irrtum hervorzurufen. Verschulden iSv fahrlässigem Verhalten der V ist nicht erforderlich.[13] In casu war das Verhalten der V aber nicht adäquat ursächlich für den Irrtum des K. Vielmehr hat K seinen Irrtum selbst verursacht, da ihm die die Veränderung der Erklärung durch seine eigene Empfangsbotin E zuzurechnen ist.

Offenbar auffallen muss der Irrtum, wenn er bei verkehrsüblicher Sorgfalt (= offenbar) erkennbar gewesen wäre oder der Partner wenigstens Verdacht hätte schöpfen müssen; wenn also der Erklärungsgegner den Irrtum des Irrenden fahrlässig nicht entdeckt hat. Leichte Fahrlässigkeit des Erklärungsgegners reicht. Dem Sachverhalt lassen sich keine Anhaltspunkte dahin entnehmen, dass V der Irrtum des K offenbar hätte auffallen müssen iSd § 871 ABGB[14] da V nach der Vertrauenstheorie die Erklärung so verstehen durfte und musste, dass K ihr die Bücher zu € 540,- abkaufe.

Fraglich ist, ob K seinen Irrtum gegenüber V **rechtzeitig aufgeklärt** hat. Rechtzeitig aufgeklärt ist der Irrtum, wenn der Gegner des Irrenden noch keine rechtlichen oder wirtschaftlichen Dispositionen im Vertrauen auf die Gültigkeit der Erklärung getroffen hat oder die Gelegenheit zu solchen verabsäumt hat.[15] Da laut Sachverhalt die Bücher schon bei K sind, hat V bereits rechtliche und wirtschaftliche Dispositionen getätigt, den Vertrag durch Erbringung ihrer eigenen Leistung erfüllt.

Damit ist aber keine der drei Alternativvoraussetzung des § 871 ABGB erfüllt, da V den Irrtum des K nicht veranlasst hat, ihr der Irrtum nicht offenbar auffallen musste und der Irrtum des K gegenüber V nicht rechtzeitig aufgeklärt wurde. Daher ist der Irrende K nicht schutzwürdiger als seine Vertragspartnerin V. K kann den Vertrag nicht wegen (Erklärungs)Irrtums anfechten.

---

[13]   *Riedler*, ZR I AT[8] Rz 21/27.
[14]   *Riedler*, ZR I AT[8] Rz 21/30.
[15]   *Riedler*, ZR I AT[8] Rz 21/31.

Irrtum des K über fehlende Seiten – Anfechtung des Kaufvertrages?

Fraglich ist jedoch, ob K den Vertrag über die Bücherreihe „Die Superhelden" zum Preis von € 540,- anfechten kann, da im Buch Seiten fehlen.

Fraglich ist, ob K damit einem **Geschäftsirrtum** erlegen ist. Ein Geschäftsirrtum liegt vor, wenn der Erklärende sich über einen tatsächlichen oder rechtlichen Umstand irrt, der Inhalt des Vertrages geworden ist.[16] K hat sich über die Vollständigkeit der Buchseiten geirrt, tatsächlich fehlen im Buch die Seiten 31 – 50. Die Vollständigkeit der Seiten eines Buches sind – auch ohne ausdrückliche Absprache – nach der Verkehrsauffassung gewöhnlich vorausgesetzte Eigenschaften. Somit ist K einem bei entgeltlichen Kaufverträgen beachtlichen Geschäftsirrtum über geschäftsrelevante Eigenschaften des Vertragsgegenstandes erlegen.[17]

Der Irrtum war **kausal** iSd Äquivalenztheorie, wenn bei Kenntnis der wahren Sachlage im Vertragsschlusszeitpunkt der Irrende den Vertrag nicht in der konkreten Gestalt geschlossen hätte.[18] Nach dem Sachverhalt hätte K die Bücher, wenn er gewusst hätte, dass die Seiten 31 – 50 fehlen, nicht gekauft und will diese auch nach Kenntnis auf keinen Fall behalten. K hätte nie den Kaufvertrag mit V in der konkreten Gestalt, geschlossen. Der Irrtum war somit kausal für den Vertragsabschluss.[19]

Das Vertrauen des Vertragspartners des Irrenden auf den gültigen Vertrag wird vom Gesetzgeber nur dann nicht geschützt, wenn der Irrende schutzwürdiger ist als sein Vertragspartner.[20]

Der Gegner des Irrenden hat den Irrtum **veranlasst**, wenn er für den Irrtum adäquat (angemessen) ursächlich war. Adäquat kausal war ein Verhalten, wenn es nach der allgemeinen Lebenserfahrung geeignet ist, einen Irrtum hervorzurufen.[21] Für ein Veranlassen durch aktives Tun ist nicht Sorgfaltswidrigkeit bzw Pflichtverletzung (anders bei List!), sondern nur gesteigerte (angemessene) Ursächlichkeit erforderlich. Durch Unterlassen wird ein Irrtum nur dann iSd § 871 ABGB veranlasst, wenn für den Unterlassenden eine Aufklärungspflicht bestanden hat. Nun hat V einerseits die Bücher an K verkauft (aktives Tun), andererseits K nicht darüber aufgeklärt, dass die Seiten 31-50 fehlen (passives Unterlassen). Hinsichtlich des Fehlens einer gewöhnlich vorausgesetzten Eigenschaft

---

16   *Riedler*, ZR I AT[8] Rz 21/11.
17   *Riedler*, ZR I AT[8] Rz 21/15.
18   *Riedler*, ZR I AT[8] Rz 21/24 f.
19   *Riedler*, ZR I AT[8] Rz 21/24.
20   *Riedler*, ZR I AT[8] Rz 21/26 ff.
21   *Riedler*, ZR I AT[8] Rz 21/27.

---

besteht allerdings eine Aufklärungspflicht.[22] V hätte K darüber aufklären müssen, dass die Bücher fehlende Seiten aufweisen. Da sie dieser Pflicht nicht nachgekommen ist, hat V den Irrtum des K durch Unterlassen veranlasst im Sinne des § 871 ABGB.

Fraglich ist darüber hinaus, ob V dieser Irrtum des K nicht auch **offenbar auffallen** hätte müssen. Offenbar auffallen muss der Irrtum, wenn er bei verkehrsüblicher Sorgfalt (= offenbar) erkennbar gewesen wäre oder der Partner wenigstens Verdacht hätte schöpfen müssen; wenn also der Erklärungsgegner den Irrtum des Irrenden fahrlässig nicht entdeckt hat. Leichte Fahrlässigkeit des Erklärungsgegners reicht.[23] Der Irrtum des K, der die Bücher ohne vorherige Besichtigung erworben hat und daher auch die fehlenden Seiten nicht erkennen konnte, hätte der V auch offenbar auffallen müssen.

Fraglich ist, ob K diesen Irrtum gegenüber V **rechtzeitig aufgeklärt** hat. Rechtzeitig aufgeklärt ist der Irrtum, wenn der Gegner des Irrenden noch keine rechtlichen oder wirtschaftlichen Dispositionen im Vertrauen auf die Gültigkeit der Erklärung getroffen hat oder die Gelegenheit zu solchen verabsäumt hat.[24] Da laut Sachverhalt die Bücher schon bei K sind, hat V bereits rechtliche und wirtschaftliche Dispositionen getätigt, den Vertrag durch Erbringung ihrer eigenen Leistung erfüllt.

Ob Anfechtung oder Anpassung möglich ist, hängt von der **Wesentlichkeit oder Unwesentlichkeit des Irrtums** ab.[25] Für K war der Irrtum wesentlich, da er nach dem Sachverhalt die Bücher unter diesen Umständen nicht gekauft hätte (wesentlicher Irrtum). Bei Kenntnis von der wahren Beschaffenheit hätte er den Vertrag nicht geschlossen. V hätte bei Kenntis der wahren Sachlage die Bücher hingegen auch (allenfalls günstiger) veräußert (unwesentlcher Irrtum). K kann den Vertrag daher entweder durch Anfechtung zur Gänze mit dinglicher Wirkung ex tunc beseitigen oder durch Anpassung unter Anwendung der relativen Berechnungsmethode anpassen. Nach dem Sachverhalt ist davon auszugehen, dass K den Vertrag anfechten wird. Die Aufhebung des Vertrages wirkt auf den Vertragsabschlusszeitpunkt zurück.[26]

Der Anspruch V gegen K auf Zahlung von € 540,- gem § 1062 ABGB besteht nicht.[27]

---

[22] *Riedler*, ZR I AT[8] Rz 21/29.
[23] *Riedler*, ZR I AT[8] Rz 21/30.
[24] *Riedler*, ZR I AT[8] Rz 21/31.
[25] *Riedler*, ZR I AT[8] Rz 21/35 ff.
[26] *Riedler*, ZR I AT[8] Rz 21/40.
[27] Denkbar wären zwar auch noch Ansprüche der V gegen K auf Herausgabe der Bücher gem § 366 ABGB bzw § 877 ABGB, allerdings wäre eine Prüfung dieser Ansprüche von der Fallfrage nicht gedeckt. Die Fallfrage lautete eben nur: „Prüfen Sie den Kaufpreiszahlungsanspruch der V gegen K bzw allfällige Anfechtungsrechte!".

Fall 10
Orientteppich

Schwerpunkte	Kaufvertrag, Anfechtung wegen **Irrtums**, Anfechtung wegen **List**, dingliche Wirkung der Anfechtung im zwei- und dreipersonalen Verhältnis, **Eigentums-herausgabeklage, derivativer/originärer Eigentums-erwerb,** Titel, Modus, Berechtigung des Vormannes
Vorbereitung	*Riedler*, ZR I AT[8] (2022) 16. Kap Vertragsschlusshindernisse I – Rechtsfolgenüberblick 21. Kap Irrtum 22. Kap List 29. Kap Eigentumsrecht als dingliches Recht, Eigentumsklage 30. Kap Eigentumserwerb – Titel, Modus Berechtigung des Vormannes

Sachverhalt

A möchte Ordnung auf dem Dachboden ihres Hauses schaffen und bittet ihren Nachbarn **B**, ihr dabei zu helfen. Beim Aufräumen stoßen die beiden auf einen alten Teppich, welchen **B**, der einen Antiquitätenhandel betreibt, trotz zahlreicher Abnutzungsspuren unbedingt haben möchte. Als er **A** anbietet, ihr den Teppich abzukaufen, meint diese sich zu erinnern, dass es sich bei dem Teppich um einen echten Orientteppich handle, weshalb sie diesen nicht verkaufen wolle. Daraufhin versichert **B** der **A**, dass der Teppich „eindeutig bloß ein maschinell gefertigtes Exemplar im Stil eines Orientteppichs" sei. In Wahrheit handelt es sich bei dem Teppich tatsächlich um einen echten Orientteppich, was **B** nicht bemerkt, obwohl dieser Umstand für einen Antiquitätenhändler leicht erkennbar wäre. **A**, die den Worten ihres sachkundigen Nachbarn Glauben schenkt, verkauft und übergibt den Teppich schließlich zum Preis von € 100,- an **B**, der den Kaufpreis sofort bezahlt.

B stellt den Teppich sogleich in den Verkaufsräumlichkeiten seines Geschäftes aus und kommt wenige Tage später mit seiner Stammkundin **C** überein, ihr den Teppich zum Preis von € 250,- zu verkaufen. Da **C** den Teppich nicht sofort mit nach Hause nehmen kann, wird ausdrücklich vereinbart, dass der Kaufvertrag erst in einer Woche „mit Übergabe des Teppichs gegen Bezahlung des Kaufpreises" abgewickelt werden solle. Kurz nachdem **C** das Geschäft verlassen hat, kommt **A** zur Tür herein. Sie hat in der Zwischenzeit herausgefunden, dass es sich bei dem Teppich doch um einen echten Orientteppich handelt, weshalb sie diesen umgehend von **B** zurückverlangt. Wäre ihr dieser Umstand bewusst gewesen, hätte **A** den Teppich niemals an **B** verkauft.

Prüfen Sie folgende Ansprüche:

I. Anspruch der A gegen B auf Rückgabe des Orientteppichs gemäß § 877 ABGB

II. Anspruch der A gegen B auf Herausgabe des Orientteppichs gemäß § 366 ABGB

Fünf Fragen zur Einführung

1. Welche **Personen** sind am Sachverhalt beteiligt?

2. Welche **Rechtsverhältnisse** bestehen zwischen den beteiligten Personen?

3. Welche **Leistungen** wurden zwischen diesen Personen bereits erbracht?

4. Wie lautet die **Fallfrage**?

5. Welche **Ansprüche** sind zu prüfen, wenn wir uns die Frage stellen: **Wer will was von wem aus welchem Rechtsgrund?**

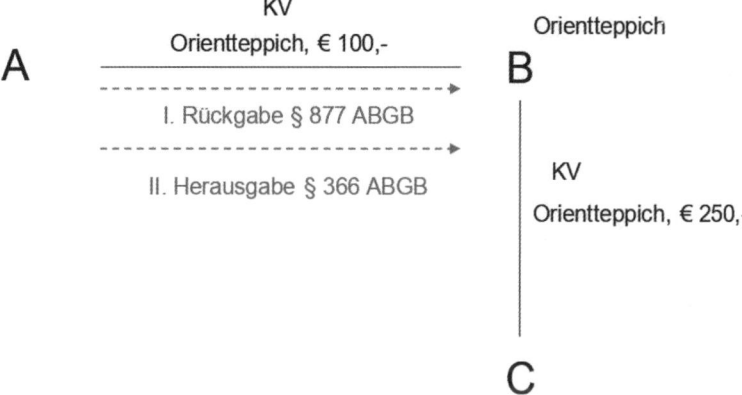

I. **Anspruch der A gegen B auf Rückkgabe des Orientteppichs gemäß § 877 ABGB**

II. **Anspruch der A gegen B auf Herausgabe des Orientteppichs gemäß § 366 ABGB**

Rechtsgutachten

I. Anspruch der A gegen B auf Rückgabe des Orientteppichs gemäß § 877 ABGB

Voraussetzung für diesen Anspruch ist das Vorliegen einer (teilweise) **rechtsgrundlosen Leistung. Leistung** ist bewusste und gewollte Vermögenszuwendung. **Rechtsgrundlos** ist eine Leistung, wenn entweder ein die Leistung rechtfertigender Rechtsgrund von vornherein fehlt oder ein die Leistung rechtfertigender Rechtsgrund zwischen den Parteien zwar ursprünglich vorhanden war, dieser jedoch nachträglich zB durch Anfechtung oder Anpassung beseitigt bzw geändert wird, sodass die ursprünglich rechtmäßige Leistung nachträglich (rückwirkend) zur Gänze oder zumindest teilweise rechtsgrundlos wird. Nach dem Sachverhalt haben sich A und B für den Orientteppich auf einen Preis von € 100.- geeinigt und B hat den Kaufpreis sofort bezahlt, also geleistet im Rechtssinne, sodass ein diese Leistung rechtfertigender Rechtsgrund im Kaufvertrag zwischen A und B über den Teppich zum Preis von € 100,- liegt. Zu prüfen bleibt, ob nicht A diesen Kaufvertrag nachträglich durch Geltendmachung eines Anfechtungsrechtes (rückwirkend) beseitigen kann, wodurch auch die bereits geleistete (Kaufpreis)Zahlung nachträglich rückwirkend rechtsgrundlos würde und nach § 877 ABGB bereicherungsrechtlich kondiziert werden könnte.

Irrtum über die Echtheit des Teppichs – Anfechtung durch A wegen Irrtums?

Nach dem Sachverhalt bietet B der **A** an, ihr den Teppich abzukaufen, wobei A meint sich zu erinnern, dass es sich bei dem Teppich um einen echten Orientteppich handle, weshalb sie diesen nicht verkaufen wolle. Daraufhin versichert **B** der **A**, dass der Teppich „eindeutig bloß ein maschinell gefertigtes Exemplar im Stil eines Orientteppichs" sei. In Wahrheit handelt es sich bei dem Teppich tatsächlich um einen echten Orientteppich, was **B** nicht bemerkt, obwohl dieser Umstand für einen Antiquitätenhändler leicht erkennbar wäre. **A**, die den Worten ihres sachkundigen Nachbarn Glauben schenkt, verkauft und übergibt den Teppich schließlich zum Preis von € 100,- an **B**, der den Kaufpreis sofort bezahlt. Fraglich ist daher, ob sich A unter den Voraussetzungen der §§ 870 ff ABGB von dem von ihr nicht gewollten Vertrag durch Anfechtung wegen Irrtums lösen kann.

Ein gültig zustande gekommener Vertrag kann nachträglich rückwirkend durch erfolgreiche Irrtumsanfechtung beseitigt bzw durch Irrtumsanpassung inhaltlich modifiziert werden, wenn folgende vier **Voraussetzungen** erfüllt sind: Beachtlichkeit des Irrtums, Kausalität des Irrtums für den Vertragsschluss, fehlendes Vertrauensschutzbedürfnis beim Gegner des

Irrenden und ein un-/wesentlicher Irrtum vorliegt, was für die konkret in Betracht kommenden Rechtsfolgen (Anfechtung/Anpassung) von Relevanz ist.[1]

Erste Voraussetzung für die Irrtumsanfechtung ist das Vorliegen eines **beachtlichen Irrtums.** Ein Irrtum ist eine falsche oder fehlende Vorstellung von der Wirklichkeit.[2] Im Zeitpunkt des Vertragsschlusses ist A davon ausgegangen, einen maschinell gefertigten Teppich im Stil eines Orientteppichs an B zu verkaufen, während es sich bei dem Teppich in Wahrheit um einen echten Orientteppich gehandelt hat. Sie hatte eine falsche Vorstellung von der Wirklichkeit und ist einem Irrtum erlegen. Bei entgeltlichen Geschäften sind Erklärungsirrtum und Geschäftsirrtum beachtlich, nicht aber der Motivirrtum.[3] Im Fall kommt das Vorliegen eines **Geschäftsirrtums über geschäftsrelevante Eigenschaften** in Betracht. Geschäftsirrtum liegt vor, wenn der Erklärende sich über einen tatsächlichen oder rechtlichen Umstand irrt, der Inhalt des Vertrages geworden ist.[4] A hat sich über die Eigenschaft des Teppichs, ein „maschinell gefertigtes Exemplar im Stil eines Orientteppichs" zu sein, geirrt. Diese Eigenschaft wurde A zunächst von B versichert und von den Vertragsparteien, die ausdrücklich den Verkauf eines „maschinell gefertigten Teppichs im Stil eines Orientteppichs" vereinbart haben, zum Vertragsinhalt erhoben. Damit ist A einem bei entgeltlichen Kaufverträgen beachtlichen Geschäftsirrtum über eine geschäftswesentliche, weil bedungene Eigenschaft erlegen.

Zweite Voraussetzung ist die **Kausalität des Irrtums** für den Vertragsschluss. Der Irrtum war kausal iSd Äquivalenztheorie, wenn der Irrende bei Kenntnis der wahren Sachlage im Vertragsschlusszeitpunkt den Vertrag nicht in der konkreten Gestalt geschlossen hätte.[5] A hätte den Teppich niemals verkauft, wenn sie gewusst hätte, dass es sich dabei um einen echten Orientteppich handelt. Ihr Irrtum war daher kausal iSd Äquivalenztheorie.

Dritte Voraussetzung für die Anfechtung wegen Irrtums ist ein **fehlendes Vertrauensschutzbedürfnis beim Gegner des Irrenden.** Das Vertrauen des Vertragspartners des Irrenden auf den gültigen Vertrag wird vom Gesetzgeber nur dann nicht geschützt, wenn der Irrende schutzwürdiger ist als sein Vertragspartner. Zu prüfen ist daher, ob zumindest eine der drei in § 871 Abs 1 ABGB angeführten Alternativen erfüllt ist, also entweder B den Irrtum der A veranlasst hat, der Irrtum der Irrenden A dem B offenbar

---

[1]   *Riedler,* ZR I AT[8] Rz 21/1 ff.
[2]   *Riedler,* ZR I AT[8] Rz 21/6.
[3]   *Riedler,* ZR I AT[8] Rz 21/7.
[4]   *Riedler,* ZR I AT[8] Rz 21/11.
[5]   *Riedler,* ZR I AT[8] Rz 21/24 f.

auffallen musste oder der Irrtum der A gegenüber dem Vertragspartner B rechtzeitig aufgeklärt worden ist.[6]

Der Vertragspartner (oder eine ihm zurechenbare Person) hat den Irrtum **veranlasst**, wenn er für den Irrtum adäquat (angemessen) ursächlich war. Adäquat kausal war ein Verhalten, wenn es nach der allgemeinen Lebenserfahrung geeignet ist, einen Irrtum hervorzurufen. Es ist daher zu untersuchen, ob B den Irrtum des A veranlasst hat, ihr der Irrtum des Kurt offenbar auffallen musste oder der Irrtum des A der B gegenüber rechtzeitig aufgeklärt wurde.[7] Für ein Veranlassen durch aktives Tun ist nicht Sorgfaltswidrigkeit bzw Pflichtverletzung (anders bei List!), sondern nur gesteigerte (angemessene) Ursächlichkeit erforderlich. B hat den Irrtum der A durch aktives Tun[8] veranlasst, weil er A versichert hat, dass der Teppich ein maschinell gefertigtes Exemplar im Stil eines Orientteppichs sei, wodurch er den Irrtum bei A adäquat hervorgerufen hat. Dabei ist auch zu berücksichtigen, dass A Antiquitätenhändler ist, die Echtheit des Teppichs nach dem Sachverhalt für einen Teppichhändler leicht erkennbar gewesen wäre und nach dem Sachverhalt A den Worten ihres sachkundigen Nachbarn B Glauben geschenkt, also auf dessen Angaben vertraut hat.

Offenbar auffallen muss der Irrtum, wenn er bei verkehrsüblicher Sorgfalt (= offenbar) erkennbar gewesen wäre oder der Partner wenigstens Verdacht hätte schöpfen müssen; wenn also der Erklärungsgegner den Irrtum fahrlässig nicht entdeckt hat.[9] B betreibt einen Antiquitätenhandel. Nach dem Sachverhalt wäre für einen Antiquitätenhändler der Umstand, dass es sich bei dem Teppich um einen echten Orientteppich gehandelt hat, leicht erkennbar gewesen. Bei verkehrsüblicher Sorgfalt wäre der Irrtum für B also jedenfalls erkennbar gewesen und hätte ihm daher offenbar auffallen müssen.

Rechtzeitig aufgeklärt wurde der Irrtum, wenn der Gegner des Irrenden noch keine rechtlichen oder wirtschaftlichen Dispositionen im Vertrauen auf die Gültigkeit der Erklärung getroffen hat oder die Gelegenheit zu solchen verabsäumt hat. (Teilweise) Vertragserfüllung schließt rechtzeitige Aufklärung aus.[10] Da A dem B den Teppich übergeben und B der A den Kaufpreis in Höhe von € 100,- bezahlt hat, wurde der Kaufvertrag zwischen A und B bereits erfüllt. Rechtzeitige Aufklärung scheidet daher aus.

---

[6] *Riedler*, ZR I AT[8] Rz 21/26.
[7] *Riedler*, ZR I AT[8] Rz 21/26.
[8] *Riedler*, ZR I AT[8] Rz 21/28.
[9] *Riedler*, ZR I AT[8] Rz 21/30.
[10] *Riedler*, ZR I AT[8] Rz 21/31.

In einem vierten Prüfungsschritt ist eine **irrtumsfreie Lage** herzustellen, also festzustellen, ob es sich um einen **wesentlichen oder unwesentlichen Irrtum** handelt. Ein Irrtum ist wesentlich, wenn ohne den Irrtum das Geschäft gar nicht abgeschlossen worden wäre. Ein Irrtum ist unwesentlich, wenn der Vertrag auch bei Kenntnis der wahren Sachlage abgeschlossen worden wäre, aber nur mit anderem Inhalt.[11] Nach dem Sachverhalt hätte A hätte den Teppich niemals verkauft, wäre ihr bewusst gewesen, dass es sich dabei um einen echten Orientteppich handelt. Für A war der Irrtum daher wesentlich, sie hätte den Vertrag bei Kenntnis der wahren Sachlage gar nicht geschlossen. B, der den Teppich unbedingt haben möchte, hätte den Vertrag ohne den Irrtum wohl auch mit anderem Inhalt abgeschlossen (den Teppich auch teurer gekauft), sodass eher von einer Unwesentlichkeit des Irrtums für B auszugehen ist. Da A den Teppich zurückverlangt, kommt für sie ohnehin nur Anfechtung des Kaufvertrages in Betracht, welche ihr sowohl dann zusteht, wenn der Irrtum für B wesentlich war, als auch dann zusteht, wenn der Irrtum für B unwesentlich war.[12]

A kann den Vertrag mit B erfolgreich wegen Irrtums **anfechten** (§ 871 ABGB).

Irrtum über die Echtheit des Teppichs – Anfechtung durch A wegen List?

Fraglich ist, ob A nicht auch ein Gestaltungsrecht zur **Vertragsanfechtung wegen List gemäß § 870 ABGB** geltend machen kann,[13] was nur möglich ist, wenn die Voraussetzungen des § 870 ABGB erfüllt sind.

Erste Voraussetzung ist das **Vorliegen eines Irrtum beim Getäuschten**. A ist einem **Geschäftsirrtum über geschäftsrelevante Eigenschaften** des Vertragsgegenstandes erlegen (siehe oben).

Zweite Voraussetzung ist die **Kausalität** der listigen Irreführung für den Vertragsabschluss iSd Äquivalenztheorie. Dies bedeutet, dass der Vertrag vom Getäuschten ohne Vorliegen des Irrtums entweder gar nicht oder zumindest nur anders, also nicht in dieser konkreten Gestalt geschlossen worden wäre.[14] Die Irreführung durch B in Form seiner Zusicherung, dass es sich beim Teppich um ein maschinell gefertigtes Exemplar im Stil eines Orientteppichs handle, war iSd Äquivalenztheorie auch **kausal** für den Vertragsschluss, da A den Orientteppich ohne diese Zusicherung niemals verkauft hätte.

---

[11] *Riedler,* ZR I AT[8] Rz 21/35 f.
[12] *Riedler,* ZR I AT[8] Rz 21/38.
[13] *Riedler,* ZR I AT[8] Rz 22/1 ff.
[14] *Riedler,* ZR I AT[8] Rz 22/3.

Drittens muss das Verhalten des B eine (objektiv) **rechtswidrige Irreführung** darstellen.[15] In Betracht kommt rechtswidrige Irreführung durch **aktives Tun**. Aktives Tun stellt eine rechtswidrige Irreführung dar, wenn der Handelnde sich objektiv sorgfaltswidrig, sich also nicht so verhalten hat, wie sich ein ordnungsgemäßer, maßstabsgerechter, rechtstreuer Mensch an seiner Stelle verhalten hätte.[16] Ein ordnungsgemäßer, maßstabsgerechter und rechtstreuer Antiquitätenhändler an der Stelle von B hätte – nachdem er erkannt hätte, dass es sich beim Teppich um einen echten Orientteppich handelt – der A nicht die falsche Information erteilt, es handle sich dabei eindeutig bloß um ein maschinell gefertigtes Exemplar im Stil eines Orientteppichs. B hat A daher objektiv sorgfaltswidrig, also rechtswidrig in die Irre geführt.

Viertens muss die rechtswidrige **Irreführung vorsätzlich** geschehen. **Vorsätzliches Handeln** ist gegeben, wenn der Täuschende den Getäuschten wissentlich und willentlich überlistet hat.[17] Bloße Inkaufnahme des Irrtums genügt, sodass es also ausreicht, dass der Täuschende den Irrtum des anderen Teils ernstlich für möglich hält und sich doch damit abfindet,[18] unereheblich ist es, ob dolus eventualis, dolus specialis oder dolus principalis vorliegt, bloße, wenngleich grobe Fahrlässigkeit reicht hingegen nicht.[19] B ist zwar Antiqutätenhändler, dennoch ist bei der Einschätzung des Teppichs ein Fehler unterlaufen, da er nicht bemerkt hat, dass es sich dabei tatsächlich um einen echten Orientteppich gehandelt hat. Damit hat B gegenüber A zwar objektiv falsche Angaben zur Beschaffenheit des Teppichs gemacht, allerdings hat er A nicht wissentlich und willentlich in die Irre geführt. Denn zum einen hat B die wahre Qualität des Teppichs nicht erkannt, sondern selber falsch eingeschätzt, daher hat er die Unrichtigkeit seiner Angabe nicht erkannt (Wissenskomponente fehlt), und konnte er auch die Irreführung der A nicht gewollt haben (Willenskomponente fehlt).[20] Damit hat sich B zwar grob fahrlässig, aber nicht vorsätzlich verhalten. Es liegt auch kein dolus eventualis vor, bei dem jemand den Eintritt des Irrtums beim anderen für möglich hält und sich damit abfindet.[21] Aus dem Sachverhalt ergeben sich schließlich keinerlei Hinweise darauf, dass B einen Irrtum bei A für möglich gehalten und sich damit abgefunden hätte. Da B die A nicht vorsätzlich in die Irre geführt hat, scheidet eine Anfechtung des Vertrages wegen List aus.[22]

---

[15] *Riedler*, ZR I AT[8] Rz 22/5 f.
[16] *Riedler*, ZR I AT[8] Rz 22/8 f.
[17] *Riedler*, ZR I AT[8] Rz 22/13.
[18] *Riedler*, ZR I AT[8] Rz 22/13
[19] *Riedler*, ZR I AT[8] Rz 22/15.
[20] *Riedler*, ZR I AT[8] Rz 22/13.
[21] *Riedler*, ZR I AT[8] Rz 22/14.
[22] Grds wäre im Fall auch das Vorliegen eines Anfechtungsrechtes wegen laesio enormis denkbar, jedoch lässt sich der wahre Wert des Teppichs dem Sachverhalt nicht entnehmen.

Da A den Kaufvertrag mit B jedoch (zumindest wegen Irrtum) anfechten kann, entfällt dieser Kaufvertag mit **dinglicher ex tunc Wirkung**, also mit sachenrechtlcher Wirkung rückwirkend auf den Vertragsschlusszeitpunkt. Dadurch hat der Kaufvertrag A – B aus rechtlicher Perspektive nie exisitiert, sodass auch die urspünglich rechtmäßige Kaufpreiszahlung durch den rückwirkenden Entfall des Kaufvertrages rückwirkend zur rechtsgrundlosen Leistung mutiert.

Der Anspruch der A gegen B auf Rückgabe des Orientteppichs gemäß § 877 ABGB besteht.

II. Anspruch der A gegen B auf Herausgabe des Orientteppichs gemäß § 366 ABGB

Die **Eigentumsherausgabeklage** (rei vindicatio) ist die Klage des die Sache nicht innehabenden Eigentümers gegen den die Sache innehabenden Nichteigentümer.[23] **Voraussetzungen** der Eigentumsherausgabeklage sind: 1. Individuell bestimmbare Sache, 2. Passivlegitimation des Beklagten, 3. Aktivlegitimtion des Klägers und 4. Kein Recht zur Innehabung durch den Beklagten.[24]

Erste Voraussetzung für die Eigentumsherausgabeklage ist das Vorliegen einer **individuell bestimmbaren Sache iSd § 370 ABGB**. Individuell bestimmbar sind Sachen, die durch die Angabe besonderer Merkmale, ihrer örtlichen Lage bzw durch besondere Kennzeichen individualisierbar (also von Sachen gleicher Art und Güte abgrenzbar) und damit identifizierbar sind.[25] Aufgrund seiner Abnutzungsspuren ist der Teppich jedenfalls individualisierbar im Sinne des § 370 ABGB.

Zweite Voraussetzung für die Eigentumsherausgabeklage ist, dass diese gegen den Sachinhaber gerichtet wird (**Passivlegitimation**). Sachinhaber ist nach der Legaldefinition des § 309 S 1 ABGB, *„wer eine Sache in seiner Macht oder Gewahrsame hat"*.[26] B hat den Teppich von A übergeben erhalten und anschließend in den Verkaufsräumlichkeiten seines Geschäftes ausgestellt, wo er sich auch am Ende des Sachverhaltes noch befindet. B ist daher als Sachinhaber passivlegitimiert im Sinne des § 309 ABGB.

Dritte Voraussetzung der rei vindicatio ist die **Akivlegitimation des Klägers**. Der Kläger muss also entweder am Beginn des Sachverhaltes Eigentümer gewesen oder im Lauf des

---

[23] *Riedler*, ZR I AT[8] Rz 29/7.
[24] *Riedler*, ZR I AT[8] Rz 29/32.
[25] *Riedler*, ZR I AT[8] Rz 29/9.
[26] *Riedler*, ZR I AT[8] Rz 29/10.

Sachverhaltes Eigentümer geworden und bis zum Schluss des Sachverhaltes Eigentümer geblieben sein.[27] Denn nur wenn der Kläger auch am Ende des Sachverhaltes (noch) Eigentümer ist, kann er die Sache als Eigentümer vom Sachinhaber vindizieren. A war zu Beginn des Sachverhaltes Eigentümerin des Teppichs. Zu prüfen bleibt jedoch, ob sie im Laufe des Sachverhaltes ihr Eigentums am Teppich verloren hat bzw am Ende des Sachverhaltes (noch oder wieder) Eigentümerin des Teppichs ist. Zur Prüfung dieser Frage ist zu analysieren, wie sich die verschiedenen wirtschaftlichen Transaktionen über den Orientteppich auf das Eigentumsrecht am Orientteppich ausgewirkt haben, ob also A durch die verschiedenen (idR wirtschaftlichen) Transaktionen über den Orientteppich ihr Eigentumsrecht am Orientteppich verloren hat.

Verkauf A – B
A könnte ihr Eigentum am Teppich zunächst an B verloren haben. A hat ihr Eigentumsrecht am Teppich dann verloren, wenn B durch den Ankauf des Teppichs auch Eigentümer des Teppichs geworden ist. Für einen gültigen Eigentumserwerb durch B sind nach dem Prinzip der kausalen Tradtion drei Voraussetzungen erforderlich: **1. Titel, 2. Modus und 3. Berechtigung des Vormannes.**[28]

Erste Voraussetzung ist ein gütliges **Titelgeschäft**, das einen Eigentumserwerb des B rechtfertigt. Das erforderliche Titelgeschäft könnte in einem zwischen A und B gültig geschlossenen Kaufvertrag liegen. Laut Sachverhalt haben A und B eine Einigung über die essentialia negotii des Kaufvertrages, nämlich den Teppich zum Preis von € 100,- erzielt. Zwischen A und B ist damit ein gültiger Kaufvertrag zustande gekommen. Da jedoch alle Voraussetzungen für eine Irrtumsanfechtung vorliegen, kann A den Kaufvertrag mit B durch Anfechtung wegen Irrtums mit **dinglicher ex tunc Wirkung** beseitigen,[29] sodass der Kaufvertrag zwischen A und B mit Rückwirkung auf den Vertragsschlusszeitpunkt und mit dinglicher (sachenrechenrechtlicher) Wirkung beseitigt wird. Damit hatte aber B nie einen Titel für seinen Eigentumserwerb, sodass A trotz Übergabe des Teppichs an B ihr Eigentumsrecht niemals verloren hat. A war daher weiter **aktivlegitimiert**.

Verkauf B – C
Fraglich bleibt jedoch, ob A ihr Eigentum am Teppich möglicherweise durch den nachfolgenden Verkauf des Teppichs durch B an C verloren hat. A hat ihr Eigentumsrecht

---

27   *Riedler,* ZR I AT[8] Rz 29/12.
28   *Riedler,* ZR I AT[8] Rz 30/3.
29   *Riedler,* ZR I AT[8] Rz 21/40.

verloren, wenn C das Eigentumsrecht am Teppich erworben hat, was nach dem Prinzip der kausalen Tradition erfordert: 1. Titel, 2. Modus, 3. Berechtigung des Vormannes.

Erste Voraussetzung ist ein gütliges **Titelgeschäft**, das einen Eigentumserwerb des C rechtfertigt. Nach dem Sachverhalt hat B hat den Teppich in den Verkaufsräumlichkeiten seines Antiquitätengeschäftes ausgestellt und sich wenige Tage später mit seiner Stammkundin C darauf geeinigt, ihr den Teppich zu einem Preis von € 250,- zu überlassen. Damit ist zwischen B und C ein gültiger Kaufvertrag zustande gekommen. Der Kaufvertrag zwischen B und C besteht zwar über den Teppich der A, allerdings sind auch Kaufverträge über fremde Sachen rechtlich gültig und wirksam (arg § 923 ABGB). C verfügt daher über einen gültigen **Titel** zum Eigentumserwerb am Teppich.

Zweite Voraussetzung ist ein wirksamer **Modus**. B und C haben vereinbart, den Kaufvertrag erst eine Woche später abzuwickeln und erst zu diesem Zeitpunkt eine (körperliche) Übergabe des Teppichs gegen Bezahlung des Kaufpreises vorzunehmen. Der Erwerb des Eigentumsrechts durch die Käuferin erfordert, dass auch der erforderliche Modus gesetzt wird, also die bewegliche Sache nach den in den §§ 426 – 429 ABGB angeführten Übergabsarten an den Erwerber übergeben wird. Ein Modus in Form einer körperlichen Übergabe des Teppichs in die Gewahrsame der Käuferin C im Sinne des § 426 ABGB hat nach dem Sachverhalt noch nicht stattgefunden. Auch Anhaltspunkte für eine etwaige Übergabe durch Zeichen gem § 427 ABGB, durch Erklärung gem § 428 ABGB oder durch Versendung gem § 429 ABGB lassen sich dem Schverhalt nicht entnehmen. Wurde aber der Teppich bis zum Ende des Sachverhaltes nicht an C übergeben, so konnte C mangels Modus kein Eigentum am Teppich erwerben.

A ist daher bis zum Ende des Sachverhaltes Eigentümerin des Teppichs geblieben und damit **aktivlegitimiert** zur Erhebung der Vindikation gegen den Sachinhaber B.

Vierte Voraussetzung für die rei vindicatio ist, dass B der A **keine Einwendungen aus einem Recht zur Innehabung** des Teppichs entgegensetzen kann. Aus dem Sachverhalt ergeben sich keine Hinweise auf ein Recht des B zur Innehabung des Teppichs gegenüber A.

Der Anspruch der A gegen B auf Herausgabe des Teppichs gemäß § 366 ABGB besteht.

Fall 11
iPhone und Laptop

Schwerpunkte	Kaufvertrag, Anfechtung wegen **Drohung**, dingliche Wirkung der Anfechtung im zwei- und dreipersonalen Verhältnis, **Eigentumsherausgabeklage**, derivativer/ **originärer Eigentumserwerb**
Vorbereitung	*Riedler*, ZR I AT[8] (2022) 16. Kap Vertragsschlusshindernisse I – Rechtsfolgenüberblick 23. Kap Drohung 29. Kap Eigentumsrecht als dingliches Recht, Eigentumsklage 30. Kap Eigentumserwerb – Titel, Modus Berechtigung des Vormannes 31. Kap Derivativer/Originärer Eigentumserwerb, Eigentumsvorbehalt

Sachverhalt

Als der Student **A** gerade in der Mensa zu Mittag isst, sieht er, wie seinem Studienkollegen **B** dessen iPhone aus der Tasche und auf den Boden fällt, ohne dass **B** dies wahrnimmt. **A** nutzt die Gelegenheit und steckt – unbemerkt von **B** – das iPhone ein. Tags darauf verkauft **A** das iPhone an seine Bekannte **C**, die das Gerät sogleich mitnimmt.

Eine Woche später wird **A** von der Studentin **D** angesprochen, welche ihn beim Einstecken des iPhones von **B** beobachtet hat. **D** verlangt nunmehr von **A**, ihr seinen gebrauchten Laptop zum (angemessenen) Preis von € 650,- zu verkaufen. Andernfalls werde **B** „von der Sache mit dem iPhone erfahren". Aus Angst, in Schwierigkeiten zu geraten, willigt **A** in den Verkauf ein. Vom schlechten Gewissen geplagt, gesteht **A** allerdings kurz darauf seinem Studienkollegen **B**, dessen iPhone an sich genommen und an **C** verkauft zu haben. Während **D** auf Leistung des Laptops drängt, verlangt **B** das iPhone zurück.

Wie ist die Rechtslage?
Schadenersatz- und bereicherungsrechtliche Ansprüche sowie Ansprüche zwischen A und C sind nicht zu prüfen!

Fünf Fragen zur Einführung

1. Welche **Personen** sind am Sachverhalt beteiligt?

2. Welche **Rechtsverhältnisse** bestehen zwischen den beteiligten Personen?

3. Welche **Leistungen** wurden zwischen diesen Personen bereits erbracht?

4. Wie lautet die **Fallfrage**?

5. Welche **Ansprüche** sind zu prüfen, wenn wir uns die Frage stellen: **Wer will was von wem aus welchem Rechtsgrund?**

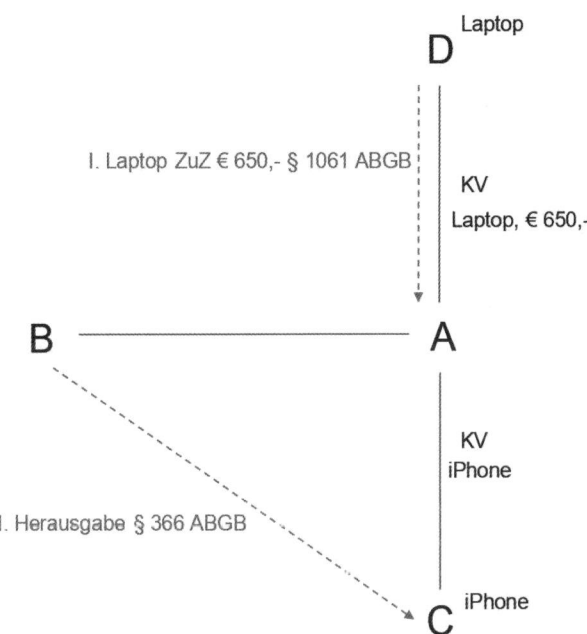

I. **Anspruch der D gegen A auf Übergabe des Laptops Zug um Zug gegen Bezahlung des Kaufpreises iHv € 650,- gemäß § 1061 ABGB**

II. **Anspruch des B gegen C auf Herausgabe des iPhones gemäß § 366 ABGB**

Rechtsgutachten

I. Anspruch der D gegen A auf Übergabe des Laptops Zug um Zug gegen Bezahlung des Kaufpreises iHv € 650,- gemäß § 1061 ABGB

Voraussetzung für diesen Anspruch ist, dass zwischen A und D ein gültiger Kaufvertrag über den Laptop zum Preis von € 650,- zustande gekommen ist. Nach dem Sachverhalt verlangt D von A, ihr seinen gebrauchten Laptop zum (angemessenen) Preis von € 650,- zu verkaufen. Andernfalls werde B „von der Sache mit dem iPhone erfahren". Aus Angst, in Schwierigkeiten zu geraten, willigt A in den Verkauf ein. Damit ist zwischen A und D ein gültiger Kaufvertrag zustande gekommen. Zu prüfen bleibt jedoch, ob A allenfalls **Gestaltungsrechte** zukommen, die zum (rückwirkenden) Wegfall des bestehenden Kaufvertrages führen könnten.

Anfechtung des Kaufvertrages durch A wegen Drohung der D?

Nach dem Sachverhalt hat A hat den Laptop an D nur verkauft, als D damit drohte, dass andernfalls B „von der Sache mit dem iPhone erfahren" werde. Zu prüfen ist daher die Frage, ob A den Kaufvertrag mit D wegen Drohung gemäß § 870 ABGB anfechten und damit beseitigen kann.[1] Fünf **Voraussetzungen** müssen erfüllt sein, damit ein Vertrag wegen Drohung nach § 870 ABGB angefochten werden kann: 1. Vorliegen einer Drohung, 2. Abgabe einer Willenserklärung durch den Bedrohten, 3. Kausalität der Drohung für den Vertragsschluss, 4. Ungerechte Furcht = Rechtswidrigkeit der Drohung, 5. Drohung durch den Vertragspartner oder durch einen echten Dritten (§ 875 ABGB). Liegen diese fünf Voraussetzungen vor, so kann der Bedrohte den Vertrag durch Anfechtung mit dinglicher ex tunc Wirkung beseitigen.

Erste Voraussetzung für die Anfechtung wegen Drohung ist das Vorliegen einer **Drohung**. Eine Drohung ist das Ankündigen eines (künftigen) Übels (für den Bedrohten), auf dessen Eintritt der Drohende Einfluss zu haben vorgibt. Keine Drohung iSd § 870 ABGB liegt vor, wenn ein Übel angedroht wird, das der Drohende (erkennbar) nicht herbeiführen kann.[2] Mit ihrer Äußerung gegenüber A, B darüber zu informieren, dass A dessen iPhone eingesteckt hat, kündigt D ein künftiges Übel für A an, auf das sie auch tatsächlich Einfluss hat. Eine Drohung der D gegenüber A liegt vor.

---

[1]   *Riedler*, ZR I AT[8] Rz 23/1 ff.
[2]   *Riedler,* ZR I AT[8] Rz 23/3 f.

Zweite Voraussetzung für die Anfechtung wegen Drohung ist, dass der Bedrohte infolge der Drohung eine **Willenserklärung** abgegeben haben muss. Der Wille des Bedrohten darf nur gebeugt worden, jedoch nicht gänzlich ausgeschlossen gewesen sein.[3] A willigt infolge der Drohung in den Wunsch der D ein, ihr seinen Laptop zum Preis von € 650,- zu überlassen. Bei Abgabe dieser Willenserklärung ist der Wille von A lediglich gebeugt und nicht gänzlich ausgeschlossen, da er seinen Willen eigenständig bildet.

Dritte Voraussetzung für die Anfechtung wegen Drohung ist, dass die Drohung für den Vertragsschluss **kausal** iSd Äquivalenztheorie war, maßgebend ist nur die Sicht des Bedrohten. Hier wird der Kausalzusammenhang zwischen der Drohung und der Abgabe der Willenserklärung durch den Bedrohten – die (auch) auf den späteren Vertragsabschluss Einfluss hatte (ursächlich war) – geprüft. Die Kausalität der Drohung ist gegeben, wenn der Bedrohte ohne die Drohung den Vertrag nicht in dieser konkreten Gestalt abgeschlossen hätte.[4] A willigt nur aus Angst, er könne in Schwierigkeiten geraten, in den Verkauf seines Laptops zum Preis von € 650,- ein. Ohne die Drohung durch D hätte A seinen Laptop demnach gar nicht verkauft. Die Drohung war kausal für den Vertragsschluss.

Vierte Voraussetzung für die Anfechtung wegen Drohung ist das Vorliegen von **gegründeter Furcht** des Bedrohten. Entsprechend der ausdrücklichen gesetzlichen Anordnung des § 55 S 2 ABGB ist ein subjektiver Maßstab, also die Sicht des konkret Bedrohten maßgebend. Für das Vorliegen einer gegründeten Furcht reicht die Drohung mit der Beeinträchtigung jeden materiellen oder ideellen Interesses aus. Das angedrohte Übel muss eine gewisse Schwere aufweisen, sodass die Abgabe der verlangten Willenserklärung zur Abwendung des Übels als vernünftig und zweckmäßig bezeichnet werden kann.[5] Aus der Sicht des A kann eine Information an B darüber, dass er heimlich dessen hinuntergefallenes iPhone eingesteckt hat, zunächst seine ideellen Interessen, nämlich sein (gesellschaftliches) Ansehen – etwa im Kreis seiner Studienkollegen – erheblich beeinträchtigen. Zudem könnte das Bekanntwerden seiner Tat für A unter Umständen auch strafrechtliche und damit verbunden in weiterer Folge etwa finanzielle Konsequenzen nach sich ziehen. Das Vorliegen gegründeter Furcht ist daher zu bejahen.

Fünfte Voraussetzung für die Anfechtung wegen Drohung ist das Vorliegen von **ungerechter Furcht** bzw die **Rechtswidrigkeit der Drohung**. Die Drohung muss den Erklärenden widerrechtlich zur Abgabe der Willenserklärung bestimmt haben. Die Rechtswidrigkeit der

---

[3]   *Riedler*, ZR I AT[8] Rz 23/5.
[4]   *Riedler*, ZR I AT[8] Rz 23/6 f.
[5]   *Riedler*, ZR I AT[8] Rz 23/8 f.

Drohung kann sich entweder aus dem angedrohten Übel (= Mittel) oder dem angestrebten Erfolg (= Zweck) oder aus der Zweck-Mittel-Relation ergeben.[6] Widerrechtlichkeit des Mittels ist gegeben, wenn das angedrohte Verhalten für sich selbst gesehen schon widerrechtlich bzw sittenwidrig ist.[7] Unerlaubter Zweck liegt vor, wenn der angestrebte Erfolg für sich alleine gesehen verboten bzw sittenwidrig ist.[8] Trotz erlaubten Mittels und erlaubten Zwecks ist die Drohung wegen unerlaubter Zweck-Mittel-Relation rechtswidrig, wenn das Mittel zur Erreichung des angestrebten Zwecks unangemessen (inadäquat) ist, insb wenn der Drohende keinen Anspruch auf den Erfolg hat oder das Mittel zu einem anderen als dem gesetzlichen Zweck missbraucht wird.[9] Das angedrohte Mittel – nämlich die wahrheitsgemäße Information an B darüber, dass A heimlich dessen iPhone eingesteckt hat – ist als solches nicht widerrechtlich bzw sittenwidrig, sondern stellt ein erlaubtes Mittel dar (Anzeige nach einer Straftat- § 80 StPO). Auch der angestrebte Erfolg – nämlich der Kauf des Laptops des A zum angemessenen Preis von € 650,- – ist nicht verboten bzw sittenwidrig (Kaufvertrag – § 1053 ff ABGB). Allerdings ist im vorliegenden Fall die Drohung der D gegenüber A wegen unerlaubter Zweck-Mittel-Relation rechtswidrig, da das von D eingesetzte Mittel (Unterlassen der Anzeige) zur Erreichung des angestrebten Zwecks (Abschluss eines sonst von A nicht abgeschlossenen Kaufvertrages) unangemessen (inadäquat) ist: Die Möglichkeit der D zur Information des B über eine von A begangene Straftat soll nicht den Zweck haben, D die Verschaffung ungerechtfertigter persönlicher Vorteile zu ermöglichen.

Fünftens erfolgte die **Drohung** gegenüber A **direkt durch ihre Vertragspartnerin** D.

Da alle hierfür erforderlichen Voraussetzungen vorliegen, kann sich der Bedrohte A entscheiden, ob er den Vertrag anfechten oder anpassen möchte: **Anfechtung** durch den Bedrohten ist grundsätzlich immer möglich, ihm steht das Recht zur Anfechtung auch zu, wenn er ohne die Drohung auch zu anderen Bedingungen kontrahiert hätte.[10] Hätte der Vertragspartner des Bedrohten den Vertrag aber auch anders geschlossen, dann kann sich der Bedrohte auch mit der Vertragsanpassung (analog § 872 ABGB) begnügen und der Vortrag ist prinzipiell dahin zu modifizieren, wie er auch vom Drohenden ohne die Drohung abgeschlossen worden wäre.[11] Aus dem Sachverhalt ergeben sich keinerlei Anhaltspunkte dahingehend, dass A, der dem Verkauf seines Laptops nur aus Angst zustimmt, er könne in Schwierigkeiten geraten, ohne Vorliegen der Drohung überhaupt einen Kaufvertrag über den

---

[6]   *Riedler,* ZR I AT[8] Rz 23/10.
[7]   *Riedler,* ZR I AT[8] Rz 23/11.
[8]   *Riedler,* ZR I AT[8] Rz 23/12.
[9]   *Riedler,* ZR I AT[8] Rz 23/14.
[10]   *Riedler,* ZR I AT[8] Rz 23/18 f.
[11]   *Riedler,* ZR I AT[8] Rz 23/20.

Laptop abgeschlossen hätte. A wird daher von seinem Gestaltungsrecht Gebrauch machen, den Vertrag anzufechten, wodurch dieser mit dinglicher ex tunc Wirkung wegfällt.[12]

Der Anspruch der D gegen A auf Übergabe des Laptops Zug um Zug gegen Bezahlung des Kaufpreises iHv € 650,- gemäß § 1061 ABGB besteht nicht.

II. Anspruch des B gegen C auf Herausgabe des iPhones gemäß § 366 ABGB

Die **Eigentumsherausgabeklage** (rei vindicatio) ist die Klage des die Sache nicht innehabenden Eigentümers gegen den die Sache innehabenden Nichteigentümer.[13] **Voraussetzungen** der Eigentumsherausgabeklage sind: 1. Individuell bestimmbare Sache, 2. Passivlegitimation des Beklagten, 3. Aktivlegitimtion des Klägers und 4. Kein Recht zur Innehabung durch den Beklagten.[14]

Erste Voraussetzung für die Eigentumsherausgabeklage ist das Vorliegen einer **individuell bestimmbaren Sache iSd § 370 ABGB**. Individuell bestimmbar sind Sachen, die durch die Angabe besonderer Merkmale, ihrer örtlichen Lage bzw durch besondere Kennzeichen individualisierbar (also von Sachen gleicher Art und Güte abgrenzbar) und damit identifizierbar sind.[15] Das gebrauchte iPhone ist durch seine Produktions- bzw Serien- und auch aufgrund seiner Abnutzungsspuren individualisierbar im Sinne des § 370 ABGB.

Zweite Voraussetzung für die Eigentumsherausgabeklage ist, dass diese gegen den Sachinhaber gerichtet wird (**Passivlegitimation**). Sachinhaber ist nach der Legaldefinition des § 309 S 1 ABGB, „wer eine Sache in seiner Macht oder Gewahrsame hat".[16] C hat das iPhone gleich mitgenommen und demnach von A übergeben erhalten. C ist damit als Sachinhaberin passivlegitimiert im Sinne des § 309 ABGB.

Dritte Voraussetzung für die rei vindicatio ist, dass der Kläger **aktivlegitimiert** ist, also entweder am Beginn des Sachverhaltes Eigentümer gewesen ist oder im Lauf des Sachverhaltes Eigentümer geworden ist und bis zum Schluss des Sachverhaltes Eigentümer geblieben ist.[17] Denn nur wenn der Kläger auch am Ende des Sachverhaltes (noch)

---

[12] Grundsätzlich denkbar wäre im Fall auch das Vorliegen eines Anfechtungsrechtes wegen laesio enormis oder Wuchers, jedoch ergibt sich bereits aus dem Sachverhalt, dass A den Laptop zum angemessenen Preis an D verkauft hat.
[13] *Riedler,* ZR I AT[8] Rz 29/7.
[14] *Riedler,* ZR I AT[8] Rz 29/32.
[15] *Riedler,* ZR I AT[8] Rz 29/9.
[16] *Riedler,* ZR I AT[8] Rz 29/10.
[17] *Riedler,* ZR I AT[8] Rz 29/12.

Eigentümer ist, kann er die Sache als Eigentümer vom Sachinhaber vindizieren. B war zu Beginn des Sachverhaltes Eigentümer des iPhones. Zu prüfen bleibt, ob er im Laufe des Sachverhaltes sein Eigentum am iPhone verloren hat. Zur Prüfung dieser Frage ist zu analysieren, wie sich die verschiedenen wirtschaftlichen Transaktionen über das iPhone auf das Eigentumsrecht am iPhone ausgewirkt haben, ob also B durch die verschiedenen (idR wirtschaftlichen) Transaktionen über das iPhone sein Eigentumsrecht am iPhone verloren hat.

Verhältnis B – A

B könnte sein Eigentum am iPhone zunächst an A verloren haben, was nur der Fall ist, wenn A das Eigentum am iPhone erworben hat. Für einen gültigen Eigentumserwerb durch A sind nach dem Prinzip der kausalen Tradtion drei Voraussetzungen erforderlich: 1. Titel, 2. Modus und 3. Berechtigung des Vormannes.[18]

Dass A über ein gültiges Verpflichtungsgeschäft (**Titel**) zum Eigentumserwerb am iPhone verfügt, ergibt sich aus dem Sachverhalt nicht. Vielmehr hat A das iPhone eigenmächtig und heimlich an sich genommen, was von B nicht bemerkt wurde. Mangels gültigen Titels konnte A daher kein Eigentum am iPhone erwerben, durch diesen Vorgang (Diebsthal des A) hat B sein Eigentum am iPhone nicht verloren.

Verkauf A – C

Nach dem Sachverhalt veräußert A das iPhone am nächsten Tag an seine Bekannte C, welche das Gerät sogleich mitnimmt. Fraglich ist, ob B durch diese wirtschaftliche Transaktion über die Sache sein Eigentumsrecht an der Sache verloren hat. B hat sein Eigentumsrecht nur verloren, wenn C am iPhone Eigentum erworben hat. Dies setzt voraus, dass C die Eigentumserwerbsvoraussetzungen erfüllt. Für einen gültigen Eigentumserwerb durch B sind nach dem Prinzip der kausalen Tradtion drei Voraussetzungen erforderlich: 1. Titel, 2. Modus und 3. Berechtigung des Vormannes.[19]

A hat das iPhone laut Sachverhalt an C verkauft, sodass C einen ausreichenden **Titel** für einen Eigentumserwerb am iPhone hat,[20] da auch Kaufverträge über fremde Sachen (arg § 923 ABGB) wirksam und gültig sind.

---

[18] *Riedler,* ZR I AT[8] Rz 30/3.
[19] *Riedler,* ZR I AT[8] Rz 30/3.
[20] Vgl auch *Riedler,* ZR I AT[8] Rz 30/9.

C hat das iPhone nach dem Sachverhalt auch gleich mitgenommen, also von A real übergeben erhalten, sodass auch der erforderliche **Modus** in Form einer körperlichen Übergabe iSd § 426 ABGB vorliegt.

A war allerdings weder Eigentümer des iPhones noch darüber verfügungsberechtigt, sodass ein derivativer Eigentumserwerb von C aufgrund der **fehlenden Berechtigung des Vormannes A** am iPhone scheitert.

Zu prüfen bleibt ein **originärer Eigentumserwerb**, der die fehlende Berechtigung des Vormannes substituiert.[21] Vier Tatbestandselemente (Fallprüfungsstufen) müssen kumulativ erfüllt sein, damit § 367 ABGB die fehlende Berechtigung des Vormannes substituieren kann: Bewegliche körperliche Sache, entgeltlicher Erwerb, Redlichkeit (Gutgläubigkeit) des Erwerbers und Vorliegen (zumindest) einer der drei Alternativen des § 367 ABGB.

Das iPhone des A ist eine **bewegliche körperliche Sache** iSd §§ 292, 293 ABGB, welche ohne Verletzung ihrer Substanz von einer Stelle zur anderen versetzt werden kann.[22]

Der gutgläubige Eigentumserwerb ist nur möglich, wenn der Erwerb auf einem **entgeltlichen Titel** beruht. Entgeltlich ist ein Erwerb nach § 917 ABGB, wenn eine Sache um Erhalt einer Gegenleistung willen hingegeben wird.[23] Der Kaufvertrag A – C ist ein entgeltlicher Vertrag.

Geschützt wird beim originären Eigentumserwerb nur der redliche (gutgläubige) Erwerber. Nach § 368 Abs 1 ABGB ist redlich, wer weder weiß noch vermuten muss, dass die Sache nicht dem Veräußerer gehört.[24] Die **Redlichkeit des Erwerbers** entfällt bereits ab dessen leichter Fahrlässigkeit, wenn er also das fehlende Eigentum des Veräußerers (bzw beim Unternehmer die fehlende Verfügungsbefugnis) hätte erkennen müssen. Entscheidend ist, ob ein maßstabsgerechter, sorgfältiger Mensch an der Stelle des Erwerbers Zweifel am Eigentum des Veräußerers (der Verfügungsbefugnis des Unternehmers) haben hätte müssen.[25] Die Redlichkeit des Erwerbers muss bei Abschluss des Titelgeschäftes vorliegen und (zumindest) bis zur Übergabe der Sache dauern. Lassen sich dem Sachverhalt keine Anhaltspunkte für oder gegen die Redlichkeit des Erwerbers entnehmen, so greift die **Vermutung des § 328 S 2 ABGB** ein. Nach dieser Bestimmung ist im Zweifel Redlichkeit

---

[21]   *Riedler*, ZR I AT[8] Rz 31/15.
[22]   *Riedler*, ZR I AT[8] Rz 31/16.
[23]   *Riedler*, ZR I AT[8] Rz 31/18.
[24]   *Riedler*, ZR I AT[8] Rz 31/20.
[25]   *Riedler*, ZR I AT[8] Rz 31/22.

des Erwerbers anzunehmen.[26] Aus dem Sachverhalt ergibt sich nicht, ob C – aus welchen Gründen auch immer – wusste oder vermuten musste, dass A nicht Eigentümer des iPhones war bzw sein könnte. Es ist daher auf die Vermutung des § 328 S 2 ABGB zurückzugreifen und von der Redlichkeit der C auszugehen.

Für einen originären Eigentumserwerb muss überdies zumindest **eine der drei Alternativen des § 367 ABGB** vorliegen. Ein **Erwerb in öffentlicher Versteigerung** scheidet mangels entsprechender Hinweise im Sachverhalt aus. Ein Erwerb von einem **Unternehmer im gewöhnlichen Betrieb seines Unternehmens** kommt nicht in Betracht, da es sich sowohl bei A als auch C um Privatpersonen handelt. Und auch ein Erwerb von einem **Vertrauensmann** des Eigentümers B scheitert: Vertrauensmann ist jeder, dem der Eigentümer die Sache freiwillig übergeben hat, wobei die Sache in die ausschließliche Gewahrsame des Vertrauensmannes gelangt sein muss.[27] B, der Eigentümer des iPhones, hat dieses nicht freiwillig in die ausschließliche Gewahrsame von A übergeben, da ihm das iPhone – von ihm unbemerkt – aus der Tasche fiel und anschließend heimlich und eigenmächtig von A eingesteckt wurde. A ist demnach nicht als Vertrauensmann des Eigentümers B anzusehen, sodass im Ergebnis keine der drei Alternativen des § 367 ABGB erfüllt ist. Damit konnte C konnte auch **nicht originär Eigentum am iPhone** erwerben. B hat sein Eigentumsrecht auch durch den Verkauf des iPhones an von A an C nicht verloren und ist daher bis zum Ende des Sachverhaltes Eigentümer des iPhones geblieben. Damit ist B als Eigentümer am Ende des Sachverhaltes zur Erhebung der Vindikation gegen C aktivlegitimiert.

Vierte Voraussetzung für die rei vindicatio ist erforderlich, dass C dem B **keine Einwendungen aus einem Recht zur Innehabung** des iPhones entgegensetzen kann. Nach dem Sachverhalt gibt es keine Anhaltspunkte dafür, dass C ein Innehabungsrecht gegenüber B hat.

Der Anspruch des B gegen C auf Herausgabe des iPhones gemäß § 366 ABGB besteht.

---

[26] *Riedler,* ZR I AT[8] Rz 31/23 ff.
[27] *Riedler,* ZR I AT[8] Rz 31/30 f.

Fall 12
Eheringe für die Ex

Schwerpunkte	laesio enormis, Wucher
Vorbereitung	*Riedler*, ZR I AT[8] (2022) 16. Kap Vertragsschlusshindernisse I – Rechtsfolgenüberblick 19. Kap Gesetz- und Sittenwidrigkeit – Wucher 24. Kap Verkürzung über die Hälfte (laesio enormis)

Sachverhalt

Der 18-jährige **K** will beim Juwelier **V** Eheringe kaufen. **K** erzählt **V**, dass er zwar noch zur Schule gehe und sich das Geld für die Ringe bei seinen Eltern borgen müsse, er sich aber sicher sei, dass die inzwischen einmonatige Beziehung mit seiner Freundin für immer halten werde. Als **V** erfährt, dass **K** noch nicht einmal das Verlöbnis mit seiner Freundin eingegangen ist, wird **V** bewusst, dass **K** „schwer verliebt" ist. **V** verlangt daher für die Eheringe, die er bisher um € 1.000,- veräußert hatte, von **K** € 2.000,-. **K** merkt zwar an, dass das doch sehr viel Geld sei, wischt dann aber kurzerhand alle Zweifel vom Tisch, willigt ein und zeigt die erworbenen Ringe zwei Tage später stolz seinem Freund, dem er auch von seinen Hochzeitsabsichten erzählt.

Noch bevor **K** um die Hand seiner Freundin anhalten kann, verlässt ihn diese. **K** ist erbost und möchte sein Geld zurück.

Zu Recht?

Fünf Fragen zur Einführung

1.   Welche **Personen** sind am Sachverhalt beteiligt?

2.   Welche **Rechtsverhältnisse** bestehen zwischen den beteiligten Personen?

3.   Welche **Leistungen** wurden zwischen diesen Personen bereits erbracht?

4.   Wie lautet die **Fallfrage**?

5.   Welche **Ansprüche** sind zu prüfen, wenn wir uns die Frage stellen: **Wer will was von wem aus welchem Rechtsgrund?**

I.   **Anspruch des K gegen V auf Rückzahlung von € 2.000.- Zug um Zug gegen Rückgabe der Ringe gemäß § 877 ABGB**

II.   **Anspruch des K gegen V auf Rückzahlung von € 2.000.- Zug um Zug gegen Rückgabe der Ringe gemäß § 7 WucherG**

Rechtsgutachten

I. Anspruch des K gegen V auf Rückzahlung von € 2.000.- Zug um Zug gegen Rückgabe der Ringe gemäß § 877 ABGB

Voraussetzung für diesen Anspruch ist das Vorliegen einer (teilweise) rechtsgrundlosen Leistung. **Leistung** ist bewusste und gewollte Vermögenszuwendung. K hat den Kaufpreis bereits bezahlt, also geleistet im Rechtssinne. **Rechtsgrundlos** ist eine Leistung, wenn entweder ein die Leistung rechtfertigender Rechtsgrund von vornherein fehlt oder ein die Leistung rechtfertigender Rechtsgrund zwischen den Parteien zwar ursprünglich vorhanden war, dieser jedoch nachträglich zB durch Anfechtung oder Anpassung beseitigt bzw geändert wird, sodass die ursprünglich rechtmäßige Leistung nachträglich (rückwirkend) zur Gänze oder zumindest teilweise rechtsgrundlos wird.

Geschäftsfähigkeit des K?

Nach dem Sachverhalt schließen V und der zwar „schwer verliebte", aber denoch **voll geschäftsfähige**[1] 18-jährige (§ 865 Abs 1 ABGB) K einen Kaufvertrag über die Eheringe zu € 2.000,-, wobei K die Ringe bereits bezahlt hat (K will sein Geld zurück) als auch V die Ringe übergeben hat (K zeigt die die Ringe einem Freund). Zu prüfen bleibt, ob K den diese Leistungen rechtfertigenden Rechtsgrund nachträglich durch Anfechtung beseitigen kann, wodurch die urspünglich rechtmäßige Leistung nachträglich rückwirkend rechtsgrundlos würde und nach § 877 ABGB bereicherungsrechtlich kondiziert werden könnte.

Anfechtung des Kaufvertrages V-K wegen Verkürzung über die Hälfte durch K?

Eine Anfechtung eines Vertrages wegen **Verkürzung über die Hälfte** (laesio enormis) ist nur möglich wenn folgende fünf Voraussetzungen kumulativ vorliegen: 1. zweiseitig verbindliches Geschäft, 2. Verkürzung über die Hälfte, 3. Wertmissverhältnis im Vertragsschlusszeitpunkt, 4. keine zeitgerechte Geltendmachung der Aufzahlungsbefugnis durch den Verkürzenden und 5. keine Unanwendbarkeit des § 934 ABGB infolge Existenz eines Ausnahmetatbestandes (§ 935 ABGB).[2] Die Anfechtung wegen Verkürzung über die Hälfte wirkt dinglich ex-tunc, entfaltet also dieselben Wirkungen wie die Anfechtung wegen

---

[1]   Die Vermutung der vollen Geschäftsfähigkeit bei über 18-jährigen Personen wird auch durch „schwere Verliebtheit" nicht beseitigt (§ 865 Abs 1 ABGB).

[2]   *Riedler*, ZR I AT[8] Rz 24/1.

Irrtums, List und Drohung.[3] Das Anfechtungsrecht nach § 934 ABGB verjährt gem § 1487 ABGB binnen 3 Jahren ab Vertragsschluss.[4]

Erstens kommt Anfechtung wegen laesio enormis nur bei zweiseitig verbindlichen, also **entgeltlichen Rechtsgeschäften** (Verträgen) in Betracht.[5] Entgeltlich sind Verträge, bei denen eine Leistung um Erhalt der Gegenleistung willen hingegeben wird. Der Kaufvertrag V – K ist ein zweiseitig verbindlicher (entgeltlicher) Vertrag.

Zweitens muss eine **Verkürzung über die Hälfte** vorliegen, wobei sich drittens dieses Wertmissverhältnis von (mindestens) 49,999...:100 „**nach dem Zeitpunkte des geschlossenen Geschäftes bestimmt**".[6] Bezugspunkt der Betrachtung ist dabei der gemeine Wert (§ 305 ABGB: Markt- oder Verkehrswert) von Leistung und Gegenleistung: Liegt etwa beim Kaufvertrag der vereinbarte Preis über dem Doppelten des gemeinen Wertes (Verkehrswertes) der Sache (Gegenleistung), so liegt Käuferverkürzung vor.[7] Verkürzung über die Hälfte ist gegeben, wenn Leistung und Gegenleistung in einem Wertmissverhältnis von weniger als 50 (also maximal 49,999 ...) : 100 stehen, also ein Vertragsteil verkürzt ist, weil er weniger als die Hälfte des gemeinen Wertes der eigenen Leistung vom Partner als Gegenleistung erhält. Zu beachten ist, dass ein Wertmissverhältnis von 50:100 nicht ausreicht, da eine Leistung eben weniger als die Hälfte (50 %) der versprochenen Gegenleistung (100 %) wert sein muss. In casu liegt ein Wertmissverhältnis von € 2.000,- zu € 1.000,- vor. Diese Diskrepanz der erbrachten Leistung (€ 2.000,-) zur erhaltenen Leistung (€ 1.000,-) ist zwar beträchtlich, reicht jedoch zur Anfechtung wegen laesio enormis nicht aus (arg „Verkürzung *über* die Hälfte"). Eine Anfechtung wegen Verkürzung über die Hälfte mit dinglicher ex-tunc Wirkung ist damit nicht möglich.

Der Anspruch des K gegen V gem § 877 ABGB besteht nicht.

II. Anspruch des K gegen V auf Rückzahlung von € 2.000.- Zug um Zug gegen Rückgabe der Ringe gemäß § 7 WucherG

Voraussetzung für diesen Anspruch ist, dass der die erbrachte Leistung urspünglich rechtfertigende Rechtsgrund nachträglich wegen **Wuchers** beseitigt werden kann, sodass die ursprünglich rechtmäßige Leistung nachträglich zur rechtsgrundlosen Leistung wird und

---

[3]   *Riedler*, ZR I AT[8] Rz 24/10.
[4]   *Riedler*, ZR I AT[8] Rz 24/11 und 32/14.
[5]   *Riedler*, ZR I AT[8] Rz 24/2.
[6]   *Riedler*, ZR I AT[8] Rz 24/5.
[7]   *Riedler*, ZR I AT[8] Rz 24/3 f.

nach § 7 WucherG bereicherungsrechtlich zurückgefordert (kondiziert) werden kann. Ein Vertrag (Rechtsgeschäft) ist wegen Wuchers nach § 879 Abs 2 Z 4 ABGB relativ nichtig, wenn folgende **drei Voraussetzungen** (kumulativ) vorliegen: 1. Äquivalenzstörung (auffallendes [grobes] Missverhältnis) zwischen Leistung und Gegenleistung, 2. Willensbildungsstörung des Bewucherten und 3. Ausbeuten der Lage des Bewucherten durch den Bewuchernden

Erstens müssen **Leistung und Gegenleistung im Zeitpunkt des Vertragsabschlusses zueinander in einem auffallenden (groben) Missverhältnis** stehen, welches nicht durch die besonderen Umstände des konkreten Falles gerechtfertigt ist (Äquivalenzstörung zwischen Leistung und Gegenleistung). Nicht erforderlich ist, dass Leistung und Gegenleistung sich in einem Wertmissverhältnis von mindestens 49 zu 100 verhalten, wie es etwa bei der laesio enormis des § 934 ABGB nötig ist. Entscheidend ist das Missverhältnis der Hauptleistungspflichten. K hat für die Eheringe € 2.000,- bezahlt, obwohl V diese bisher um € 1.000,- veräußerte und damit der angemessene Preis (tatsächliche Wert) bloß € 1.000,- beträgt. Damit liegt eine auffallende (grobe) Äquivalenzstörung zwischen Leistung und Gegenleistung vor, die jedenfalls bereits im Zeitpunkt des Vertragsschlusses vorliegt.

Zweitens muss eine **Willensbildungsstörung des Bewucherten** vorgelegen haben. Der Bewucherte muss gehindert gewesen sein, die Äquivalenz der Leistungen aus den in § 879 Abs 2 Z 4 ABGB angeführten Gründen aus eigener Macht zu wahren (Willensbildungsstörung). Bei den in Betracht kommenden (nicht taxativ aufgezählten) Gründen des § 879 Abs 2 Z 4 ABGB handelt es sich um: Leichtsinn, Zwangslage, Verstandesschwäche, Unerfahrenheit oder Gemütsaufregung.[8] Im vorliegenden Fall könnten geschäftliche Unerfahrenheit, leichtsinniges Handeln des K sowie Gemütsaufregung in Betracht kommen.

- **Geschäftliche Unerfahrenheit** liegt vor, wenn der Vertragspartner mangels Lebenserfahrung oder allgemeiner Geschäftskenntnisse verhindert ist, seine Interessen beim Geschäftsabschluss gehörig zu wahren; das Fehlen bloß individueller Branchenkenntnisse für das konkrete Geschäft reicht nicht. K ist zwar erst 18 Jahre und Schüler, und ist daher (möglicherweise) beim Ankauf von Schmuck noch geschäftlch unerfahren, allerdings reicht für den Tatbestand der geschäftlichen Unerfahrenheit das Fehlen bloß individueller Branchenkenntnisse für das konkrete Geschäft nicht aus um eine allgemeine geschäftliche Unerfahrenheit im Sinne des § 879 Abs 2 Z 4 ABGB zu begründen.

---

[8]   *Riedler*, ZR I AT[8] Rz 19/18.

- **Leichtsinn** liegt vor, wenn dem Bewucherten zwar die Folgen seiner Handlungsweise bewusst sind, er ihnen aber aus Sorglosigkeit oder mangelnder Überlegung nicht die ihnen zukommende Bedeutung beimisst. Nach dem Sachverhalt erwibt der 18-jährige Schüler K besonders teure Objekte.[9] Der Kauf von Eheringen um € 2.000,- für eine beabsichtigte Eheschließung nach bloß einmonatiger Dauer einer Beziehung, deren Grundstein (die Verlobung) lt Sachverhalt noch nicht einmal gelegt ist, erscheint ebenfalls relativ unüberlegt. Erschwerend kommt hinzu, dass sich K Geld von seinen Eltern borgen muss, um die Ringe zu kaufen. Zwar erkennt K, dass der Preis für die Ringe hoch ist (arg: „K sieht ein, dass das viel Geld ist…"), er lässt sich davon aber – ohne sich viel Gedanken zu machen – nicht beirren und willigt in den Kauf ein. Aus dem Verhalten des K ist daher darauf zu schließen, dass er sich zwar der Folgen seiner Handlungsweise bewusst ist, er ihnen aber aus Sorglosigkeit und auch mangelnder Überlegung nicht die ihnen zukommende Bedeutung beimisst. K hat somit leichtsinnig gehandelt.

- **Gemütsaufregung** ist ein Zustand psychischer Erregung, der das ruhige Sondieren einer Situation hindert. Gemütsaufregung ist idR situationsbedingt vorübergehend und nicht – wie Geschäftsunfähigkeit – idR anlage- oder unfallsbedingt dauernd gegeben. Nach dem Sachverhalt handelt K „schwer verliebt". Den Zustand der Gemütsaufregung können nicht nur negative Emotionen herbeiführen, vielmehr kann gerade auch der Zustand „hochgradiger Verliebtheit" das ruhige Sondieren einer Situation hindern (arg „schwer verliebt"). Die Auswirkungen der psychischen Erregung des K zeigen sich in seiner Handlungsweise. K kauft als 18-jähriger Schüler Eheringe mit dem von seinen Eltern geborgten Geld für seine Freundin, mit welcher er eine erst einmonatige Beziehung führt.

Somit lag auch eine Willensbildungsstörung des Bewucherten K vor, welche den Bewucherten K daran hinderte, die Äquivalenz der Leistungen aus eigener Macht zu wahren.

Drittens muss vorliegen: **Ausbeuten der Lage des Bewucherten durch den Bewuchernden:** Der Bewuchernde muss die für die Willensbildung des Bewucherten ungünstige Situation zwar nicht herbeigeführt haben, sie aber vorsätzlich oder fahrlässig ausgenützt haben. Es reicht also, wenn der Bewuchernde die Lage des Bewucherten und das grobe Missverhältnis der Leistungen kannte oder hätte erkennen müssen.[10] Nach dem Sachverhalt merkt V, dass K „schwer verliebt" handelt. Auch erzählt ihm K, dass er noch

---

[9] *Riedler*, ZR I AT[8] Rz 19/18.
[10] *Riedler*, ZR I AT[8] Rz 19/18.

Schüler ist und V weiß, das sich K das Geld für die Eheringe von seinen Eltern geborgt hat. V nützt dies Umstände dafür, dem K Eheringe um € 2.000,- zu veräußern, welche er ansonsten um € 1.000,- verkauft. V hat damit zwar die Situation der Willensbildungsstörung des Bewucherten K nicht selber hergeführt, er hat sie aber jedenfalls erkannt und sie auch ausgenützt. Bereits fahrlässiges Ausnützen der Lage des Bewucherten durch den Bewuchernden reicht.

Zwischen den beiden Tatbestandselementen der **Äquivalenzstörung einerseits** und der **Willensbildungsstörung andererseits** besteht eine **kombinatorische Wechselbeziehung** iSe beweglichen Systems. Je größer die Äquivalenzstörung ist, desto geringer können die Willensbildungsstörungen sein, damit der Tatbestand des Wuchers noch erfüllt ist – gleiches gilt umgekehrt. Geringere Äquivalenzstörungen können daher durch schwerwiegendere Beeinträchtigung der Willensbildung, geringere Willensbildungsstörungen durch schwerwiegendere Äquivalenzstörung ausgeglichen werden.[11] Selbst wenn also argumentiert werden könnte, dass die Willensbildungsstörung des K (Leichtsinn und Gemütsaufregung) nicht besonders stark ausgebildet ist, muss im Sinne dieser kombinatorischen Wechselbeziehung festgehalten werden, dass die Äquivalenzstörung in casu (€ 1.000.- zu € 2.000,-) so groß ist, dass der Tatbestand des Wuchers erfüllt ist.

Damit sind alle Voraussetzungen für den Tatbestand des Wuchers gem § 879 Abs 2 Z 4 ABGB erfüllt. K kann damit gegenüber V geltend machen, dass der Kaufvertrag V – K wegen **relativer Nichtigkeit** beseitigt wird. Auch relative Nichtigkeit „wirkt" **ex-tunc**, sodass die urspünglich rechtmäßige Zahlung von € 2.000,- durch K an V zur rückwirkend rechtsgrundlosen Leistung wird und nach § 7 WucherG bereicherungsrechtlch zurückgefordert (kondiziert) werden kann.[12]

Der Anspruch des K gegen V auf Rückzahlung von € 2.000,- Zug um Zug gegen Rückgabe der Ringe gem § 7 WucherG besteht.

---

[11] *Riedler*, ZR I AT[8] Rz 19/19.
[12] Anmerkung: Die Rechtsfolgen des Wuchers sind eigentlich widersprüchlich geregelt. Nach dem Wortlaut des § 879 Abs 1 ABGB ist der wucherische Vertrag nichtig, während § 8 WucherG von Nichtigerklärung durch das Gericht auf Antrag des Bewucherten spricht. Nach heute hA (*Riedler*, ZR I AT[8] Rz 19/20 mwN) kann nicht der Bewuchernde oder ein Dritter, sondern nur der Bewucherte sich auf die Nichtigkeit des Vertrages nach § 879 Abs 2 Z 4 ABGB berufen, da die Norm nur den Bewucherten, nicht aber seinen Gegner schützen will. Es liegt sog relative Nichtigkeit vor, sodass das Rechtsgeschäft nur unwirksam ist, wenn und soweit sich der Bewucherte auf diese von ihm geltend zu machende Nichtigkeit des Rechtsgeschäftes beruft. Damit unterscheidet sich in Wahrheit die relative Nichtigkeit nicht von der Vertragsanfechtung (*Riedler*, ZR I AT[8] Rz 19/20).

Fall 13
Lederuhrband und Collier

Schwerpunkte	Rückforderungsanspruch, Eigentumsherausgabeklage, natürlicher/normativer Konsens, falsa demonstratio, Anfechtung eines Kaufvertrages wegen **Irrtums, List, Drohung, laesio enormis und Wucher, „parallele" Geltendmachung von Gestaltungsrechten**
Vorbereitung	*Riedler*, ZR I AT[8] (2022) 15. Kap Konsens, Dissens, Interpretation von Erklärungen und Verträgen 16. Kap Vertragsschusshindernisse I – Rechtsfolgenüberblick 19. Kap Gesetz- und Sittenwidrigkeit – Wucher 21. Kap Irrtum 22. Kap List 23. Kap Drohung 24. Kap Verkürzung über die Hälfte (laesio enormis) 29. Kap Eigentumsrecht als dingliches Recht, Eigentumsklage

Sachverhalt

K möchte sich gerne eine neue Uhr kaufen. Beim Juwelier **J** lässt er sich verschiedene Modelle zeigen. Das Modell X-Watch 300 zu einem Preis von € 520,- gefällt ihm besonders. Da er auf Grund einer Allergie nur Uhrbänder aus echtem Leder tragen kann, erkundigt er sich bei **J**, ob es sich bei dem Material des Uhrbandes der X-Watch 300 um ein echtes Lederband handelt. Nach kurzem Überlegen, ob es das Uhrband der X-Watch 300 oder das des Schwestermodells, der S-Watch 300 ist, welches aus echtem Leder hergestellt ist, glaubt **J**, sich erinnern zu können, dass es die X-Watch 300 ist, die mit einem echten Lederband ausgestattet ist. Er sichert dem **K** daher zu, dass das Uhrband der X-Watch 300 aus echtem Leder ist. **K** ist begeistert und erklärt, die besichtigte Uhr, die er irrtümlich als S-Watch 300 bezeichnet, kaufen zu wollen. **J** willigt ein. Die S-Watch 300 hat **J** dem **K** nicht gezeigt und nicht erwähnt.

Wenige Tage später muss **K** feststellen, dass das Armband seiner neuen Uhr aus bloßem Lederimitat gefertigt ist, welches bei ihm Hautreizungen auslöst. **K** verlangt von **J** sein Geld zurück. Da er überdies noch ein Geburtstagsgeschenk für seine Frau sucht, droht **K** dem **J**, dessen Affäre mit seiner Angestellten „auffliegen" zu lassen, sollte er ihm nicht das im Schaufenster ausgestellte Collier (Wert € 2.000,-) um € 1.000,- verkaufen.

Zähneknirschend willigt **J** in den Verkauf des Colliers, welches er als Einzelstück selbst entworfen und gefertigt hat, ein. Als wenige Wochen später **J**´s Ehefrau hinter die Affäre kommt und ihn verlässt, verlangt **J** von **K** das Schmuckstück zurück. Dieser weigert sich jedoch im Hinblick auf den bevorstehenden Geburtstag seiner Frau.

Wie ist die Rechtslage?

Fünf Fragen zur Einführung

1. Welche **Personen** sind am Sachverhalt beteiligt?

2. Welche **Rechtsverhältnisse** bestehen zwischen den beteiligten Personen?

3. Welche **Leistungen** wurden zwischen diesen Personen bereits erbracht?

4. Wie lautet die **Fallfrage**?

5. Welche **Ansprüche** sind zu prüfen, wenn wir uns die Frage stellen: **Wer will was von wem aus welchem Rechtsgrund?**

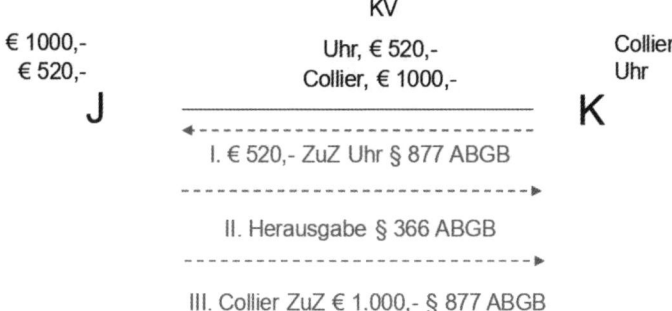

I.   **Anspruch des K gegen J auf Rückzahlung von € 520,- Zug um Zug gegen Rückstellung der Uhr gem § 877 ABGB**

II. **Anspruch des J gegen K auf Herausgabe des Colliers gem § 366 ABGB**

III. **Anspruch des J gegen K auf Rückgabe des Colliers Zug um Zug gegen Rückzahlung von € 1.000,- gem § 877 ABGB**

Rechtsgutachten

I. Anspruch des K gegen J auf Rückzahlung von € 520,- Zug um Zug gegen Rückstellung der Uhr gem § 877 ABGB

Voraussetzung für diesen Anspruch ist eine rechtsgrundlose Leistung. **Leistung** ist eine bewusste Vermögenszuwendung. **Rechtsgrundlos** ist eine Leistung, wenn entweder ein die Leistung rechtfertigender Rechtsgrund von vornherein fehlt, oder ein die Leistung rechtfertigender Rechtsgrund zwischen den Parteien zwar ursprünglich vorhanden war, dieser jedoch nachträglich beseitigt wird, sodass die ursprünglich rechtmäßige Leistung durch den Entfall des Rechtsgrundes nachträglich (rückwirkend) rechtsgrundlos wird. Ein die Leistung rechtfertigender Rechtsgrund könnte in einem **Kaufvertrag** über die Uhr zu einem Preis von € 520,- zwischen K und J liegen. Fraglich ist jedoch bereits, ob überhaupt ein Kaufvertrag über diese spezielle Uhr zustande gekommen ist. Nach dem Sachverhalt erklärt K, das Modell S-Watch 300 kaufen zu wollen. J willigt in diese Erklärung des K auch ein. Nach dem objektiven Erklärungswert der beiden Vertragsparteien K und J wäre demnach ein Kaufvertrag über das Modell S-Watch 300 zustande gekommen. Der subjektive Wille von K und J ist aber auf den Kauf bzw Verkauf des Modells X-Watch 300 gerichtet, welches auch Gegenstand des Verkaufsgespräches war. Stimmt aber der innere Wille der Parteien überein (**natürlicher Konsens**), so wird dieser innere Parteiwille zum Vertragsinhalt, auch wenn er nicht mit dem objektiven Erklärungswert von Angebot und Annahme übereinstimmt (**falsa demonstratio non nocet**).[1] Inhalt des Vertrags zwischen K und J wurde daher – entsprechend dem subjektiven Willen von K und J – der Kauf bzw Verkauf des Modells X-Watch 300 zu einem Preis von € 520,-. Ein die Zahlung des Kaufpreises in Höhe von € 520,- rechtfertigender Rechtsgrund lag somit ursprünglich vor. Zu prüfen bleibt jedoch, ob K den Kaufvertrag mit J anfechten konnte, sodass die ursprünglich vom Kaufvertrag gedeckte Leistung nachträglich zur rechtsgrundlosen Leistung wird. Als Anfechtungsrechte kommen zunächst Irrtum und List in Betracht:

Anfechtung des Kaufvertrags K-J durch K wegen Irrtums gemäß § 871 ABGB

Irrtum ist eine falsche oder fehlende Vorstellung von der Wirklichkeit.[2] Laut Sachverhalt ist K davon ausgegangen, dass das Uhrband der X-Watch 300 aus echtem Leder ist. Tatsächlich

---

[1] *Riedler*, ZR I AT⁸ Rz 15/1.
[2] *Riedler*, ZR I AT⁸ Rz 21/6.

ist das Band der Uhr aber nur ein Lederimitat. K hatte damit im Zeitpunkt des Vertragsschlusses eine falsche Vorstellung von der Wirklichkeit; er ist einem Irrtum erlegen.

Der Irrtum des K über die Echtheit des Uhrbandes ist ein Irrtum über eine verkehrwesentliche, weil vertraglich bedungene Eigenschaft, weil die Eigenschaft des Uhrbandes in „echtem Leder" auf Grund der Anfrage des K und der anschließenden ausdrücklichen Zusicherung des J auch Vertragsinhalt wurde. Die irrtümliche Fehlbezeichnung der Uhr im Vertragsschlusszeitpunkt schadet dabei nicht (§ 914 ABGB).[3] Es liegt ein bei entgeltlichen Kaufverträgen **beachtlicher Geschäftsirrtum** des K über eine vertraglich bedungene Eigenschaft des Vertragsgegenstandes vor.

Der Irrtum war auch **kausal** iSd **Äquivalenztheorie**, weil K die Uhr in Kenntnis der wahren Sachlage nicht bzw nur mit einem anderen Uhrband (arg: K kann nur Uhren mit Bändern aus echtem Leder tragen, da er auf alle anderen Materialien allergisch reagiert) gekauft hätte.[4]

Zu prüfen bleibt daher, ob J weniger schutzwürdig ist als sein Vertragspartner K (fehlende Vertrauensschutzwürdigkeit des J).[5] Es muss also untersucht werden, ob J den Irrtum des K veranlasst hat, ob dem J der Irrtum des K offenbar auffallen musste oder ob der Irrtum des K gegenüber J rechtzeitig aufgeklärt wurde (§ 871 ABGB).[6] **Veranlasst** hat der Vertragspartner den Irrtum, wenn er für den Irrtum adäquat (angemessen) ursächlich war. Adäquat ursächlich war ein Verhalten, wenn es nach der allgemeinen Lebenserfahrung geeignet ist, den Irrtum hervorzurufen, Verschulden des Vertragspartners des Irrenden ist nicht erforderlich.[7] Für ein Veranlassen durch aktives Tun ist nicht Sorgfaltswidrigkeit bzw Pflichtverletzung (anders bei List!), sondern nur gesteigerte (angemessene) Ursächlichkeit erforderlich.[8] Nach dem Sachverhalt hat J dem K ausdrücklich zugesichert, dass es sich bei dem Uhrband um ein echtes Lederband handelt. Das Verhalten des J war damit adäquat ursächlich für den Irrtum des K.[9] J hat den Irrtum des K veranlasst. Der Irrtum des K hätte dem J auch **offenbar auffallen** müssen, da J als Juwelier die wahre Beschaffenheit des Uhrbandes und damit auch den Irrtum des K über diesen Umstand erkennen hätte müssen. **Rechtzeitig aufgeklärt** wurde der Irrtum von K gegenüber J allerdings nicht, weil der Kaufvertrag durch Zahlung des Kaufpreises und Übergabe des Kaufgegenstandes bereits

---

3 *Riedler*, ZR I AT[8] Rz 21/15.
4 *Riedler*, ZR I AT[8] Rz 21/25.
5 *Riedler*, ZR I AT[8] Rz 21/26 ff.
6 *Riedler*, ZR I AT[8] Rz 21/26.
7 *Riedler*, ZR I AT[8] Rz 21/27.
8 *Riedler*, ZR I AT[8] Rz 21/28.
9 *Riedler*, ZR I AT[8] Rz 21/27.

abgewickelt worden ist und (teilweise) Vertragsabwicklung nach hA die rechtzeitige Aufklärung iSd § 871 ABGB hindert.[10]

Zur Klärung der Frage, ob K den Vertrag infolge seines Irrtums anfechten oder (nur) anpassen kann, muss geprüft werden, ob der Irrtum für die Vertragspartner **wesentlich** oder **unwesentlich** war.[11] Für K war der Irrtum wesentlich, weil er nach dem Sachverhalt sein Geld zurückhaben will. Für J war der Irrtum hingegen unwesentlich, weil er die Uhr wohl auch mit Lederband – wenn auch gegen einen entsprechenden Aufpreis – verkauft hätte. Damit hat K die Wahl, ob er den Vertrag durch Anfechtung zur Gänze beseitigt oder qua Anpassung zwar prinzipiell aufrecht lässt, aber (durch Preisreduktion) anpasst.[12] Nach dem Sachverhalt ist allerdings davon auszugehen, dass K den Vertrag mit J anfechten will.

Anfechtung des Kaufvertrags K – J durch K wegen List gemäß § 870 ABGB

Fraglich bleibt, ob den K den Kaufvertrag mit J auch wegen List anfechten kann.

K ist – wie oben ausgeführt – einem **Geschäftsirrtum** erlegen.[13]

Die listige Irreführung war auch **kausal** für den Vertragsschluss im Sinne der Äquivlenztheorie, weil K die Uhr ohne die listige Irreführung nicht gekauft hätte.[14]

List ist rechtswidrige und vorsätzliche Irreführung. Sie setzt sich also aus einer äußeren Komponente (sorgfaltswidriges Verhalten) und einer inneren Komponente (Vorsatz) zusammen.[15] Zu prüfen ist daher des Weiteren, ob J den K **rechtswidrig** in die Irre geführt hat. Rechtswidrigkeit kann durch Tun oder Unterlassen begründet werden.[16] In casu kommt – aufgrund der ausdrücklichen Zusicherung des J – objektive Rechtswidrigkeit durch Tun in Betracht. Aktives Tun stellt allerdings nur dann eine rechtswidrige Irreführung dar, wenn der Handelnde sich objektiv sorgfaltswidrig, sich also nicht so verhalten hat, wie sich ein ordnungsgemäßer, maßstabgerechter, rechtstreuer Mensch an seiner Stelle verhalten hätte.[17] J hat in seiner Eigenschaft als Juwelier dem K, der erkennbar auf die Fachaussage des J als Juwelier vertraut hat, zugesichert, dass es sich bei dem Uhrband um ein echtes

---

[10] *Riedler*, ZR I AT[8] Rz 21/31.
[11] *Riedler*, ZR I AT[8] Rz 21/36.
[12] *Riedler*, ZR I AT[8] Rz 21/38.
[13] *Riedler*, ZR I AT[8] Rz 22/2.
[14] *Riedler*, ZR I AT[8] Rz 22/3.
[15] *Riedler*, ZR I AT[8] Rz 22/5 f.
[16] *Riedler*, ZR I AT[8] Rz 22/6.
[17] *Riedler*, ZR I AT[8] Rz 22/8.

Lederband handelt. Ein ordnungsgemäßer, maßstabgerechter, rechtstreuer Juwelier hätte dies dem Kunden jedoch nicht zugesichert, ohne sich vorher von der tatsächlichen Richtigkeit dieser Aussage überzeugt zu haben. Damit hat sich J aber nicht wie ein ordnungsgemäßer, maßstabgerechter, rechtstreuer Juwelier, also objektiv sorgfaltswidrig und damit rechtswidrig verhalten.

Zu untersuchen bleibt daher, ob J den K auch **vorsätzlich** in die Irre geführt hat. Vorsätzliches Handeln ist zu bejahen, wenn der Täuschende den Getäuschten wissentlich und willentlich in die Irre geführt hat. Es muss also zumindest dolus eventualis vorliegen, das heißt, der Täuschende muss den Eintritt des Irrtums beim anderen für möglich halten und sich damit abfinden („na wenn schon").[18] Nach dem Sachverhalt sichert J dem K zu, dass das Uhrband der X-Watch 300 aus echtem Leder sei, da er selbst davon ausging, dass dies der Fall ist (arg: er glaubt, sich daran zu erinnern). Wenn J aber selbst von der Richtigkeit seiner Aussage überzeugt ist, geht er von der Möglichkeit eines Irrtums bei seinem Vertragspartner K gerade nicht aus, weshalb ihm zwar unter Umständen (grobe) Fahrlässigkeit, nicht aber dolus eventualis vorzuwerfen ist. Damit kann aber K den Vertrag mit J mangels Vorsatz des J nicht wegen List anfechten.

K kann den Kaufvertrag mit J aber wegen Irrtums gem § 871 anfechten. Die Anfechtung beseitigt den Kaufvertrag mit **dinglicher ex tunc Wirkung.**[19] Dadurch ist die Zahlung des Kaufpreises durch K rückwirkend zur rechtsgrundlosen Leistung geworden.

Der Anspruch des K gegen J auf Rückzahlung von € 520,- ZuZ gegen Rückstellung der Uhr gem § 877 ABGB besteht.

II. Anspruch des J gegen K auf Herausgabe des Colliers gem § 366 ABGB

Die **Eigentumsherausgabeklage** (rei vindicatio) ist die Klage des die Sache nicht innehabenden Eigentümers gegen den die Sache innehabenden Nichteigentümer.[20] **Voraussetzungen** der Eigentumsherausgabeklage sind: 1. Individuell bestimmbare Sache, 2. Passivlegitimation des Beklagten, 3. Aktivlegitimtion des Klägers und 4. Kein Recht zur Innehabung druch den Beklagten.[21]

---

18   *Riedler*, ZR I AT[8] Rz 22/13 ff.
19   *Riedler*, ZR I AT[8] Rz 21/40.
20   *Riedler*, ZR I AT[8] Rz 29/7.
21   *Riedler*, ZR I AT[8] Rz 29/32.

Nach § 370 ABGB kann der Eigentümer nur individuell bestimmbare Sachen vindizieren. **Individuell bestimmbar** sind Sachen, die von Sachen gleicher Art und Güte abgrenzbar und damit identifizierbar sind. Individualisierbar sind alle Sachen, die durch ein solches Merkmal gekennzeichnet sind, aus dem sich die Identität einer in der Gewahrsame des Gegners befindlichen Sache mit der beanspruchten Sache ergibt.[22] Das Collier, welches J als Einzelstück selbst entworfen und gefertigt hat, ist auf Grund seiner Einzigartigkeit individualisierbar im Sinne des § 370 ABGB.

K hat das Collier der F noch nicht geschenkt hat (K weigert sich im Hinblick auf den bevorstehenden Geburtstag, das Collier herauszugeben), ist das Schmuckstück auch in der Gewahrsame des K, dieser somit als Sachinhaber im Sinne des § 309 ABGB **passivlegitimiert**.[23]

Zu prüfen ist daher in einem nächsten Schritt die **Aktivlegitimation** des J. J muss entweder bereits zu Beginn des Sachverhaltes Eigentümer gewesen oder im Lauf des Sachverhalts Eigentümer geworden und bis zum Ende des Sachverhalts auch Eigentümer geblieben sein.[24] Da J jedenfalls zu Beginn des Sachverhalts Eigentümer des Colliers gewesen ist, bleibt zu untersuchen, ob er möglicherweise das Eigentum an dem Schmuckstück im Laufe des SV verloren hat.

Eigentumsverlust des J und Eigentumserwerb des K durch Kaufvertrag J – K?

Nach dem SV könnte J sein Eigentum am Collier durch dessen Verkauf an K verloren haben. Dies ist dann der Fall, wenn K das Eigentumsrecht am Collier erworben hat. Dafür sind notwendig: 1. Titel, 2. Modus und die 3. Berechtigung der Vorperson.[25]

Das einen Eigentumserwerb des K rechtfertigende **Titelgeschäft** liegt im Kaufvertrag zwischen J und K.

Nach dem Sachverhalt hat J dem K den Schmuck auch körperlich im Sinne des § 426 ABGB übergeben (arg: K verweigert die Herausgabe), sodass auch ein für bewegliche Sachen erforderlicher und ausreichender **Modus** vorliegt.

Und da J als Eigentümer des Colliers auch **berechtigter Vormann** war, hätte K daher

---

[22]   *Riedler*, ZR I AT[8] Rz 29/9.
[23]   *Riedler*, ZR I AT[8] Rz 29/10 f.
[24]   *Riedler*, ZR I AT[8] Rz 29/12.
[25]   *Riedler*, ZR I AT[8] Rz 30/3.

grundsätzlich **derivativ Eigentum** am Collier erworben. Allerdings wird J versuchen, eine Aufhebung des Kaufvertrages mit K durch Anfechtung wegen Drohung zu erreichen.

Anfechtung des Kaufvertrages J – K durch J wegen Drohung gemäß § 870 ABGB

Eine **Drohung** ist das Ankündigen eines (künftigen) Übels (für den Bedrohten), auf dessen Eintritt der Drohende Einfluss zu haben vorgibt.[26] Nach dem Sachverhalt droht K dem J damit, die Affäre des J auffliegen zu lassen. Dieses angedrohte Übel (die Bekanntmachung der Affäre) kann K herbeiführen, sodass auch eine Drohung im Sinne des § 870 ABGB vorliegt.

J hat infolge der Drohung auch eine **Willenserklärung** abgegeben:[27] er hat das „Angebot" des K, das Collier zu einem Preis von € 1.000,- zu kaufen, angenommen. Da die Drohung des K den Willen des J nur gebeugt (vis compulsiva) und nicht gänzlich ausgeschlossen hat (vis absoluta), ist diese Willenserklärung auch gültig.[28]

Die Drohung des K war auch **kausal** im Sinne der **Äquivalenztheorie** für die Willenserklärung des J, da dieser das Angebot des K in der konkreten Gestalt ohne dessen Drohung sicherlich nicht angenommen hätte, die Drohung also nicht weggedacht werden kann, ohne dass der Vertrag in seiner konkreten Gestalt entfiele.[29]

Zu prüfen ist daher in einem nächsten Schritt, ob die **Furcht** des J auf Grund der Drohung auch **gegründet** war. Wann eine Furcht gegründet ist, ergibt sich aus § 55 ABGB, der zwar grundsätzlich aufgehoben wurde, im Bereich des § 870 ABGB aber weiter gilt. Maßgeblich ist – entsprechend der ausdrücklichen gesetzlichen Anordnung – ein subjektiver Maßstab, also die Sicht des konkret Bedrohten. Für das Vorliegen einer gegründeten Furcht reicht die Drohung mit der Beeinträchtigung jeden materiellen oder ideellen Interesses aus.[30] In casu droht K dem J mit der Bekanntmachung seiner Affäre und einer daraus resultierenden Beeinträchtigung seines gesellschaftlichen Ansehens. Die Furcht des J kann daher jedenfalls als gegründet iSd § 55 ABGB angesehen werden.

Es bleibt daher zu untersuchen, ob die Drohung des K auch rechtswidrig war (**ungerechte Furcht**). Eine Drohung ist rechtswidrig, wenn sie den Erklärenden widerrechtlich zur Abgabe

---

[26] *Riedler*, ZR I AT[8] Rz 23/3.
[27] *Riedler*, ZR I AT[8] Rz 23/5.
[28] Bei vis absoluta wäre die WE mangels eigener Willensbildung nichtig, weshalb sich eine Anfechtung erübrigen würde.
[29] *Riedler*, ZR I AT[8] Rz 23/6 f.
[30] *Riedler*, ZR I AT[8] Rz 23/8 f.

der Willenserklärung bestimmt hat. Die Rechtswidrigkeit kann sich dabei aus dem angedrohten Übel (Mittel) oder dem angestrebten Erfolg (Zweck) ergeben oder aber aus der Zweck-Mittel-Relation.[31] In casu könnte sich die Rechtswidrigkeit der Drohung daraus ergeben, dass K eine Bekanntmachung der Affäre des J ausschließlich zu Schädigungszwecken androht (Rechtswidrigkeit des angedrohten Übels). Darüber hinaus kann die Zweck-Mittel-Relation zur Begründung der Rechtswidrigkeit ins Treffen geführt werden, da die Möglichkeit des K zur Bekanntmachung der Affäre des J von ihm nicht zur Erlangung persönlicher Vorteile missbraucht werden darf.

Damit kann J aber den Kaufvertrag mit K wegen Drohung nach § 870 ABGB **anfechten**, was zur Aufhebung des Vertrages mit **dinglicher ex tunc Wirkung** führt.[32]

Anfechtung des Kaufvertrages J – K durch J nach § 934 ABGB (laesio enormis)

Die Anfechtung eines Vertrages wegen laesio enormis nach § 934 setzt ein zweiseitig verbindliches, also **entgeltliches Rechtsgeschäft** voraus.[33] Der zwischen J und K geschlossene Kaufvertrag stellt zweifellos ein solches Rechtsgeschäft dar.

Zudem muss die vereinbarte Leistung zur Gegenleistung in einem **Wertmissverhältnis von mindestens 49:100** stehen.[34] Laut SV hat J das Collier im Wert von € 2.000,- zu einem Preis von € 1.000,- verkauft. Der gemeine Wert des Colliers beträgt € 2.000,-. Leistung und Gegenleistung stehen also in einem Wertmissverhältnis von 50:100. Da somit gerade nicht das von § 934 ABGB geforderte Wertmissverhältnis von mindestens 49:100 vorliegt, kann J den Kaufvertrag nicht wegen laesio enormis anfechten.

Anfechtung des Kaufvertrages J – K durch J wegen Wuchers gem § 879 Abs 2 Z 4 ABGB

Ein Vertrag ist wegen Wuchers (relativ) nichtig, wenn 1. eine Äquivalenzstörung zwischen Leistung und Gegenleistung, 2. eine Willensstörung des Bewucherten sowie 3. ein Ausbeuten der Lage des Bewucherten durch den Bewuchernden vorliegt.[35]

---

[31] *Riedler*, ZR I AT[8] Rz 23/10 ff.
[32] *Riedler*, ZR I AT[8] Rz 23/19.
[33] *Riedler*, ZR I AT[8] Rz 24/2.
[34] *Riedler*, ZR I AT[8] Rz 24/3.
[35] *Riedler*, ZR I AT[8] Rz 19/18.

Nach dem Sachverhalt verkauft J das Collier mit einem objektiven Wert von € 2.000,- zu einem Kaufpreis von nur € 1.000,-. Ein **auffallendes Wertmissverhältnisses** von Leistung und Gegenleistung ist zweifelsohne gegeben.

Zu prüfen ist daher in einem nächsten Schritt eine allfällige **Willensbildungsstörung** des Bewucherten. Diese kann ua auch im Vorliegen einer **Zwangslage** begründet sein. Zwangslage ist dabei anzunehmen, wenn der Bewucherte nur die Wahl hat, den ungünstigen Vertrag einzugehen oder einen noch größeren Nachteil in Kauf zu nehmen.[36] Für J stellt die Bekanntmachung seiner Affäre im Zeitpunkt des Vertragsschlusses sicherlich einen größeren Nachteil dar als der Verkauf des Colliers zum halben Preis. J befand sich somit in einer Zwangslage.

Es bleibt daher zu untersuchen, ob diese Zwangslage von K auch **ausgebeutet** wurde. Der Bewuchernde muss dabei die für die Willensbildung des Bewucherten ungünstige Situation zwar nicht herbeigeführt haben, sie aber vorsätzlich oder fahrlässig ausgenützt haben.[37] Da K die Lage des J nicht nur ausgenützt, sondern sie ja sogar selber herbeigeführt hat, ist von einer bewussten Ausnützung der Schwäche des J auszugehen. Da § 879 Abs 2 Z 4 ABGB lediglich den Schutz eines Vertragspartners bezweckt, ist das wucherische Geschäft nicht absolut nichtig, sondern bloß über Wunsch des Bewucherten aufhebbar (**„relative Nichtigkeit"**). Auch die relative Nichtigkeit wirkt ex-tunc.[38]

J kann den Kaufvertrag mit K damit auch unter Berufung auf Wucher gem § 879 Abs 2 Z 4 ABGB mit ex tunc Wirkung beseitigen.

Durch die Anfechtung des Kaufvertrages wegen Drohung entfällt der Kaufvertrag J – K mit dinglicher, also sachrechtlcher ex-tunc Wirkung rückwirkend auf den Vertragsschlusszeitpunkt. Damit hatte K niemals ein für den Eigentumserwerb erforderliches gültiges Titelgeschäft. Daher ist auch K niemals Eigentümer des Colliers geworden, vielmehr hat J sein Eigentum am Collier niemals verloren. J war und ist nach wie vor Eigentümer des Colliers und als solcher zur Erhebung der rei vindicatio **aktivlegitimiert**.

Da K auch **kein Recht zur Innehabung des Colliers** zukommt, kann J von K dessen Herausgabe verlangen.

Der Anspruch des J gegen K auf Herausgabe des Colliers gem § 366 ABGB besteht.

---

[36] *Riedler*, ZR I AT[8] Rz 19/18.
[37] *Riedler*, ZR I AT[8] Rz 19/18.
[38] *Riedler*, ZR I AT[8] Rz 19/20.

III. Anspruch des J gegen K auf Rückgabe des Colliers Zug um Zug gegen Rückzahlung von € 1.000,- gem § 877 ABGB

Voraussetzung für diesen Anspruch ist eine **rechtsgrundlose Leistung** des J an K. **Leistung** ist eine bewusste Vermögenszuwendung. J hat das Collier bewusst und gewollt an K zugewendet, also geleistet im Rechtssinne. **Rechtsgrundlos** ist eine Leistung, wenn entweder ein die Leistung rechtfertigender Grund von vornherein fehlt oder ein die Leistung rechtfertigender Rechtsgrund zwischen den Parteien zwar ursprünglich vorhanden war, dieser jedoch nachträglich beseitigt werden kann, sodass die Leistung durch den Entfall des Rechtsgrundes nachträglich (rückwirkend) rechtsgrundlos wird. Nach dem Sachverhalt ist zwischen J und K ein Kaufvertrag über das Collier des J zu einem Kaufpreis in Höhe von € 1.000,- zustande gekommen, sodass die Leistung des Colliers seitens J zunächst rechtmäßig, weil vom Rechtsgrund Kaufvertrag gedeckt, war. Da J den Kaufvertrag mit K allerdings wegen Drohung bzw Wuchers rückwirkend beseitigen kann, wird seine urspünglich rechtmäßige Leistung rückwirkend zur rechtsgrundlosen Leistung, welche (auch) bereicherungsrechtlich zurückgefordert (kondiziert) werden kann.

Der Anspruch des J gegen K auf Rückgabe des Colliers gem § 877 ABGB besteht.

Fall 14
Perlenhalskette und Handtasche

Schwerpunkte	**Eigentumsherausgabeklage**, derivativer und originärer **Eigentumserwerb**
Vorbereitung	*Riedler*, ZR I AT[8] (2022) 29. Kap Eigentumsrecht als dingliches Recht, Eigentumsklage 30. Kap Eigentumserwerb – Titel, Modus Berechtigung des Vormannes 31. Kap Derivativer/Originärer Eigentumserwerb, Eigentumsvorbehalt

Sachverhalt

Als **S** zu einer Veranstaltung eingeladen wird, bittet sie **A**, sich für diesen Anlass deren handgefertigte Perlenhalskette ausleihen zu dürfen. **A** willigt ein und händigt **S** die Halskette aus, die diese in ihre Wohnung verbringt und auf ihrer Kommode ablegt. Dort entdeckt **S**' Freundin **C** die Halskette, welche ihr so gut gefällt, dass sie **S** vorschlägt, ihr diese im Tausch gegen ihre neue Handtasche zu überlassen. **S**, die schon länger ein Auge auf die – im Handel mittlerweile ausverkaufte – Handtasche von **C** geworfen hat und sich diese einmalige Gelegenheit nicht entgehen lassen kann, erklärt sich einverstanden und folgt die Halskette gegen Erhalt der Handtasche an **C** aus. Nachdem **S** ihrer Schwester **A** gestanden hat, die Halskette an **C** überlassen zu haben, verlangt **A** diese von **C** zurück.

Prüfen Sie den Herausgabeanspruch der A gegen C.

Fünf Fragen zur Einführung

1. Welche **Personen** sind am Sachverhalt beteiligt?

2. Welche **Rechtsverhältnisse** bestehen zwischen den beteiligten Personen?

3. Welche **Leistungen** wurden zwischen diesen Personen bereits erbracht?

4. Wie lautet die **Fallfrage**?

5. Welche **Ansprüche** sind zu prüfen, wenn wir uns die Frage stellen: **Wer will was von wem aus welchem Rechtsgrund?**

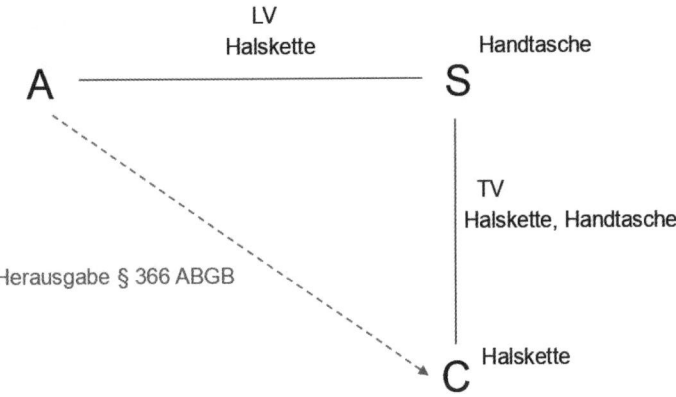

Anspruch der A gegen C auf Herausgabe der Perlenhalskette gemäß § 366 ABGB

Rechtsgutachten

Anspruch der A gegen C auf Herausgabe der Perlenhalskette gemäß § 366 ABGB

Die **Eigentumsherausgabeklage** (rei vindicatio) ist die Klage des die Sache nicht innehabenden Eigentümers gegen den die Sache innehabenden Nichteigentümer.[1] **Voraussetzungen** der Eigentumsherausgabeklage sind: 1. Individuell bestimmbare Sache, 2. Passivlegitimation des Beklagten, 3. Aktivlegitimtion des Klägers und 4. Kein Recht zur Innehabung druch den Beklagten.[2]

Erste Voraussetzung für die Eigentumsherausgabeklage ist das Vorliegen einer **individuell bestimmbaren Sache iSd § 370 ABGB**. Individuell bestimmbar sind Sachen, die durch die Angabe besonderer Merkmale, ihrer örtlichen Lage bzw durch besondere Kennzeichen individualisierbar (also von Sachen gleicher Art und Güte abgrenzbar) und damit identifizierbar sind.[3] Bei der Halskette handelt es sich um ein handgefertigtes und damit einzigartiges Schmuckstück, sodass ausreichende individuelle Bestimmbarkeit der Sache iSd § 370 ABGB gegeben ist.

Zweite Voraussetzung für die Eigentumsherausgabeklage ist, dass diese gegen den Sachinhaber gerichtet wird (**Passivlegitimation**). Sachinhaber ist nach der Legaldefinition des § 309 S 1 ABGB, „wer eine Sache in seiner Macht oder Gewahrsame hat".[4]

Dritte Voraussetzung für die Eigentumsherausgabeklage ist die **Aktivlegitimation des Klägers**. Am Ende des Sachverhaltes befindet sich die Halskette bei C, welche diese von S übergeben erhalten hat, sodass C passivlegitimiert ist. Dritte Voraussetzung für die rei vindicatio ist, dass der Kläger aktivlegitimiert ist, also entweder am Beginn des Sachverhaltes Eigentümer gewesen ist oder im Lauf des Sachverhaltes Eigentümer geworden ist und bis zum Schluss des Sachverhaltes Eigentümer geblieben ist.[5] A war zu Beginn des Sachverhaltes Eigentümerin der Halskette. Es ist zu prüfen, ob sie im Laufe des Sachverhaltes ihr Eigentum an der Halskette verloren hat.

---

[1]   *Riedler*, ZR I AT[8] Rz 29/7.
[2]   *Riedler*, ZR I AT[8] Rz 29/32.
[3]   *Riedler*, ZR I AT[8] Rz 29/9.
[4]   *Riedler*, ZR I AT[8] Rz 29/10.
[5]   *Riedler*, ZR I AT[8] Rz 29/12.

Verhältnis A – S

A könnte zunächst durch Überlassung der Halskette an S ihr Eigentum an dieser verloren haben. Für einen gültigen Eigentumserwerb sind erforderlich: 1. Titel, 2. Modus und 3. Berechtigung der Vorperson.[6]

S hat A gebeten, sich deren Halskette für eine Veranstaltung ausleihen zu dürfen, womit diese sich einverstanden erklärt und die Halskette an S übergeben hat. Zwischen A und S ist demnach ein Leihvertrag über die Halskette zustande gekommen, nach welchem S ein Recht zum unentgeltlichen Gebrauch der Perlenkette der A eingeräumt wird. Der Leihvertrag ist damit aber nur auf die Einräumung eines Gebrauchsrechts, nicht aber darauf gerichtet, dass S Eigentümerin der Halskette werden soll. Da als **Titel** für den Eigentumserwerb nur solche Rechtsgeschäfte in Betracht kommen, nach denen die Sache endgültig und unbeschränkt dem Erwerber zugehören soll[7], scheitert ein Eigentumserwerb der S an der Halskette bereits am dafür erforderlichen Titel. A hat ihr Eigentum an der Halskette daher nicht an S verloren.

Verhältnis S – C

Nach dem Sachverhalt tauscht S in der Folge die Halskette gegen die Handtache der C, sodass zu prüfen ist, ob A möglicherweise durch diese wirtschaftliche Transaktion über die Kette ihr Eigentumsrecht an der Halskette verloren hat. S ist mit C übereingekommen, dieser die Halskette im Tausch gegen deren neue Handtasche zu überlassen, wodurch zwischen S und C ein Tauschvertrag zustande gekommen ist.

Der Tauschvertrag ist tauglcher **Titel** für einen Eigentumserwerb der C, weil er darauf gerichtet ist, C das Eigentum an der Halskette zu verschaffen.[8]

Da S die Halskette an C real ausgefolgt hat, liegt auch der für bewegliche Sachen taugliche **Modus** einer körperlichen Übergabe im Sinne des § 426 ABGB vor.

S hatte sich allerdings die Halskette von A nur ausgeliehen und war damit weder Eigentümerin der Halskette noch darüber verfügungsberechtigt. Ein derivativer Eigentumserwerb von C an der Halskette scheitert daher aufgrund der **fehlenden Berechtigung der Vorperson** S.

---

[6] *Riedler*, ZR I AT[8] Rz 30/3.
[7] *Riedler*, ZR I AT[8] Rz 30/9.
[8] Vgl auch *Riedler*, ZR I AT[8] Rz 30/9.

Originärer Eigentsumerwerb der C?

Zu prüfen bleibt originärer Eigentumserwerb, welcher die fehlende Berechtigung des Vormannes substituiert.[9] Vier Voraussetzungen müssen vorliegen, damit die Bestimmung des § 367 ABGB die fehlende Berechtigung des Vormannes substituieren kann: 1. bewegliche körperliche Sache, 2. entgeltlicher Titel, 3. Redlichkeit des Erwerbers und 4. Vorliegen zumindest einer der drei Alternativvoraussetzungen des § 367 ABGB (Erwerb in öffentlicher Versteigerung, Erwerb von einem Unternehmer im gewöhnlichen Betrieb seines Unternehmens oder Erwerb vom Vertrauensmann des Eigentümers).

Bei der Halskette handelt es sich erstens um eine **bewegliche körperliche Sache** iSd §§ 292, 293 ABGB, welche ohne Verletzung ihrer Substanz von einer Stelle zur anderen versetzt werden kann.[10]

Der gutgläubige Eigentumserwerb muss zweitens auf einem **entgeltlichen Titel** beruhen. Entgeltlich ist ein Erwerb nach § 917 ABGB, wenn eine Sache um Erhalt einer Gegenleistung willen hingegeben wird. Beim Tauschvertrag handelt es sich um einen entgeltlichen Vertrag:[11] C hat ihre Handtasche um Erhalt der Halskette willen, S die Halskette um Erhalt der Handtasche willen hingegeben, sodass ein entgeltlicher Erwerb vorliegt.

Geschützt wird beim originären Eigentumserwerb drittens nur der **redliche (gutgläubige) Erwerber**. Nach § 368 Abs 1 ABGB ist redlich, wer weder weiß noch vermuten muss, dass die Sache nicht dem Veräußerer gehört.[12] Die Redlichkeit des Erwerbers entfällt bereits ab dessen leichter Fahrlässigkeit, wenn er also das fehlende Eigentum des Veräußerers (bzw beim Unternehmer die fehlende Verfügungsbefugnis) hätte erkennen müssen. Entscheidend ist, ob ein maßstabsgerechter sorgfältiger Mensch an der Stelle des Erwerbers Zweifel am Eigentum des Veräußerers (der Verfügungsbefugnis des Unternehmers) haben hätte müssen.[13] Die Redlichkeit des Erwerbers muss bei Abschluss des Titelgeschäftes vorliegen und (zumindest) bis zur Übergabe der Sache dauern. Lassen sich dem Sachverhalt keine Anhaltspunkte für oder gegen die Redlichkeit des Erwerbers entnehmen, so greift die Vermutung des § 328 S 2 ABGB ein, wonach im Zweifel Redlichkeit des Erwerbers anzunehmen ist. Es obliegt also dem bisherigen Eigentümer, die Unredlichkeit des Erwerbers im Prozess zu beweisen.[14] C hat die Halskette in der Wohnung von S auf deren eigener Kommode entdeckt, sodass C aufgrund des Aufbewahrungsortes der Halskette

---

9   *Riedler*, ZR I AT[8] Rz 31/15.
10   *Riedler*, ZR I AT[8] Rz 31/16.
11   Vgl auch *Riedler*, ZR I AT[8] Rz 31/18.
12   *Riedler*, ZR I AT[8] Rz 31/20.
13   *Riedler*, ZR I AT[8] Rz 31/22.
14   *Riedler*, ZR I AT[8] Rz 31/23 ff.

jedenfalls nicht vermuten musste, die Halskette könnte nicht ihrer Freundin S gehören. Im Sachverhalt finden sich auch sonst keine Hinweise dahingehend, dass C – etwa aufgrund der Beschaffenheit der Halskette oder den persönlichen Eigenschaften von S – vermuten musste, dass S nicht Eigentümerin der Halskette sein könnte. Damit ergeben sich aus dem Sachverhalt keine Anhaltspunkte gegen eine Redlichkeit von C, sodass im Einklang mit der Vermutung des § 328 S 2 ABGB von der Redlichkeit der C auszugehen ist.

Für einen originären Eigentumserwerb muss viertens auch zumindest **eine der drei Alternativen des § 367 ABGB** vorliegen. Da ein Erwerb in öffentlicher Versteigerung sowie ein Erwerb von einem Unternehmer im gewöhnlichen Betrieb seines Unternehmens mangels entsprechender Hinweise im Sachverhalt ausscheiden, kommt nur ein **Erwerb von einem Vertrauensmann** der Eigentümerin A in Betracht. Vertrauensmann ist jeder, dem der Eigentümer die Sache freiwillig übergeben hat, wobei die Sache in die ausschließliche Gewahrsame des Vertrauensmannes gelangt sein muss. Ausreichend ist auch das Vorliegen einer Vertrauensmännerkette, da auch der Vertrauensmann des Vertrauensmannes letztlich Vertrauensmann des Eigentümers ist.[15] A, die ursprüngliche Eigentümerin der Halskette, hat diese zunächst freiwillig in die ausschließliche Gewahrsame ihrer Schwester S übergeben, als sie sich einverstanden erklärte, ihr die Halskette für eine Veranstaltung zu leihen. S war daher Vertrauensperson der Eigentümerin A. S hat in der Folge die Halskette gegen die Handtasche der C eingetauscht, sodass C von S als Vertrauenperson der bisherigen Eigentümerin A erworben hat. Damit hat C nach § 367 ABGB originär Eigentum an der Halskette erworben.

A ist damit am Ende des Sachverhaltes nicht mehr Eigentümerin der Halskette und dahe auch **nicht** zur Erhebung der Eigentumsherausgabeklage (Vindikation) **aktivlegitimiert**.

Der Anspruch der A gegen C auf Herausgabe der Perlenhalskette gemäß § 366 ABGB besteht nicht.

---

[15] *Riedler,* ZR I AT[8] Rz 31/30 f.

Fall 15
Schallplatte

Schwerpunkte	**Stellvertretung, Überschreitung der Vollmacht,** falsus procurator, **nachträgliche Genehmigung,** rückwirkende Sanierung
Vorbereitung	*Riedler*, ZR I AT[8] (2022) 26. Kap Direkte Stellvertretung 27. Kap Vertretung ohne Vollmacht

Sachverhalt

A hat kürzlich ihre Vorliebe für Schallplatten entdeckt und bevollmächtigt ihre Schwester **S**, für sie das neueste Album der Musikgruppe X im Schallplattenladen von **B** zu erwerben. Da **S** das gewünschte Album dort nicht erhält, kauft sie stattdessen im Namen von **A** das neueste Album des Solokünstlers Y, dessen Musikstil jenem der Musikgruppe X stark ähnelt. Mit **B** vereinbart sie, dass dieser sich wegen der Bezahlung des Kaufpreises von € 70.- an **A** wenden werde. Als **S** der **A** die Schallplatte von Y präsentiert, ist diese zunächst wenig erfreut, findet nach erstem Probehören aber zumindest ein wenig Gefallen daran und äußert anschließend gegenüber **S**, der Kauf dieser Schallplatte sei „schon in Ordnung" gewesen. **B** hat **A** bereits um Begleichung des Kaufpreises für die Schallplatte ersucht, bis dato jedoch noch keine Zahlung erhalten.

Wie ist die Rechtslage?
Schadenersatz- und bereicherungsrechtliche Ansprüche sind nicht zu prüfen!

Fünf Fragen zur Einführung

1. Welche **Personen** sind am Sachverhalt beteiligt?

2. Welche **Rechtsverhältnisse** bestehen zwischen den beteiligten Personen?

3. Welche **Leistungen** wurden zwischen diesen Personen bereits erbracht?

4. Wie lautet die **Fallfrage**?

5. Welche **Ansprüche** sind zu prüfen, wenn wir uns die Frage stellen: **Wer will was von wem aus welchem Rechtsgrund?**

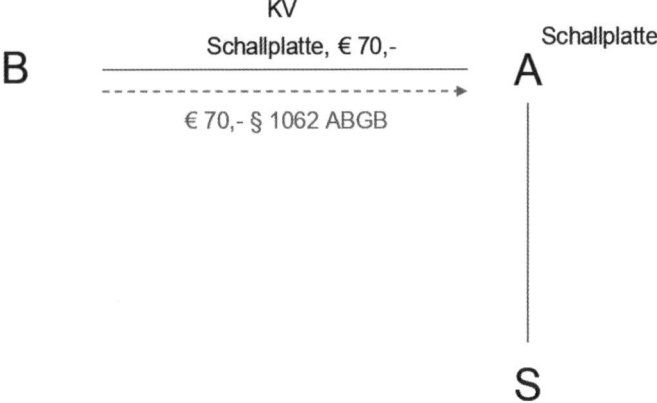

Anspruch des B gegen A auf Zahlung von € 70.- gemäß § 1062 ABGB

Rechtsgutachten

Anspruch des B gegen A auf Zahlung von € 70.- gemäß § 1062 ABGB

Voraussetzung für diesen Anspruch ist, dass zwischen A und B ein gültiger Kaufvertrag über die Schallplatte des Solokünstlers Y zustande gekommen ist. Nach dem Sachverhalt hat gegenüber B nicht A selber, sondern S gehandelt. Fraglich ist daher, ob durch das faktische Handeln von S gegenüber B aus rechtlicher Perspektive ein wirksamer Kaufvertrag zwischen A und B geschlossen wurde, ob also S als direkte Stellvertreterin der A diese gegenüber B unmittelbar berechtigten und verpflichten und damit einen Kaufvertrag zwischen A und B zustandebringen konnte. Dafür müssen die drei Voraussetzungen der **direkten Stellvertretung** kumulativ erfüllt sein: 1. Offenlegungsgrundsatz, 2. zumindest beschränkte Geschäftsfähigkeit des Vertreters und 3. zureichende Vollmacht des Vertreters.[1]

Kaufvertrag A – B: direkte Stellvertretung der A durch S gegenüber B?

Erste Voraussetzung ist, dass sich der Stellvertreter dem Dritten gegenüber als Stellvertreter des Geschäftsherrn zu erkennen gibt, der Stellvertreter muss also gegenüber dem Dritten zu erkennen geben, dass er nicht im eigenen, sondern im fremden Namen (jenem des Geschäftsherrn) agiert (**Handeln im fremden Namen**). Dafür reicht, wenn der Handelnde im Namen eines anderen auftritt, also etwa die Existenz einer Vollmacht behauptet oder sich auf eine Vollmacht beruft.[2] Der Vertreter muss dem Dritten klar machen, dass er für einen anderen den Vertrag abschließt, er also kein Eigengeschäft tätigt (**Offenlegungsgrundsatz**).[3] Nach dem Sachverhalt hat S die Schallplatte „im Namen von A" gekauft und ist damit gegenüber B ausdrücklich im Namen der A aufgetreten, sodass aus der Perpektive des B klar war, dass S kein Eigengeschäft schließt, sondern im Namen der vertretenen A agiert.

Zweite Voraussetzung der direkten Stellvertretung ist die **zumindest beschränkte Geschäftsfähigkeit des Stellvertreters**. Beschränkt geschäftsfähig sind Kinder ab dem siebten Lebensjahr.[4] Da S nach dem Sachverhalt etwa über eine eigene Wohnung verfügt, ist davon auszugehen, dass sie das siebte Lebensjahr bereits vollendet hat, sodass auch diese Voraussetzung erfüllt ist.

---

[1] *Riedler,* ZR I AT[8] Rz 26/4.
[2] *Riedler,* ZR I AT[8] Rz 26/8 f.
[3] *Riedler,* ZR I AT[8] Rz 26/10.
[4] *Riedler,* ZR I AT[8] Rz 26/17.

Dritte Voraussetzung für wirksames Handeln des Stellvertreters zugunsten und zulasten des vertretenen Geschäftsherrn ist **zureichende Vollmacht des Stellvertreters**.[5] (Zureichende) Vollmacht kann sich aus dem Gesetz, organschaftlicher Stellung oder aus rechtsgeschäftlicher Bevollmächtigung ergeben.[6] Jedes Rechtssubjekt kann im Rahmen der Privatautonomie einem anderen Rechtssubjekt rechtsgeschäftlich durch einseitige, empfangsbedürftige, idR formfreie ausdrückliche oder konkludente Willenserklärung Vertretungsmacht (Vollmacht) erteilen.[7] Vollmacht ist rechtliches Können des Stellvertreters im Außenverhältnis, im Namen des vertretenen Geschäftsherrn gegenüber Dritten tätig zu werden. Da den Vertreter keine Handlungspflicht trifft, reicht zur Erteilung von Vollmacht einseitige, empfangsbedürftige Willenserklärung des Machtgebers (Geschäftsherrn) aus, eine „Annahmeerklärung" des den Stellvertreter ist also nicht erforderlich. Die Vollmachtserklärung kann der Gewaltgeber entweder gegenüber dem Vertreter (interne Vollmacht) oder gegenüber dem Dritten (externe Vollmacht) abgeben.[8] A hat gegenüber S eine interne (ausdrückliche) Vollmachtserklärung hinsichtlich des Ankaufs einer Schallplatte abgegeben, die dieser offensichtlich auch zugegangen ist. A hat S daher wirksam Vollmacht erteilt. Diese Vollmacht war sachlich auf den Ankauf des neuesten Albums der Musikgruppe X beschränkt und umfasste nicht (auch) die Befugnis zum Ankauf einer Schallplatte des Solokünstlers Y im Namen der A. Beim Kauf der Schallplatte des Solokünstlers Y hat S daher außerhalb der sachlichen Grenzen der Vollmacht gehandelt und damit ohne zureichende Vollmacht gehandelt.

Vertretung ohne Vollmacht der S

Überschreitet der Stellvertreter (gewollt oder ungewollt) eine existente, aber betragsmäßig oder sachlich beschränkte Vollmacht, so handelt er als sogenannter **falsus procurator**, also als Vertreter ohne Vertretungsmacht. Vollmachtloses Handeln des Stellvertreters im Namen des Geschäftsherrn gegenüber dem Dritten kann den Geschäftsherrn gegenüber dem Dritten weder unmittelbar berechtigen noch verpflichten. Die vom Vertreter im Namen des Geschäftsherrn ohne (ausreichende) Vollmacht vorgenommene Rechtshandlung ist für den Geschäftsherrn daher unverbindlich. Dabei ist aber nicht absolut nichtig, sondern zunächst nur **schwebend unwirksam**.[9] Der Geschäftsherr kann das schwebend unwirksame Geschäft nach freiem Belieben rückwirkend auf den Vertragsschlusszeitpunkt durch **ausdrückliche oder konkludente Willenserklärung** iSd § 863 ABGB oder durch

---

5   *Riedler*, ZR I AT[8] Rz 26/19.
6   *Riedler*, ZR I AT[8] Rz 26/21 ff.
7   *Riedler*, ZR I AT[8] Rz 26/24.
8   *Riedler*, ZR I AT[8] Rz 26/29.
9   *Riedler*, ZR I AT[8] Rz 27/2 f.

Vorteilszuwendung iSd § 1016 ABGB nachträglich genehmigen. Die Genehmigung durch Willenserklärung kann nachträglich entweder gegenüber dem falsus procurator oder gegenüber dem Geschäftspartner erfolgen.[10] Nach dem Sachverhalt hat A nach erstem Probehören gegenüber S geäußert, dass der Kauf der Schallplatte des Solokünstlers Y „schon in Ordnung" gewesen sei. Diese Erklärung ist dahin zu verstehen, dass A mit dem Kauf der Schallplatte einverstanden ist, sodass in der Aussage der A eine Genehmigung des schwebend unwirksamen Geschäfts durch **interne ausdrückliche Genehmigungserklärung** gegenüber S zu erblicken ist. Der **Kaufvertrag** über die Schallplatte wurde **damit rückwirkend auf den Vertragsschlusszeitpunkt saniert**.

Der Anspruch des B gegen A auf Bezahlung von € 70.- gemäß § 1062 ABGB besteht.

---

[10]   *Riedler,* ZR I AT[8] Rz 27/8 f.

Fall 16
Grundstück und Münzen

Schwerpunkte	Stellvertretung, **Haftung des falsus procurator**, Rückforderungsanspruch, Ersatz des **Vertrauensschadens**, Begrenzung mit **hypothetischem Erfüllungsinteresse**, Eigentumsherausgabeklage, **Scheingeschäft**, gutgläubiger Eigentumserwerb des redlichen Dritten
Vorbereitung	*Riedler*, ZR I AT[8] (2022) 16. Kap Vertragsschusshindernisse I – Rechtsfolgenüberblick 17. Kap Ernstlichkeit, Mentalreservation, Schein- und Umgehungsgeschäft 19. Kap Gesetz- und Sittenwidrigkeit – Wucher 26. Kap Direkte Stellvertretung 27. Kap Vertretung ohne Vollmacht 29. Kap Eigentumsrecht als dingliches Recht, Eigentumsklage 30. Kap Eigentumserwerb – Titel, Modus, Berechtigung des Vormannes 31. Kap Derivativer/originärer Eigentumserwerb, Eigentumsvorbehalt

Sachverhalt

A ist Prokurist der auf den Vertrieb von Arzneimitteln spezialisierten **B-GmbH**. Da das Geschäft mit COVID19-Tests massiv an Umsatz eingebüßt hat, entschließt er sich zum Verkauf eines Teiles des Betriebsgeländes an **Z**. **A** veräußert daher ein Grundstück im Ausmaß von 2000 m² im Namen der **B-GmbH** um € 80.000,- (Marktwert € 90.000,-) an **Z**, welcher bereits einige Tage später den Kaufpreis auf das Geschäftskonto der **B-GmbH** einzahlt. Für Nebenkosten (Makler-, Notar-, Aufschließungs- und Vermessungsgebühr) begleicht **Z** insgesamt € 15.000,-. Als die Gesellschafter vom Verkauf erfahren, sind sie bestürzt, denn sie wollen „keinesfalls" verkaufen. **A** beruft sich auf seine Prokura nach den §§ 48 ff UGB, die auch diesen Verkauf abdecke, die Gesellschafter darauf, dass sie nur „Prokura nach den §§ 48 ff UGB" erteilt hatten. **Z** verlangt Räumung und Überlassung des Grundstückes.

Da **A** eine größere Schuldensumme beim Finanzamt angesammelt hat, sucht er nach Möglichkeiten, um gewisse Vermögenswerte dem Zugriff des Finanzamtes zu entziehen. Aus diesem Grund schließt er einen schriftlichen „Kaufvertrag" mit seiner Schwester **C** ab, in welchem der Verkauf seiner Münzsammlung um € 5.000,- (objektiver Wert: EUR 11.000,-) bekundet wird, obwohl sich die beiden darüber einig sind, dass die Münzen bei **C** nur deponiert werden sollen, damit sie im Falle einer Steuerprüfung nicht beschlagnahmt werden können. **C** verschenkt die Münzsammlung an ihren Sohn **D** zum 18. Geburtstag, der auf die Zusicherung seiner Mutter vertraut hat, dass diese die Münzen rechtmäßig von **A** erworben habe. Nach Abschluss aller Finanzverfahren verlangt **A** Herausgabe der Münzsammlung von **D**.

Wie ist die Rechtslage?

Fünf Fragen zur Einführung

1. Welche **Personen** sind am Sachverhalt beteiligt?

2. Welche **Rechtsverhältnisse** bestehen zwischen den beteiligten Personen?

3. Welche **Leistungen** wurden zwischen diesen Personen bereits erbracht?

4. Wie lautet die **Fallfrage**?

5. Welche **Ansprüche** sind zu prüfen, wenn wir uns die Frage stellen: **Wer will was von wem aus welchem Rechtsgrund?**

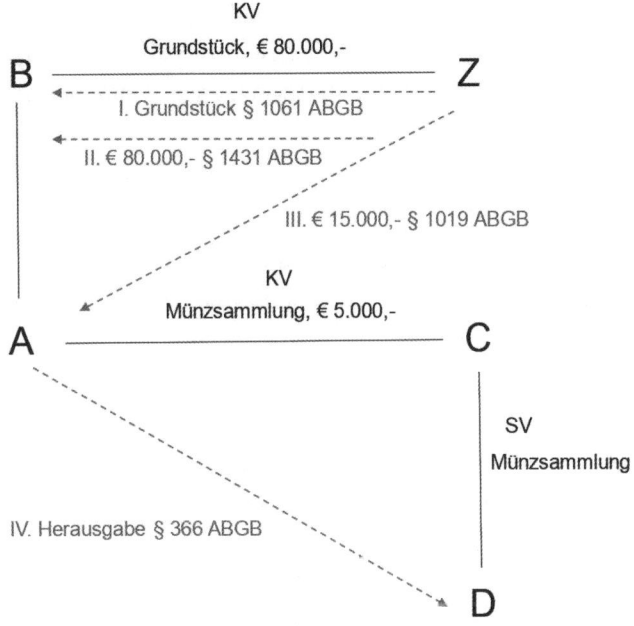

I. **Anspruch des Z gegen die B-GmbH auf Räumung und Überlassung des Grundstückes gemäß § 1061 ABGB**

II. **Anspruch des Z gegen die B-GmbH auf Rückzahlung von € 80.000,- gemäß § 1431 ABGB**

III. **Anspruch des Z gegen A auf Ersatz der Nebenkosten iHv € 15.000,- gemäß § 1019 ABGB**

IV. **Anspruch des A gegen D auf Herausgabe der Münzen gemäß § 366 ABGB**

Rechtsgutachten

I. Anspruch des Z gegen die B-GmbH auf Räumung und Überlassung des Grundstückes gemäß § 1061 ABGB

Voraussetzung für diesen Anspruch ist ein gültiger Kaufvertrag, der als Konsensualvertrag gemäß § 1054 iVm § 861 durch zwei übereinstimmende Willenserklärungen (Angebot und Annahme) zustande kommt.

Nach dem Sachverhalt hat der Prokurist A im Namen der B-GmbH deren Grundstück an Z verkauft. Fraglich ist, ob durch dieses Handeln des A ein Kaufvertrag über das Grundstück zwischen der B-GmbH und Z zustande kam. Daher muss zunächst festgestellt werden, ob A die B-GmbH durch sein rechtsgeschäftliches Handeln direkt berechtigen bzw verpflichten konnte. Dies ist der Fall, wenn die **Voraussetzungen der direkten Stellvertretung** erfüllt sind. Drei Voraussetzungen müssen (kumulativ) erfüllt sein, damit das Handeln des Stellvertreters zu unmittelbaren Wirkungen für/gegen den Geschäftsherrn A führt: 1. Offenlegungsgrundsatz (Offenlegung des Handelns in fremdem Namen; Handeln des Stellvertreters im Namen des Geschäftsherrn gegenüber dem Dritten), 2. (Zumindest beschränkte) Geschäftsfähigkeit des Stellvertreters und 3. (Zureichende) Vertretungsmacht (Vollmacht) des Stellvertreters.[1]

Voraussetzung direkter Stellvertretung ist, dass sich der Stellvertreter dem Dritten gegenüber „als Stellvertreter" des Geschäftsherrn zu erkennen gibt (**Handeln in fremdem Namen**).[2] Laut Sachverhalt verkauft A das Grundstück nicht in eigenem, sondern in fremdem Namen, nämlich jenem der B-GmbH.

Als (volljähriger) Prokurist ist A zweifelsohne (zumindest beschränkt) **geschäftsfähig**, also über sieben Jahre alt.[3]

Wirksames Handeln des Stellvertreters zugunsten und zulasten des vertretenen Geschäftsherrn setzt **zureichende Vollmacht** des Stellvertreters voraus.[4] Die Vertretungsmacht kann dem Stellvertreter vom Geschäftsherrn auf verschiedene Arten eingeräumt werden. In Betracht kommen gesetzliche bzw durch gerichtliche Bestellung

---

[1] *Riedler*, ZR I AT[8] Rz 26/7.
[2] *Riedler*, ZR I AT[8] Rz 26/8.
[3] *Riedler*, ZR I AT[8] Rz 26/17.
[4] *Riedler*, ZR I AT[8] Rz 26/19.

begründete Vertretungsmacht, organmäßige Vertretungsmacht (Vollmachtserteilung durch Satzung bei juristischen Personen zugunsten der gesetzlich vorgesehenen Vertretungsorgane) und Bevollmächtigung (durch einseitige/s Willenserklärung/ Rechtsgeschäft des Geschäftsherrn eingeräumte Vertretungsmacht).[5] Die B-GmbH ist eine juristische Person. Juristische Personen handeln durch ihre nach der Satzung zu ihrer Vertretung berufenen Organe.[6] So ist etwa der Geschäftsführer einer GmbH organmäßiger Vertreter einer GmbH (§ 15 ff GmbHG). Allerdings können auch andere (Einzel)Personen eine juristische Person vertreten, wenn ihnen von den verfassungsmäßig dazu berufenen Organen dazu eine rechtsgeschäftliche Einzelvollmacht erteilt wurde. In diesem Sinne kann daher auch ein **Prokurist** nach den §§ 48 ff UGB bevollmächtigt werden,[7] wobei zu beachten ist, dass der Umfang einer erteilten Prokura in § 49 UGB gesetzlich umrissen ist. Die Prokura ermächtigt nach § 49 Abs 1 UGB zu allen Arten von gerichtlichen und außergerichtlichen Geschäften und Rechtshandlungen, die der Betrieb eines Unternehmens mit sich bringt; für diese bedarf es keiner besonderen Vollmacht nach § 1008 ABGB. Nach § 49 Abs 2 UGB ist ein Prokurist aber zur **Veräußerung und Belastung von Grundstücken** nur ermächtigt, wenn ihm diese Befugnis besonders erteilt worden wäre. Nach dem Sachverhalt hatten die Gesellschafter dem A nur „Prokura nach den §§ 48 ff UGB" erteilt, sodass A beim Verkauf des Grundstückes seine Vertretungsmacht überschritten hat, er hat ohne (zureichende) Vollmacht gehandelt.

Vollmachtloses Handeln des Stellvertreters im Namen des Geschäftsherrn gegenüber dem Dritten kann den Geschäftsherrn gegenüber dem Dritten weder unmittelbar berechtigen noch unmittelbar verpflichten. Die vom Vertreter im Namen des Geschäftsherrn ohne (ausreichende) Vollmacht vorgenommene Rechtshandlung ist für den Geschäftsherrn daher unverbindlich, dh schwebend unwirksam.[8] War die Rechtshandlung des Vertreters auf einen Vertragsschluss des Geschäftsherrn mit dem Dritten gerichtet, so kommt weder ein Vertrag des Dritten mit dem Geschäftsherrn zustande – dafür fehlt es an einer zureichenden Vollmacht – noch ein Vertrag des Dritten mit dem Vertreter ohne Vollmacht – dafür fehlt es am Handeln in eigenem Namen –, da der Vertreter in fremdem (Namen des Geschäftsherrn), nicht aber in eigenem Namen gehandelt hat.[9] Das vollmachtlose Geschäft ist **schwebend unwirksam**, bindet also den Geschäftsherrn nicht. Der Geschäftsherr kann allerdings das schwebend unwirksame Geschäft rückwirkend (auf den Vertragsschlusszeitpunkt) genehmigen, wofür ihm grundsätzlich zwei Möglichkeiten zur Verfügung stehen. Zum einen

---

[5]   *Riedler*, ZR I AT[8] Rz 26/21.
[6]   *Riedler*, ZR I AT[8] Rz 26/23.
[7]   *Riedler*, ZR I AT[8] Rz 26/23.
[8]   *Riedler*, ZR I AT[8] Rz 27/3.
[9]   *Riedler*, ZR I AT[8] Rz 27/4.

ist nachträgliche Genehmigung durch Willenserklärung nach § 863 denkbar, zum anderen nachträgliche Genehmigung durch Vorteilszuwendung iSd § 1016 möglich.[10] Als die Gesellschafter der B-GmbH vom Verkauf erfahren, sind sie bestürzt, denn sie wollen „keinesfalls" verkaufen, damit wurde das Geschäft auch nicht nachträglich genehmigt.

Der Anspruch des Z gegen die B-GmbH auf Räumung und Überlassung des Grundstückes gemäß § 1061 ABGB besteht nicht.

II. Anspruch des Z gegen die B-GmbH auf Rückzahlung von € 80.000,- gemäß § 1431 ABGB

Hat der Dritte seine Leistungen bereits an den „Geschäftsherrn" erbracht, wird aber das schwebend unwirksame Rechtsgeschäft nicht genehmigt, so kann der Dritte die bereits erbrachte Leistung nach § 1431 ABGB (Irrtümliche Leistung einer Nichtschuld, condicitio indebiti) kondizieren. Es kommt weder ein derivativer noch ein originärer Eigentumserwerb des Geschäftsherrn noch des Dritten (an der Gegenleistung) in Betracht, da beiden Personen der für den Eigentumserwerb erforderliche Titel fehlt, da der Vertrag Geschäftsherr – Dritter mangels Genehmigung unwirksam ist.[11] Somit kann Z die bereits geleistete Zahlung von € 80.000.- nach § 1431 ABGB bereicherungsrechtlich zurückverlangen (kondizieren).

Der Anspruch des Z gegen die B-GmbH auf Rückzahlung von € 80.000,- gemäß § 1431 ABGB besteht.

III. Anspruch des Z gegen A auf Ersatz der Nebenkosten iHv € 15.000,- gemäß § 1019 ABGB

Genehmigt der Geschäftsherr das vollmachtlose Handeln nicht, so „erlischt" das schwebend unwirksame Geschäft endgültig, der Schwebezustand wird beseitigt. In diesem Fall stellt sich die Frage nach der Haftung des falsus procurator (Scheinvertreters). Wer als Vertreter eines anderen im rechtsgeschäftlichen Verkehr auftritt, hat seine **Vollmacht zu prüfen** und den Geschäftspartner über deren Nichtbestehen oder diesbezügliche Zweifel über die Reichweite der Vollmacht **aufzuklären**. Unterlässt der Vertreter diese Kontrolle schuldhaft, so haftet er dem Dritten für den **Vertrauensschaden** (§ 1019 ABGB).[12]

---

[10] *Riedler*, ZR I AT[8] Rz 27/8.
[11] *Riedler*, ZR I AT[8] Rz 27/14.
[12] *Riedler*, ZR I AT[8] Rz 27/17 f.

Z hat im Vertrauen auf die Gültigkeit des Geschäftes die Nebenkosten iHv € 15.000,- bereits bezahlt. Dabei handelt es sich um einen **Vertrauensschaden**, das sind all jene Schäden, die der Dritte nicht erlitten hätte, wenn der Scheinvertreter über den Vollmachtsmangel pflichtgemäß aufgeklärt hätte, sodass sich der Dritte nicht auf die Gültigkeit der Vollmacht und damit des Geschäftes verlassen hätte (sog negatives Vertragsinteresse).[13] Zu beachten ist allerdings, dass die Ersatzpflicht des falsus procurator nach § 1019 S 2 ABGB mit dem gedachten **(hypothetischen) Erfüllungsinteresse** des Dritten begrenzt ist. [14] Übersteigt also der Vertrauensschaden jenen Betrag, den der Dritte bei Gültigkeit des Vertrages gewonnen hätte (Wert der Gegenleistung abzüglich des Wertes der eigenen Leistung), so ist der Ersatzanspruch des Dritten mit dem gedachten Erfüllungsinteresse aus dem unwirksamen Geschäft limitiert, da er die darüber hinausgehenden Nachteile auch bei ordnungsgemäßer Erfüllung selbst hätte tragen müssen. Der Grund für die Beschränkung liegt darin, dass der Ersatz (des Vertrauensschadens) seinem Zweck nach dafür zustehen soll, dass der falsus procurator nicht pflichtgemäß über seine fehlende/mangelnde Vollmacht und die daraus resultierende Unwirksamkeit des Vertrages aufgeklärt hat und aus diesem Grund dem Dritten etwa Auslagen angefallen sind; der falsus procurator soll jedoch nicht dazu herangezogen werden können, sämtliche Risiken geschäftlicher Disposition des Dritten („Fehlspekulationen oder Ungeschicklichkeit") abzudecken. Wenn der Dritte den Vollmachtsmangel kennen musste, so trifft ihn Mitverschulden und es kommt zur Schadensteilung nach § 1304. Kannte dagegen der Dritte den Vollmachtsmangel, so haftet der falsus procurator dem Dritten, der in dieser Konstellation nicht schutzbedürftig ist, überhaupt nicht.[15] Das hypothetische Erfüllungsinteresse beträgt im vorliegenden Fall € 10.000,- (Wert der Gegenleistung iHv € 90.000,- abzüglich des Wertes der eigenen Leistung iHv € 80.000,-). Z kann damit nicht die gesamten Nebengebühren von € 15.000,- begehren, sondern nur € 10.000,-.

A hat die Reichweite seiner Prokura im Vorhinein auf die Frage zu prüfen, ob er zum Abschluss eines solchen Geschäftes ermächtigt ist.[16] Da er dies unterlässt und die gesetzlich vorgegebenen Grenzen seiner Prokura überschreitet, handelt er **objektiv sorgfalts- und damit rechtswidrig**.

---

13   *Riedler*, ZR I AT[8] Rz 27/19.
14   *Riedler*, ZR I AT[8] Rz 27/20.
15   *Riedler*, ZR I AT[8] Rz 27/20.
16   *Riedler*, ZR I AT[8] Rz 27/17 f.

Dieses sorgfalts- und damit rechtswidrige Verhalten des A war **kausal iSd Äquivalenztheorie**,[17] da Z bei ordnungsgemäßer Aufklärung den Vertrauensschaden nicht erlitten hätte.

Auch kann dem A das objektiv sorgfaltswidrige Verhalten **subjektiv vorgeworfen** (Verschulden) werden; A hat zumindest fahrlässig gehandelt.[18]

Der Anspruch des Z gegen A auf Ersatz der Nebenkosten iHv € 15.000,- gemäß § 1019 ABGB besteht nur in einer Höhe von € 10.000,-.

IV. Anspruch des A gegen D auf Herausgabe der Münzen gemäß § 366 ABGB

Die **Eigentumsherausgabeklage** (rei vindicatio) ist die Klage des die Sache nicht innehabenden Eigentümers gegen den die Sache innehabenden Nichteigentümer.[19] **Voraussetzungen** der Eigentumsherausgabeklage sind: 1. Individuell bestimmbare Sache, 2. Passivlegitimation des Beklagten, 3. Aktivlegitimation des Klägers und 4. Kein Recht zur Innehabung durch den Beklagten.[20]

Nach § 370 ABGB kann der Eigentümer nur individuell bestimmbare Sachen vindizieren. **Individuell bestimmbar** sind Sachen, die von Sachen gleicher Art und Güte abgrenzbar und damit identifizierbar sind. Individualisierbar sind alle Sachen, die durch ein solches Merkmal gekennzeichnet sind, aus dem sich die Identität einer in der Gewahrsame des Gegners befindlichen Sache mit der beanspruchten Sache ergibt.[21] Die Münzsammlung ist sowohl durch die vorhandenen Gebrauchsspuren als auch durch den nachvollziehbaren Weg, den diese im Laufe des Sachverhalts zurückgelegt hat, individuell bestimmbar.[22]

Zweite Voraussetzung für die Eigentumsherausgabeklage ist, dass diese gegen den Sachinhaber gerichtet wird (**Passivlegitimation**). Sachinhaber ist nach der Legaldefinition des § 309 S 1 ABGB, *„wer eine Sache in seiner Macht oder Gewahrsame hat"*. D hat am Ende des Sachverhaltes die Münzen inne und ist somit als Sachinhaber passivlegitimiert.[23]

---

[17]   *Riedler*, ZR I AT[8] Rz 27/20.
[18]   *Riedler*, ZR I AT[8] Rz 27/20.
[19]   *Riedler*, ZR I AT[8] Rz 29/7.
[20]   *Riedler*, ZR I AT[8] Rz 29/8.
[21]   *Riedler*, ZR I AT[8] Rz 29/9.
[22]   *Riedler*, ZR I AT[8] Rz 29/9.
[23]   *Riedler*, ZR I AT[8] Rz 29/10.

Dritte Voraussetzung der rei vindicatio ist die **Aktivlegitimation des Klägers**. Der Kläger muss also entweder am Beginn des Sachverhaltes Eigentümer gewesen oder im Lauf des Sachverhaltes Eigentümer geworden und bis zum Schluss des Sachverhaltes Eigentümer geblieben sein. Denn nur wenn der Kläger auch am Ende des Sachverhaltes (noch) Eigentümer ist, kann er die Sache als Eigentümer vom Sachinhaber vindizieren. A war zu Beginn des Sachverhaltes Eigentümer der Münzen. Zu prüfen bleibt jedoch, ob A im Laufe des Sachverhaltes das Eigentum an den Münzen verloren hat bzw am Ende des Sachverhaltes (noch oder wieder) Eigentümer der Münzen ist. Zur Prüfung dieser Frage ist zu analysieren, wie sich die verschiedenen wirtschaftlichen Transaktionen über die Münzen auf das Eigentumsrecht an den Münzen ausgewirkt haben, ob also A durch die verschiedenen (idR wirtschaftlichen) Transaktionen über die Münzen das Eigentumsrecht an den Münzen verloren hat.

Transaktion A – C

A könnte sein Eigentum zunächst an C verloren haben, was (nur dann der Fall ist, wenn C an den Münzen Eigentum erworben hat. Ein **derivativer Eigentumserwerb der C** verlangt nach dem Prinzip der kausalen Tradition **1. Titel, 2. Modus und 3. Berechtigung der Vorperson**.[24] Fraglich ist, ob der zwischen A und C abgeschlossene Vertrag hierfür als Titel in Betracht kommt.

Erste Voraussetzung ist ein gültiges Titelgeschäft, das einen Eigentumserwerb der C rechtfertigt. Das erforderliche Titelgeschäft könnte in einem zwischen A und C gültig geschlossenen Kaufvertrag liegen. Da A eine größere Schuldensumme beim Finanzamt angesammelt hat, sucht er nach Möglichkeiten, um gewisse Vermögenswerte dem Zugriff des Finanzamtes zu entziehen. Aus diesem Grund schließt er einen schriftlichen „Kaufvertrag" mit seiner Schwester C ab, in welchem der Verkauf seiner Münzsammlung um € 5.000,- (objektiver Wert: € 11.000,-) bekundet wird, obwohl sich die beiden darüber einig sind, dass die Münzen bei C nur deponiert werden sollen, damit sie im Falle einer Steuerprüfung nicht beschlagnahmt werden können. Ein **Scheingeschäft** (simuliertes Geschäft) liegt vor, wenn beide Vertragsparteien übereinstimmend im gegenseitigen Einverständnis wechselseitige Erklärungen abgeben, die nicht die aus der Sicht eines objektiv-redlichen Dritten als gewollt erscheinenden Rechtsfolgen auslösen sollen. Beide Parteien wissen, dass sie bloß zum Schein Erklärungen abgeben (einen Vertragsschluss vortäuschen) und beide Parteien wollen übereinstimmend nicht an den objektiven Erklärungswert (den bloß vorgetäuschten Vertrag) gebunden sein (Scheingeschäft).[25]

---

[24] *Riedler*, ZR I AT[8] Rz 30/3.
[25] *Riedler*, ZR I AT[8] Rz 17/14.

Scheingeschäfte sind empfangsbedürftige Willenserklärungen, die mit Einverständnis des Empfängers vom Erklärenden nur zum Schein abgegeben werden und nicht die aus der Sicht eines objektiv-redlichen Dritten als gewollt erscheinenden Rechtsfolgen auslösen sollen.[26] Scheingeschäfte sind nach österreichischem Recht entsprechend der Diktion des § 916 Abs 1 S 1 nichtig, was sich klar aus der angeführten Norm ergibt.[27] Die **absolute Nichtigkeit** des Rechts(Schein)geschäftes ist logische Konsequenz des Umstandes, dass beiden Parteien die entsprechende Ernstlichkeit bei Abgabe der jeweils eigenen Erklärung fehlt und dieser fehlende Ernstlichkeitswille auch der jeweils anderen Partei bekannt ist. Insofern schlägt die Willenstheorie gegenüber der Vertrauenstheorie durch.[28] Der Kaufvertrag zwischen A und C wurde zu dem Zweck abgeschlossen, dass A dem Finanzamt, bei dem er eine größere Schuldensumme angesammelt hat, Vermögenswerte entzieht. Sowohl dem A als auch der C war klar, dass sie nicht tatsächlich an dieses Geschäft gebunden sein wollen. In Wirklichkeit sollen die Münzen nur bei der C deponiert werden, damit sie im Falle einer Steuerprüfung nicht beschlagnahmt werden. Es liegt somit ein Scheingeschäft vor. Der Kaufvertrag ist nach § 916 Abs 1 S 1 ABGB absolut nichtig,[29] womit ein den Eigentumsübergang rechtfertigender Titel fehlt.

Aus § 916 Abs 1 S 2 ABGB ergibt sich klar, dass die Frage nach der Gültigkeit des **dissimulierten Geschäftes** nach allgemeinen Regeln zu beurteilen ist. Demgemäß ist zu prüfen, ob das dissimulierte Geschäft gültig wäre, wenn es erklärt worden wäre, sodass aus juristischer Perspektive zu überlegen ist, ob das dissimulierte Geschäft bezüglich der Form, Erlaubtheit, Klagbarkeit, Steuerfolgen, Gesetzwidrigkeit etc nach allgemeinen Regeln gültig ist.[30] Da sich C bereit erklärt, die Münzen bei ihr zu deponieren ist zwischen A und C ein **Verwahrungsvertrag** nach den §§ 957 ff ABGB zustande gekommen. Hinsichtlich der Gültigkeit des Verwahrungsvertrages ist zwar zu bedenken, dass der Verwahrungsvertrag ein Realvertrag ist, sodass das Zustandekommen des Vertrages nicht nur die Parteieneinigung, sondern zusätzlich auch die Übergabe des zu verwahrenden Gegenstandes erfordert,[31] doch wurden nach dem Sachverhalt die Münzen ohnedies von A an C real ausgefolgt, also tatsächlich übergeben. Dieser Vertrag lässt die eigentumsrechtliche Position des A aber unberührt, da ein Verwahrungsvertrag nicht auf den Eigentumsübergang gerichtet ist, da der Übernehmer durch den Verwahrungsvertrag kein Eigentumsrecht (auch keinen Besitz bzw kein Gebrauchsrecht) erwirbt. C war vielmehr bloße

---

[26] *Riedler*, ZR I AT[8] Rz 17/15.
[27] *Riedler*, ZR I AT[8] Rz 17/16.
[28] *Riedler*, ZR I AT[8] Rz 17/17.
[29] *Riedler*, ZR I AT[8] Rz 17/17.
[30] *Riedler*, ZR I AT[8] Rz 17/19.
[31] *Riedler*, ZR I AT[8] Rz 10/25.

Inhaberin mit der Pflicht, die ihr anvertraute Sache vor Schaden zu sichern (§ 958 ABGB). A hat somit sein Eigentumsrecht an den Münzen trotz deren Übergabe an C nicht verloren.

Transaktion C – D

A könnte sein Eigentum jedoch in weiterer Folge an D verloren haben, was (nur dann der Fall ist, wenn D an den Münzen Eigentum erworben hat. Ein **derivativer Eigentumserwerb des D** verlangt nach dem Prinzip der kausalen Tradition **1. Titel, 2. Modus und 3. Berechtigung der Vorperson.**[32] Fraglich ist, ob der zwischen C und D abgeschlossene Schenkungsvertrag als Titel in Betracht kommt.

Ein **derivativer Eigentumserwerb** verlangt nach dem Prinzip der kausalen Tradition 1. Titel, 2. Modus und 3. die Berechtigung der Vorperson.[33]

Erste Voraussetzung ist ein gültiges Titelgeschäft, das einen Eigentumserwerb des D rechtfertigt. Das erforderliche Titelgeschäft könnte in einem zwischen C und D gültig geschlossenen Schenkungsvertrag liegen, bei welchem zunächst zu bedenken ist, dass Schenkungsverträge ohne wirkliche Übergabe nach § 943 ABGB zunächst der Schriftform, nach § 1 Abs 1 lit b NotAktG aber der Notariatsaktsform bedürfen. Der auf den Eigentumserwerb gerichtete Titel liegt im **Schenkungsvertrag.**[34] Nach dem Sachverhalt hat C die Münzen an D zum Geburtstag geschenkt und auch körperlich im Sinne des § 426 ABGB und damit **auch tatsächlich im Sinne des § 943 ABGB übergeben.**[35] Daher bedurfte der Schenkungsvertrag auch keiner bestimmten Form, sondern war auch **formfrei gültig.**[36]

Zweite Voraussetzung ist ein wirksamer **Modus**. C hat die Münzen körperlich im Sinne des § 426 ABGB in die Gewahrsame des D übergeben.

C war aber nicht Eigentümerin der Münzen und auch nicht zu deren Schenkung vom Eigentümer A verfügungsbefugt, sodass ein **derivativer Eigentumserwerb des D** an der (fehlenden) Berechtigung der Vorperson scheitert.[37]

Zu prüfen bleibt, ob D gutgläubig nach **§ 367 ABGB** Eigentum erworben hat. Gemäß § 367 ABGB kann die fehlende Berechtigung der Vorperson bei Vorliegen folgender

---

[32]   *Riedler*, ZR I AT[8] Rz 30/3.
[33]   *Riedler*, ZR I AT[8] Rz 30/3.
[34]   *Riedler*, ZR I AT[8] Rz 30/9.
[35]   *Riedler*, ZR I AT[8] Rz 30/23.
[36]   *Riedler*, ZR I AT[8] Rz 20/21.
[37]   *Riedler*, ZR I AT[8] Rz 30/39.

Voraussetzungen substituiert werden:[38] Vier Tatbestandselemente (Fallprüfungsstufen) müssen kumulativ erfüllt sein, damit § 367 ABGB die fehlende Berechtigung des Vormannes substituieren kann: Bewegliche körperliche Sache, entgeltlicher Erwerb, Redlichkeit (Gutgläubigkeit) des Erwerbers und Vorliegen (zumindest) einer der drei Alternativen des § 367 ABGB.

Die Münzen sind **bewegliche körperliche Sachen** iSd §§ 292, 293 ABGB, welche ohne Verletzung ihrer Substanz von einer Stelle zur anderen versetzt werden können.[39]

Originärer Erwerb nach § 367 ABGB setzt zweitens **entgeltlichen Erwerb** voraus. C hat an D die Münzen zum Geburtstag verschenkt, sodass D die Münzen nicht entgeltlich erworben hat. Ein originärer Erwerb nach § 367 ABGB scheidet daher aus.

Fraglich bleibt jedoch, ob nicht ein **originärer Eigentumserwerb des D nach § 916 Abs 2 ABGB** in Betracht kommt, da D nach dem Sachverhalt darauf vertraut hat, dass C die Münzen rechtmäßig von A erworben habe:[40] Hat ein Dritter **im Vertrauen auf das Scheingeschäft** Rechte an der vom Scheingeschäft betroffenen Sache erworben, so kann ihm die Einrede des Scheingeschäftes, also die Einrede der absoluten Nichtigkeit des Scheingeschäfts von den Scheingeschäftspartnern nicht entgegengehalten werden. Der Dritte kann sich (nach eigener freier Wahl) entweder auf die Ungültigkeit des Scheingeschäftes oder (bei **Redlichkeit**) auf die Gültigkeit des Scheingeschäftes berufen. § 916 Abs 2 ABGB ermöglicht auch einen originären Eigentumserwerb bei unentgeltlicher Schenkung (unentgeltlichen Titel). Voraussetzung dafür ist, dass der Dritte gutgläubig war.[41] Nach der Rsp und einem Teil der L muss der Dritte das konkrete Scheingeschäft bei seinem Rechtserwerb bedacht und als wahrhaft gewollt zugrunde gelegt haben, wobei der Dritte auf eine rechtsgeschäftliche Erklärung und nicht bloß auf einen schlicht erweckten Anschein vertraut haben muss; nach einem anderen Teil der L reicht hingegen objektiver Erwerb vom Scheinberechtigten aus.[42] **Leichte Fahrlässigkeit** schließt Redlichkeit des Dritten aus. Dritter ist jede nicht als Partei des Scheingeschäftes involvierte Person, deren Rechtssphäre durch das Scheingeschäft berührt wird. D hat auf die Zusicherung seiner Mutter C vertraut, dass diese die Münzen rechtmäßig von A erworben habe. Damit hat D im Vertrauen auf das Scheingeschäft Rechte erworben.

---

38 *Riedler*, ZR I AT[8] Rz 31/15 ff.
39 *Riedler*, ZR I AT[8] Rz 31/16.
40 *Riedler*, ZR I AT[8] Rz 31/35 f.
41 *Riedler*, ZR I AT[8] Rz 17/21.
42 *Riedler*, ZR I AT[8] Rz 31/36.

D hat somit nach § 916 Abs 2 ABGB originär Eigentum an der Münzsammlung erworben. A hat dadurch sein Eigentum an den Münzen verloren, sodass A am Ende des Sachverhaltes nicht (mehr) Eigentümer der Münzen und damit **nicht zur Herausgabeklage aktivlegitimiert ist**.

Der Anspruch des A gegen D auf Herausgabe der Münzen gemäß § 366 ABGB besteht nicht.

Fall 17
Esszimmertisch

Schwerpunkte	Stellvertretung, **Ladenvollmacht, Existenz und Umfang der Vollmacht nach § 10 KSchG, Vollmachts-beschränkung durch in AGB enthaltenen Schriftformvorbehalt gegenüber Verbrauchern, AGB**, Rücktritt nach **§ 3a KSchG**, Irrtum, List
Vorbereitung	*Riedler*, ZR I AT[8] (2022) 12. Kap Sonderfälle des Vertragsschlusses 13. Kap Allgemeine Geschäftsbedingungen 21. Kap Irrtum 22. Kap List 29. Kap Eigentumsrecht als dingliches Recht, Eigentumsklage 30. Kap Eigentumserwerb – Titel, Modus Berechtigung des Vormannes 31. Kap Derivativer/Originärer Eigentumserwerb, Eigentumsvorbehalt

Sachverhalt

A wollte für sein Esszimmer einen Tisch erwerben und begab sich daher am 15. Mai 2019 zum Möbelhaus **D**. Dort fand er schnell ein passendes Modell, war sich jedoch aufgrund des hohen Preises von € 2.000,- noch unsicher. Ein Kunde, der das Verkaufsgespräch mithörte, äußerte, dass doch „mindestens die Hälfte steuerlich absetzbar" wäre. Der Verkäufer **L** fügte dem lediglich „wahrscheinlich" hinzu, obwohl er an dieser Äußerung starke Zweifel hegte. Zusätzlich bot **L** dem **A** daraufhin einen Rabatt von drei Prozent, sofern er den Tisch innerhalb von zehn Tagen bezahlt, woraufhin **A** schließlich doch in den Kaufvertrag einwilligte. Er nahm den Tisch nach Barzahlung von € 1.940,- gleich mit. Die am Eingang ausgehängten AGB mit folgender fett abgedruckten Klausel hatte er nicht bemerkt: **„4. Individualabreden werden nur bei und erst durch schriftliche Bestätigung wirksam."** Am nächsten Tag erfuhr **A** von seiner Tochter, JUS-Studentin im 2. Studienabschnitt, dass private Einrichtungsgegenstände steuerlich nicht abgesetzt werden können. Als am 30. Mai 2021 auch noch eine Rechnung von **D** über einen „Restkaufpreis von € 60,- mit Hinweis auf Z 4 der AGB" ins Haus flattert, ärgert sich **A** gewöhnlich, will den Tisch nicht mehr behalten und nun sein gesamtes Geld zurück.

Wie ist die Rechtslage?

Fünf Fragen zur Einführung

1. Welche **Personen** sind am Sachverhalt beteiligt?

2. Welche **Rechtsverhältnisse** bestehen zwischen den beteiligten Personen?

3. Welche **Leistungen** wurden zwischen diesen Personen bereits erbracht?

4. Wie lautet die **Fallfrage**?

5. Welche **Ansprüche** sind zu prüfen, wenn wir uns die Frage stellen: **Wer will was von wem aus welchem Rechtsgrund?**

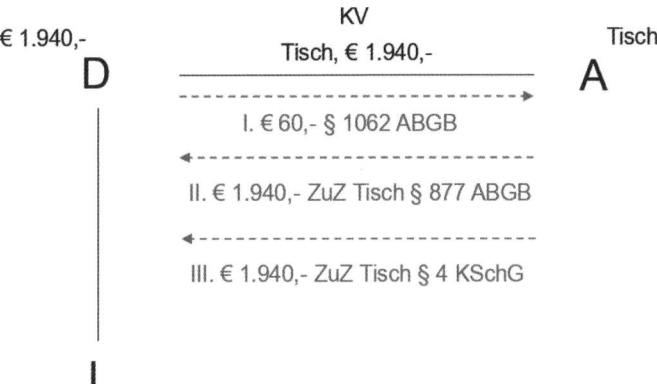

I. Anspruch des Möbelhauses D gegen A auf Zahlung von € 60,- gem § 1062 ABGB

II. Anspruch des A gegen das Möbelhaus D auf Rückzahlung von € 1.940,- Zug um Zug gegen Rückgabe des Tisches gem § 877 ABGB

III. Anspruch des A gegen D auf Rückzahlung von € 1.940.- Zug um Zug gegen Rückgabe des Tisches gem § 4 KSchG

Rechtsgutachten

I. Anspruch des Möbelhauses D gegen A auf Zahlung von € 60,- gem § 1062 ABGB

Ein Kaufvertrag kommt gem § 1054 ABGB iVm § 861 ABGB als Konsensualvertrag durch zwei miteinander korrespondierende Willenserklärungen (Angebot und Annahme) zustande.[1] Nach dem Sachverhalt willigte A in den Kaufvertrag ein, sodass zwischen A und dem Möbelhaus D ein **gültiger Kaufvertrag** über den Tisch zustande gekommen ist. Fraglich ist jedoch, wie sich die vom Verkäufer L zugesicherte **Rabattierung** auf den Inhalt des Kaufvertrages auswirkt und ob die nur mündlich getätigte Zusage des Rabatts überhaupt wirksam ist, da nach Z 4 der ausgehängten AGB „Individualabreden … nur bei und erst durch schriftliche Bestätigung wirksam" werden.

Stellvertretung des Möbelhauses D durch Verkäufer L gegenüber A?

Die Zusagen des Verkäufers L gegenüber A konnten nur dann Inhalt des Kaufvertrages zwischen A und dem Möbelhaus D werden, wenn die Voraussetzungen der **direkten Stellvertretung** erfüllt sind und insbesondere der Verkäufer L die Vollmacht hatte, eine solche Rabattierung zu gewähren. Drei Voraussetzungen müssen kumulativ erfüllt sein, damit das Handeln des (direkten) Stellvertreters zu unmittelbaren Wirkungen für/gegen den Geschäftsherrn führt:[2] Offenlegungsgrundsatz, (zumindest beschränkte) Geschäftsfähigkeit des Stellvertreters und (zureichende) Vertretungsmacht (Vollmacht) des Stellvertreters. Handeln in fremdem Namen liegt vor, wenn der handelnde Vertreter gegenüber dem Dritten im Namen des vertretenen Geschäftsherrn auftritt,[3] wobei konkludente Offenlegung reicht.[4] Dem Dritten muss also offengelegt werden, dass der handelnde Vertreter kein Eigengeschäft tätigt, sondern in fremden Namen agiert. Der Verkäufer L ist im Möbelhaus D tätig, womit gegenüber dem Kunden A zumindest **konkludente Offenlegung** gegeben ist (arg § 1030 ABGB), da sich aus den Umständen ergibt, dass der handelnde Verkäufer L im Namen des Möbelhauses verhandelt und verkauft. Der berufstätige Verkäufer L ist iZw **zumindest beschränkt geschäftsfähig**[5] Fraglich ist jedoch, ob L zureichende Vertretungsmacht hatte und einen Rabatt von drei Prozent gewähren durfte. L hat als Angestellter im Möbelhaus D **gesetzliche Ladenvollmacht** iSd § 1030 ABGB bzw § 56 UGB.[6] Demnach sind die Angestellten berechtigt, gewöhnliche Rechtshandlungen in Namen des Geschäftsherrn

---

[1]   *Riedler*, ZR I AT⁸ Rz 11/2 f.
[2]   *Riedler*, ZR I AT⁸ Rz 26/7.
[3]   *Riedler*, ZR I AT⁸ Rz 26/8.
[4]   *Riedler*, ZR I AT⁸ Rz 26/10.
[5]   *Riedler*, ZR I AT⁸ Rz 26/17.
[6]   *Riedler*, ZR I AT⁸ Rz 26/33.

vorzunehmen. Eine Rabattgewährung von drei Prozent ist als gewöhnliche Rechtshandlung anzusehen. Demgemäß war die Gewährung von drei Prozent Rabatt durch L prinzipiell von seiner Vollmacht umfasst (§ 1030 ABGB, § 56 UGB).

Beschränkung der Vertretungsmacht des L durch Z 4 AGB

Fraglich bleibt jedoch, ob diese aus § 1030 ABGB und § 56 UGB resultierende gesetzliche Vollmacht des Verkäufers L vom Möbelhaus D nicht durch **Z 4 der AGB-Klausel** beschränkt worden ist. Soweit die Geltung von AGB nicht durch Gesetz oder Verordnung angeordnet ist, gelten AGB nur kraft ausdrücklicher oder konkludenter Vereinbarung der Parteien (**Einbeziehungskontrolle**). Das Angebot auf Einbeziehung der AGB kann zunächst in einem ausdrücklichen Hinweis des Unternehmers liegen, dass er seine AGB in Geltung setzen will. Zu beachten ist aber, dass die Vereinbarung der AGB weder tatsächliche Kenntnisnahme des Kunden vom Inhalt erfordert noch müssen die AGB im Zeitpunkt des Vertragsschlusses real vorliegen. Vielmehr reicht aus, dass der Unternehmer ausreichend deutlich auf die AGB hinweist (zB auch durch Aushang in den Geschäftsräumen) und sie dem Kunden auf Verlangen auch aushändigt. Somit reicht, wenn der Kunde wusste oder wissen musste, dass der Partner unter Zugrundelegung seiner AGB kontrahieren will. Auch die Zustimmung des Kunden kann ausdrücklich oder konkludent erfolgen. Konkludente Zustimmung kann bereits angenommen werden, wenn der Kunde weiß oder wissen muss, dass der Partner unter Zugrundelegung der AGB abschließen will und daraufhin widerspruchslos mit ihm kontrahiert. In einem Möbelhaus **deutlich sichtbar ausgehängte AGB neben dem Eingang** reichen daher aus, um Vertragsinhalt zu werden.[7] Dies gilt auch dann, wenn sie der Kunde in ihrer Gesamtheit nicht zur Kenntnis nimmt und/oder nicht durchliest oder trotz sichtbaren Aushangs beim Eingang nicht bemerkt. Wenn der Kunde trotz dieser Bedingungen mit dem Möbelhaus kontrahiert, darf auch das Möbelhaus D die Einwilligung des Kunden A als Zustimmung zum Vertragsschluss unter Einbeziehung der am Eingang ausgehängten AGB verstehen, sodass die AGB des Möbelhauses D in ihrer Gesamtheit kraft Parteienvereinbarung in den Kaufvertrag A – D einbezogen worden sind.

Bei der **Geltungskontrolle** wird jede konkrete Einzelklausel bzw jeder Teil jeder konkreten Einzelklausel betrachtet.[8] Gemäß § 864a ABGB werden die von einem Vertragsteil verwendeten Bestimmungen ungewöhnlichen Inhalts in AGB und Vertragsformblättern nicht Vertragsbestandteil, wenn sie dem anderen Teil nachteilig sind und er mit ihnen nach den Umständen, vor allem dem äußeren Erscheinungsbild der Urkunde, nicht zu rechnen brauchte; es sei denn, der „Aufsteller" der AGB hat den anderen sich unterwerfenden

---

[7] *Riedler*, ZR I AT[8] Rz 13/4 ff.
[8] *Riedler*, ZR I AT[8] Rz 13/8.

Vertragsteil auf die ungewöhnliche Bestimmung vor dessen Zustimmung besonders hingewiesen.[9] Unabhängig davon, ob man in Punkt 4 eine objektiv oder (zumindest) subjektiv ungewöhnliche Bestimmung sieht, welche auch den Kunden A benachteiligt, so ist doch zu beachten, dass nach dem Sachverhalt Punkt 4 der AGB fettgedruckt ist, sodass kein Überrumpelungs- bzw Übertölpelungseffekt gegeben ist und Punkt 4 der AGB nicht gegen § 864a ABGB verstößt.

Fraglich bleibt die sog **Inhaltskontrolle** nach § 879 Abs 3 ABGB. Im Zuge der **Inhaltskontrolle** ist gemäß § 879 Abs 3 ABGB eine Nebenbestimmung in AGB nichtig, wenn sie unter Beachtung der Umstände des Einzelfalles gröblich benachteiligend ist. In diesem Schritt muss überprüft werden, ob die Klausel krasse Abweichungen vom objektiven Recht zu Lasten des Unterworfenen enthält.[10] Maßstab der Inhaltskontrolle sind zum einen die Generalnorm des § 879 Abs 3 ABGB, zum anderen für Verbrauchergeschäfte die Spezialnormen des KSchG. Gemäß § 879 Abs 3 ABGB ist eine AGB-Bestimmung (relativ) nichtig, wenn sie unter Beachtung der Umstände des Einzelfalles gröblich benachteiligend ist.[11] Für die Beurteilung dessen, was gröblich benachteiligend ist, ist nach den verba legalia „unter Berücksichtigung aller Umstände des Einzelfalles" zu entscheiden.[12] Je krasser die AGB dabei von der Wertung des objektiven dispositiven Rechtes abweichen, desto eher kann auf gröbliche Benachteiligung des Unterworfenen geschlossen werden.[13] Nach dem in § 883 ABGB zugrunde gelegten Prinzip der Formfreiheit bedürfen Verträge, einseitige Rechtsgeschäfte, aber auch Willenserklärungen prinzipiell keiner bestimmten Form. Eine Folge der Formfreiheit ist aber auch, dass es den Parteien freisteht, eine bestimmte Form für ein an sich formfreies Geschäft zu vereinbaren (gewillkürter Formvorbehalt).[14] Wenn schon das dispositive Recht ausdrücklich die Möglichkeit schafft, für den Abschluss von Verträgen die Einhaltung einer bestimmtem Form zu vereinbaren, so kann darin im Anwendungsbereich des ABGB keine gröbliche Benachteiligung iSd § 879 Abs 3 ABGB liegen. Zu beachten ist jedoch, dass Sondergesetze Abweichendes vorsehen können, wobei der Maßstab der gröblichen Benachteiligung einer Klausel in Unternehmer-Verbraucherverträgen insbesondere auch daran zu messen ist, welche Klauseln im Unternehmer-Verbrauchergeschäft gegen die Klauselkontrollvorschrift des § 6 KSchG verstoßen. Das Möbelhaus betreibt ein Unternehmen im Sinne des § 1 Abs 2 **KSchG** und ist daher Unternehmerin im Sinne des § 1 Abs 1 Z 1 KSchG, A ist Verbraucher im Sinne des § 1 Abs 1 Z 2 KSchG, sodass auch das 1. Hauptstück des KSchG zur Anwendung gelangt.

---

[9]   *Riedler*, ZR I AT[8] Rz 13/9.
[10] *Riedler*, ZR I AT[8] Rz 13/19 f.
[11] *Riedler*, ZR I AT[8] Rz 13/19.
[12] *Riedler*, ZR I AT[8] Rz 13/26.
[13] *Riedler*, ZR I AT[8] Rz 13/25.
[14] *Riedler*, ZR I AT[8] Rz 20/35.

Punkt 4 der AGB verstößt allerdings zunächst **nicht** gegen den Klauselkatalog des hier anwendbaren **§ 6 KSchG**, da die Frage der Wirksamkeit mündlicher Zusagen von Vertretern der Unternehmer gegenüber Verbrauchern in § 6 KSchG nicht angesprochen ist. Zu beachten ist jedoch, dass diese Frage in **§ 10 KSchG** geregelt ist, sodass noch die Frage zu analysieren ist, ob Z 4 der AGB nicht gegen die einseitig zwingende Norm des § 10 KSchG verstößt, womit sie gleichzeitig auch gröblich benachteiligend iSd § 879 Abs 3 ABGB wäre.

§ 10 **Abs 1 S 1** KSchG regelt den Umfang einer von einem Unternehmer seinem Vertreter im Rechtsverkehr mit Verbrauchern erteilten Vollmacht. Der Verbraucher kann grundsätzlich darauf vertrauen, dass die vom Unternehmer rechtsgeschäftlich erteilte Vollmacht zu allen gewöhnlich mit einem derartigen Geschäft verbundenen Rechtshandlungen berechtigt.[15] Nach § 10 **Abs 3** KSchG kann die Rechtswirksamkeit formloser Erklärungen des Unternehmers oder seiner Vertreter zum Nachteil des Verbrauchers vertraglich überhaupt nicht ausgeschlossen werden, sodass die entsprechenden mündlichen Zusagen des Unternehmers oder seiner Vertreter jedenfalls verbindlich sind, wenn der Vertreter die fragliche Zusage nach seiner Vollmacht oder der Umfangsvermutung des § 10 Abs 1 KSchG abgeben konnte.[16] Damit kann sich aber das Möbelhaus D einerseits weder auf eine Beschränkung des Vollmachtsumfanges des Verkäufers L gegenüber dem Konsumenten A berufen, sodass eine ausreichende Vertretungsmacht des L zur Rabattgewährung gegeben ist, da diese im Umfang von 3 Prozent von der Ladenvollmacht gedeckt ist. Andererseits ist auch die von in Z 4 intendierte Unwirksamkeit von mündlichen Individualabreden ohne schriftliche Bestätigung wegen Verstoßes gegen § 10 Abs 3 KSchG unwirksam, denn nach § 10 Abs 3 KSchG kann die Rechtswirksamkeit formloser Erklärungen des Unternehmers oder seiner Vertreter zum Nachteil des Verbrauchers vertraglich nicht ausgeschlossen werden. A muss daher die zusätzlich verrechneten EUR 60,- nicht bezahlen, da er den Tisch lt SV ohnedies gleich gegen Barzahlung von EUR 1.940,- mitgenommen und damit auch die Rechnung und den Kaufpreis innerhalb von zehn Tagen beglichen hat.

Der Anspruch des Möbelhauses D gegen A auf Zahlung von € 60,- gem § 1062 ABGB besteht daher nicht.

---

[15] *Riedler*, ZR I AT[8] Rz 26/48.
[16] *Riedler*, ZR I AT[8] Rz 26/51.

II. Anspruch des A gegen das Möbelhaus D auf Rückzahlung von € 1.940,- Zug um Zug gegen Rückgabe des Tisches gem § 877 ABGB

Voraussetzung für diesen Rückzahlungsanspruch des A ist das Vorliegen einer (teilweise) **rechtsgrundlosen Leistung**. Leistung ist jede bewusste Vermögenszuwendung. Die bewusste und gewollte Zahlung des Kaufpreises von € 1.940,- durch A an D war eine Leistung im Rechtssinne. Rechtsgrundlos ist eine Leistung, wenn entweder ein die Leistung rechtfertigender Rechtsgrund von vornherein fehlt oder nachträglich zB durch Anfechtung bzw Anpassung beseitigt bzw geändert wird, sodass die ursprünglich rechtmäßige Leistung nachträglich (rückwirkend) rechtsgrundlos wird.[17] Fraglich ist, ob A den Vertrag mit D anfechten kann, womit die ursprünglich rechtmäßig geleistete Zahlung von € 1.940,- nachträglich rückwirkend rechtsgrundlos würde.

Irrtum des A über steuerliche Absetzbarkeit - Vertragsanfechtung wegen Irrtums?

Fraglich bleibt, ob A den Vertrag unter Berufung auf seinen **Irrtum** über die steuerliche Absetzbarkeit des Tisches anfechten kann. Irrtum ist die falsche oder fehlende Vorstellung von der Wirklichkeit (Fakten, Umständen, Vorgängen, Zusammenhängen).[18] Eine Anfechtung wegen Irrtums kommt jedoch nur bei einem Erklärungsirrtum oder einem Geschäftsirrtum in Betracht. Zu prüfen bleibt, ob A einem Geschäftsirrtum erlegen ist. Geschäftsirrtum liegt vor, wenn der Erklärende sich über einen tatsächlichen oder rechtlichen Umstand irrt, der Inhalt des Vertrages geworden ist.[19] Beim Irrtum über die **steuerliche Absetzbarkeit von Waren** ist prinzipiell ein **unbeachtlicher Motivirrtum** anzunehmen, da jede Vertragspartei die steuerlichen Rahmenbedingungen ihrer wirtschaftlichen Transaktion in eigener Sphäre beurteilt, sodass es sich dabei prinzipiell um einen Umstand handelt der außerhalb des Vertragsinhaltes liegt.[20] Zu beachten ist allerdings, dass die Parteien jeden Umstand durch übereinstimmende Vertragsschlusserklärungen auch zum Vertragsinhalt erheben können, wobei der Inhalt der Erklärungen nach der Vertrauenstheorie zu ermitteln ist. Nach der **Vertrauenstheorie** ist eine Erklärung so zu verstehen, wie sie ein objektiv-redlicher verständiger und sorgfältiger Erklärungsempfänger – alle Kenntnisse des wirklichen Erklärungsempfängers eingeschlossen – verstehen musste und durfte, sodass also zu berücksichtigen ist, ob der konkrete Erklärungsempfänger einen eventuell abweichenden Willen des Erklärenden erkannt hat oder erkennen hätte müssen, in welchem Fall der abweichende subjektive Wille des Erklärenden zum Erklärungsinhalt wird.[21] Fraglich ist

---

[17]   *Riedler*, ZR I AT[8] Rz 16/16ff.
[18]   *Riedler*, ZR I AT[8] Rz 21/6.
[19]   *Riedler*, ZR I AT[8] Rz 21/11.
[20]   *Riedler*, ZR I AT[8] Rz 21/18.
[21]   *Riedler*, ZR I AT[8] Rz 15/11.

sohin, wie A die Äußerung des Verkäufers L, wonach der Tisch „wahrscheinlich" steuerlich absetzbar ist, verstehen durfte. Ein redlicher Erklärungsempfänger darf diese Äußerung nicht als Zusage der steuerlichen Absetzbarkeit des Tisches im Sinne einer Einbeziehung dieser Eigenschaft in den Vertrag verstehen (§ 914 ABGB), da 1. ein redlicher Erklärungsempfänger die Äußerung des Verkäufers L nicht in dem Sinne verstehen durfte, dass dieser auch die vertraglich verbindliche Zusage der steuerlichen Absetzbarkeit des Kaufgegenstandes tätigt, welche sich nur nach der individuellen steuerlichen Situation des konkreten Käufers richtet, die der Verkäufer L für A erkennbar nicht kannte und auch nicht kennen musste, sodass im Ergebnis nur A selber wissen kann und muss, ob er als Privatpersonen eine steuerliche Absetzbarkeit von Einrichtungsgegenständen geltend machen kann und 2. das vom Verkäufer L verwendete Wort „wahrscheinlich" dem Erklärungsempfänger A klar signalisiert hat, dass der Verkäufer L zwar als „wahrscheinlich" andeutet, die steuerliche Absetzbarkeit des Kaufgegenstandes jedoch nicht zum Inhalt der von ihm vertraglich verbindlich zugesagten Eigenschaften des Esstisches machen will, für welche er einzustehen hätte. Damit wurde die steuerliche Absetzbarkeit aber nicht Inhalt des Vertrages. Der Irrtum des A über die steuerliche Absetzbarkeit ist daher kein GI, sondern ein **bloßer MI**, der bei (entgeltlichen) Kaufverträgen im Rahmen der Irrtumsanfechtung nach § 871 ABGB unbeachtlich ist.

Irrtum des A über steuerliche Absetzbarkeit - Vertragsanfechtung wegen List?

Zu prüfen bleibt, ob eine Anfechtung wegen **List** möglich ist, bei welcher auch **Motivirrtümer** beachtlich sind.[22] Die listige Irreführung des A durch L war kausal für den Vertragsabschluss iSd Äquivalenztheorie, da der Getäuschte A im Wissen um die fehlende steuerliche Absetzbarkeit den Kaufvertrag über den Esstisch nicht in dieser konkreten Gestalt abgeschlossen hätte.[23] **Rechtswidrige** Irreführung ist dann anzunehmen, wenn sich der Handelnde nicht so verhalten hat, wie sich ein ordnungsgemäßer, maßstabsgerechter, rechtstreuer Mensch an seiner Stelle verhalten hätte.[24] In casu fügte L der Äußerung des Kunden, wonach der Tisch steuerlich absetzbar sei „wahrscheinlich" hinzu, obwohl er an der Äußerung des Kunden stark zweifelte. Ein ordnungsgemäßer, maßstabsgerechter und rechtstreuer Mensch hätte sich anders verhalten, etwa indem er auf seine Unkenntnis in diesen Belangen hinweist oder den Kunden auf eine dafür kompetente Ansprechperson verweist. Daher kann auch **Eventualvorsatz** angenommen werden, da L den Eintritt des Irrtums für möglich hielt und sich damit abfand („Na, wenn schon!").[25] A wurde von **dem Möbelhaus zurechenbaren Gehilfen L** getäuscht. Dabei hat L einerseits eigenes

---

[22]   *Riedler*, ZR I AT[8] Rz 22/2.
[23]   *Riedler*, ZR I AT[8] Rz 22/3.
[24]   *Riedler*, ZR I AT[8] Rz 22/8.
[25]   *Riedler*, ZR I AT[8] Rz 22/14 f.

rechtswidriges Verhalten gesetzt (indem er einen bereits bestehenden Irrtum des A ausnutzte[26]), andererseits ging die Täuschung des A (auch) auf die Äußerung des Kunden zurück, der als echter Dritter iSd **§ 875 ABGB** anzusehen ist. Hier kann der in die Irre Geführte nach § 875 ABGB dann Vertragsanfechtung verlangen, wenn entweder der Vertragspartner des Getäuschten an der Handlung des Dritten teilnahm (= sich vorsätzlich daran beteiligte) oder der Vertragspartner von der Täuschung durch den echten Dritten offenbar wissen musste oder die Täuschung des Getäuschten dem Vertragspartner gegenüber rechtzeitig aufgeklärt worden ist.[27] In casu ist der Verkäufer L als Gehilfe des Möbelhauses D, also des Vertragspartners des Getäuschten vorsätzlich (mit dolus eventualis) an der Irreführung des A durch den echten Dritten beteiligt und dem Gehilfen L ist diese Täuschung des A durch den anderen Kunden auch tatsächlich aufgefallen. Rechtzeitig aufgeklärt wurde die Täuschung hingegen nicht (Vertragsabwicklung). Damit kann A den Kaufvertrag über den Esstisch anfechten, wodurch dieser mit dinglicher ex tunc Wirkung entfällt.

Der Anspruch des A gegen das Möbelhaus D auf Rückzahlung von € 1.940,- Zug um Zug gegen Rückgabe des Tisches gem § 877 ABGB besteht.

III. Anspruch des A gegen D auf Rückzahlung von € 1.940.- Zug um Zug gegen Rückgabe des Tisches gem § 4 KSchG[28]

A hat den Tisch am 15. Mai 2019 erworben, wobei L die steuerliche Absetzbarkeit als „wahrscheinlich" dargestellt hat. Fraglich ist, ob A vor diesem Hintergrund den Vertrag (auch) durch Rücktritt nach **§ 3a KSchG** auflösen kann. Nach § 3a KSchG kann der Verbraucher vom Vertrag zurücktreten, wenn ohne seine Veranlassung für seine Einwilligung maßgebliche Umstände, die der Unternehmer im Zuge der Vertragsverhandlungen als wahrscheinlich dargestellt hat, nicht oder nur in geringerem Ausmaß eintreten. Darunter fallen nach § 3a Abs 2 KSchG auch Aussichten auf **steuerrechtliche Vorteile**.[29] Nach dem Sachverhalt hat L auf die Äußerung des Kunden, wonach der Tisch steuerlich absetzbar sei, „wahrscheinlich" hinzugefügt und damit maßgebliche Umstände als wahrscheinlich dargestellt. Diese Umstände traten in casu jedoch nicht ein. A hat am 15. Mai 2019 gegen Barzahlung gekauft und den Tisch mitgenommen, am 16. Mai 2019 von der fehlenden Absetzbarkeit erfahren, am 30. Mai 2021 die Rechnung erhalten und will nun sein Geld

---

[26]   *Riedler*, ZR I AT[8] Rz 22/12.
[27]   *Riedler*, ZR I AT[8] Rz 22/18.
[28]   Die Rückabwicklung bei Rücktritten nach § 3 und § 3a KSchG ist in § 4 KSchG gesondert geregelt. (*Riedler*, ZR I AT[8] Rz 12/36.)
[29]   *Riedler*, ZR I AT[8] Rz 12/37 ff.

zurück (Beurteilungszeitpunkt ist der Zeitpunkt der Klausur bzw der Übungseinheit). Ungeachtet des Umstandes, ob man davon ausgeht, dass A die fehlende Absetzbarkeit trotz der ausdrücklichen Zusicherung des L hätte wissen müssen (mE eher zu verneinen) und damit ein Rücktrittsrecht des A schon nach § 3a Abs 4 Z 1 KSchG ausschließt, so ist jedenfalls zu beachten: Die (einwöchige) Rücktrittsfrist des § 3a Abs 3 S 2 KSchG beginnt prinzipiell zu laufen, sobald dem Verbraucher erkennbar war, dass die in Abs 1 genannten Umstände nicht oder nur in erheblich geringerem Ausmaß eintreten werden und er eine schriftliche Belehrung erhalten hat. A hat zwar am 16. Mai von der fehlenden Absetzbarkeit erfahren, für die Übergabe einer schriftlichen Belehrung ergibt sich aber kein Hinweis im Sachverhalt. Nach § 3a Abs 3 S 3 KSchG erlischt das Rücktrittsrecht aber jedenfalls spätestens einen Monat nach der vollständigen Erfüllung des Vertrages durch beide Vertragspartner. A hat am 15. Mai 2019 gegen Barzahlung gekauft und den Tisch mitgenommen, damit haben beide Vertragspartner den Vertrag am 15. Mai 2019 bereits vollständig erfüllt, sodass das (allfällige) Rücktrittsrecht des A nach § 3a Abs 3 S 3 KSchG jedenfalls mit Ende des 15. Juni 2019 erloschen ist. Damit ist die Rücktrittsfrist jedenfalls abgelaufen.

Der Anspruch des A gegen D auf Rückzahlung von € 1.940.- Zug um Zug gegen Rückgabe des Tisches gem § 4 KSchG besteht nicht.

Fall 18

VW-Käfer samt Navi

Schwerpunkte	Form, Stellvertretung, **Überschreitung der Vollmacht, nachträgliche Genehmigung, Haftung des falsus procurator, Eigentumsklage in der „Absatzkette", originärer Eigentumserwerb**
Vorbereitung	*Riedler*, ZR I AT[8] (2022) 20. Kap Form 26. Kap Direkte Stellvertretung 27. Kap Vertretung ohne Vollmacht 29. Kap Eigentumsrecht als dingliches Recht, Eigentumsklage 30. Kap Eigentumserwerb – Titel, Modus Berechtigung des Vormannes 31. Kap Derivativer/Originärer Eigentumserwerb, Eigentumsvorbehalt

Sachverhalt

A möchte einen VW Käfer kaufen und beauftragt seinen Bekannten **B** damit, sich nach einem passenden Modell umzusehen und in seinem Namen zu erwerben. Der Käfer müsse rot sein und dürfe nicht mehr als € 2.400 kosten. **B**, der weiß, dass sein Arbeitskollege **C** schon länger einen Käufer für seinen VW Käfer sucht, nimmt mit **C** Verhandlungen auf. **C** ist bereit, seinen VW Käfer um € 2.400 zu verkaufen, zusätzlich offeriert er **B** ein portables Navi um € 250 (Verkehrswert: € 200). **B**, der sich von **C** überzeugen lässt, dass „der Autofahrer von heute" auf ein Navi nicht verzichten könne, erwirbt den VW Käfer und das Navi namens des **A**. Dass **C**`s VW Käfer blau ist, kümmert **B** nicht weiter. Als **A** Wagen und Navi von **B** geliefert werden, ruft **A** unverzüglich bei **C** an und teilt diesem mit, dass er zwar den VW Käfer behalten, das Navi aber jedenfalls zurückgeben wolle, denn schließlich habe ihn sein guter Orientierungssinn noch nie im Stich gelassen. **C** ist verärgert, da er am Vortag das Angebot eines Freundes, das Navi um € 280 zu kaufen mit der Begründung ausgeschlagen hat, dass er dieses schon verkauft habe. Als **A** seiner Freundin **F** den VW Käfer vorführt, ist diese vom Auto entzückt. Da **A** noch ein Geburtstagsgeschenk für **F** benötigt und ihm die Farbe des VW Käfers ohnehin nicht besonders gefällt, entschließt er sich spontan, **F** das Auto zu schenken. Die feierliche Übergabe solle aber erst tags darauf anlässlich **F**`s Geburtstag stattfinden. Noch am selben Tag unternimmt **A** mit seinem Bruder **E** eine „Spritztour". **E** ist vom Käfer so begeistert, dass er **A** € 2.700 bietet. **A** – der es schon bereut, der **F** spontan ein so teures Geschenk gemacht zu haben – nimmt das Angebot des **E** an und übergibt ihm den PKW. Einige Tage später wird der VW Käfer vom Dieb **D** aus der Garage des **E** gestohlen. Einige Wochen danach entdeckt **E** bei einem Spaziergang „seinen" VW Käfer in der Einfahrt des **N**. Dieser hat das Auto von **D** gekauft, in den – von **D** perfekt gefälschten – Typenschein hat **N** Einsicht genommen.

C will das Navi nicht zurücknehmen und verlangt Bezahlung von € 2.650, hilfsweise von **B** den Ersatz des entstandenen Schadens. Sowohl **F** als auch **E** beanspruchen den VW Käfer.

Prüfen Sie die Ansprüche von C, F und E.
Anm.: Allfällige Ansprüche gegen **D** und **E** sind nicht zu prüfen!

Fünf Fragen zur Einführung

1. Welche **Personen** sind am Sachverhalt beteiligt?

2. Welche **Rechtsverhältnisse** bestehen zwischen den beteiligten Personen?

3. Welche **Leistungen** wurden zwischen diesen Personen bereits erbracht?

4. Wie lautet die **Fallfrage**?

5. Welche **Ansprüche** sind zu prüfen, wenn wir uns die Frage stellen: **Wer will was von wem aus welchem Rechtsgrund?**

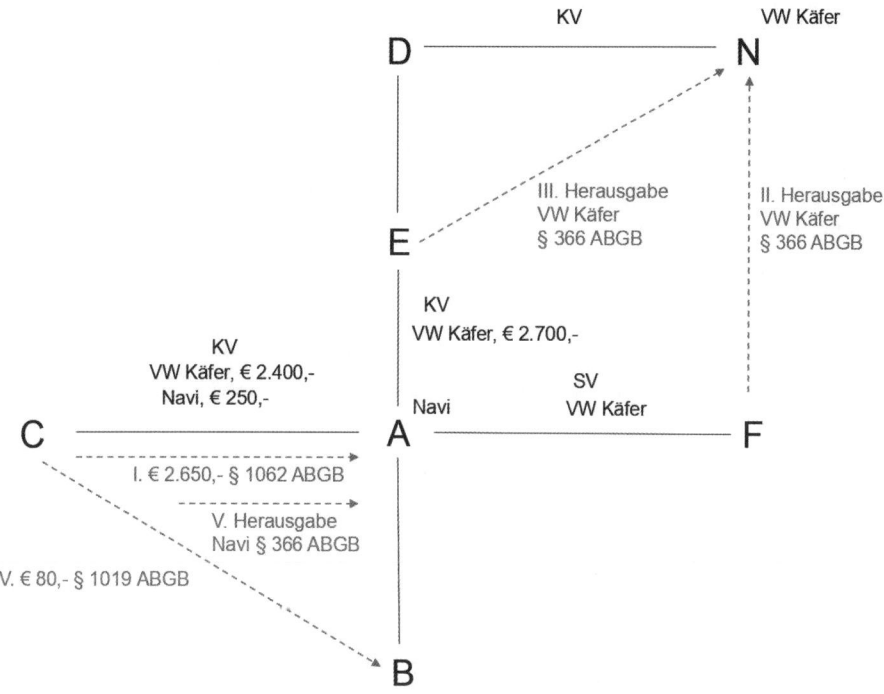

I. **Anspruch des C gegen A auf Bezahlung des Gesamtkaufpreises für VW-Käfer und Navi von € 2.650 gemäß § 1062 ABGB**

II. **Anspruch F gegen N auf Herausgabe des VW Käfer gemäß § 366 ABGB**

III. **Anspruch E gegen N auf Herausgabe des VW Käfers gemäß § 366 ABGB**

IV. **Anspruch des C gegen B auf Ersatz von € 80 gemäß § 1019 ABGB**

V. **Anspruch des C gegen A auf Herausgabe des Navi gem § 366 ABGB**

Rechtsgutachten

I. Anspruch des C gegen A auf Bezahlung des Gesamtkaufpreises für VW-Käfer und Navi von € 2.650 gemäß § 1062 ABGB

Voraussetzung für diesen Anspruch ist, dass zwischen A und C ein gültiger Kaufvertrag über den VW Käfer und das Navi zu einem Kaufpreis von € 2.650 zustande gekommen ist. Da A aber nicht selbst den Kaufvertrag mit C abgeschlossen, sondern seinen Bekannten B damit beauftragt hat, ist zunächst zu prüfen, ob das rechtsgeschäftliche Handeln des B den A gegenüber C unmittelbar berechtigen bzw verpflichten konnte. Dies ist dann der Fall, wenn die drei Voraussetzungen der **direkten Stellvertretung**[1] erfüllt sind: 1. Handeln des Stellvertreters in fremden Namen (Offenlegungsgrundsatz). 2. zumindest beschränkte Geschäftsfähigkeit des Vertreters und 3. zureichende Vertretungsmacht.

Direkte Stellvertretung des B für A gegenüber C?

Nach dem Sachverhalt hat B den Kaufvertrag „namens des A" abgeschlossen, er hat also gegenüber C offengelegt, dass er kein Eigengeschäft tätigt, sondern für A agiert (**Offenlegung**).[2]

Mangels gegenteiliger Anhaltspunkte im Sachverhalt ist davon auszugehen, dass B mindestens 7 Jahre alt ist und somit zumindest **beschränkt geschäftsfähig**.[3]

Fraglich ist allerdings, ob B über **zureichende Vollmacht** verfügt.[4] Da A gegenüber B erklärte, er solle in seinem Namen einen VW Käfer kaufen, hat er ihm interne Vollmacht durch ausdrückliche Willenserklärung erteilt.[5] Fraglich bleibt, ob das von B abgeschlossene Geschäft (Kauf des blauen VW Käfers um € 2.400 und des Navis um € 250) von der erteilten Vollmacht auch gedeckt ist. Nach dem Sachverhalt ist die Vollmachtserteilung auch mit einem Auftrag zum Tätigwerden verbunden, der B im Innenverhältnis verpflichtet, einen roten VW Käfer um höchstens € 2.400 zu kaufen. Existieren Auftrag und Vollmacht, so decken sich im Zweifel umfangmäßig rechtliches Müssen im Innenverhältnis (Auftrag) und rechtliches Können im Außenverhältnis (Vollmacht).[6] Nach dem Sachverhalt ist die dem B erteilte Vollmacht also sowohl sachlich auf einen roten VW Käfer, als auch betragsmäßig mit

---

[1]   *Riedler*, ZR I AT[8] Rz 26/7.
[2]   *Riedler*, ZR I AT[8] Rz 26/8 ff.
[3]   *Riedler*, ZR I AT[8] Rz 26/18.
[4]   *Riedler*, ZR I AT[8] Rz 26/19 ff.
[5]   *Riedler*, ZR I AT[8] Rz 26/29.
[6]   *Riedler*, ZR I AT[8] Rz 26/27.

einem Höchstpreis von € 2.400 beschränkt. B hat von C einen blauen VW Käfer und ein Navi erworben. Mit der Anschaffung eines blauen anstelle eines roten VW Käfers hat B die sachliche Grenze der ihm erteilten Vollmacht überschritten. Damit hat B ohne zureichende Vollmacht gehandelt und ist daher sog falsus procurator.[7] Das vom falsus procurator getätigte Rechtsgeschäft ist schwebend unwirksam.[8] Das von B ohne ausreichende Vollmacht abgeschlossene Geschäft über den blauen VW Käfer und das Navi ist folglich **schwebend unwirksam**. Zu prüfen bleibt, ob das schwebend unwirksame Geschäft durch nachträgliche Genehmigung saniert wurde.

Nachträgliche Genehmigung des Kaufes des Navi durch A?

Eine nachträgliche Genehmigung kann zum einen durch Willenserklärung nach § 863 ABGB, zum anderen durch sog Vorteilszuwendung iSd § 1016 ABGB erfolgen. Eine Genehmigung durch Willenserklärung kann entweder gegenüber dem falsus procurator oder gegenüber dem Geschäftspartner ausdrücklich oder konkludent erklärt werden.[9] Nach dem Sachverhalt hat A gegenüber C erklärt, dass er das **Navi** nicht haben wolle. Da A somit eine Genehmigung hinsichtlich des Navis ausdrücklich verweigert, ist eine rückwirkende Sanierung diesbezüglich ausgeschlossen. Mit der Versagung der Genehmigung wird der Schwebezustand beseitigt und der Vertrag über das Navi bleibt unwirksam.

Nachträgliche Genehmigung des Kaufes des VW Käfer durch A?

Zu prüfen bleibt, ob A den Kaufvertrag hinsichtlich des **blauen VW Käfers** nachträglich genehmigt hat. Ist das **Geschäft teilbar**, so kann der Geschäftsherr auch teilweise genehmigen und dadurch den Kaufvertrag nur für eine Teilleistung sanieren.[10] Die Teilbarkeit des Geschäfts ist primär nach dem Parteiwillen zu beurteilen (§ 878 ABGB).[11] Im vorliegenden Fall waren die Leistungen (VW Käfer und Navi) für die Parteien teilbar, da A und C den Vertrag über den VW Käfer auch ohne den Kauf des Navis geschlossen hätten. Laut Sachverhalt hat A den C telefonisch kontaktiert und ihm erklärt, dass er nur den VW Käfer behalten wolle. Somit hat A (nur) das zunächst schwebend unwirksame Geschäft über den VW Käfer durch ausdrückliche **Willenserklärung** gegenüber dem Geschäftspartner C **genehmigt** und damit rückwirkend saniert.

Der Anspruch des C gegen A auf Zahlung des Kaufpreises gemäß § 1062 ABGB besteht daher nicht in der Höhe von € 2.650.-, sondern nur in der Höhe von € 2.400,-.

---

[7]   *Riedler*, ZR I AT[8] Rz 27/2.
[8]   *Riedler*, ZR I AT[8] Rz 27/3.
[9]   *Riedler*, ZR I AT[8] Rz 27/8 f.
[10]   *Riedler*, ZR I AT[8] Rz 27/9.
[11]   *Riedler*, ZR I AT[8] Rz 27/5.

II. Anspruch F gegen N auf Herausgabe des VW Käfer gemäß § 366 ABGB

Die **Eigentumsherausgabeklage** (rei vindicatio) ist die Klage des die Sache nicht innehabenden Eigentümers gegen den die Sache innehabenden Nichteigentümer.[12] **Voraussetzungen** der Eigentumsherausgabeklage sind: 1. Individuell bestimmbare Sache, 2. Passivlegitimation des Beklagten, 3. Aktivlegitimation des Klägers und 4. Kein Recht zur Innehabung durch den Beklagten.[13]

Der VW Käfer ist jedenfalls anhand seiner Fahrgestellnummer **individuell bestimmbar** iSd § 370.[14]

N hat den VW Käfer laut Sachverhalt in seiner Gewahrsame, er ist damit **passivlegitimiert** iSd § 369 ABGB.[15]

Dritte Voraussetzung für die rei vindicatio ist, dass der Kläger **aktivlegitimiert** ist, also entweder am Beginn des Sachverhaltes Eigentümer gewesen ist oder im Lauf des Sachverhaltes Eigentümer geworden ist und bis zum Schluss des Sachverhaltes Eigentümer geblieben ist.[16] Denn nur wenn der Käger auch am Ende des Sachverhaltes (noch) Eigentümer ist, kann er die Sache als Eigentümer vom Sachinhaber vindizieren. Am Beginn des Sachverhaltes war F nicht Eigentümerin des Autos. Zu prüfen bleibt, ob F im Laufe des Sachverhalts Eigentum erworben und bis zum Ende des Sachverhalts behalten hat. Am Beginn des Sachverhalts war C Eigentümer des VW Käfer. Zur Prüfung dieser Frage ist zu analysieren, wie sich die verschiedenen wirtschaftlichen Transaktionen über den VW Käfer auf das Eigentumsrecht am VW Käfer ausgewirkt haben, ob also C durch die verschiedenen (idR wirtschaftlichen) Transaktionen sein Eigentumsrecht am VW Käfer verloren hat.

Verkauf C – A

C könnte sein Eigentum am VW Käfer zunächst an A verloren haben, was nur der Fall ist, wenn A das Eigentum am VW Käfer erworben hat. Für einen gültigen Eigentumserwerb durch A sind nach dem Prinzip der kausalen Tradition drei Voraussetzungen erforderlich: 1. Titel, 2. Modus und 3. Berechtigung des Vormannes.[17]

---

[12] *Riedler*, ZR I AT[8] Rz 29/7.
[13] *Riedler*, ZR I AT[8] Rz 29/32.
[14] *Riedler*, ZR I AT[8] Rz 29/9.
[15] *Riedler*, ZR I AT[8] Rz 29/10.
[16] *Riedler*, ZR I AT[8] Rz 29/12.
[17] *Riedler*, ZR I AT[8] Rz 30/3.

Der **Titel** für einen Eigentumserwerb des C liegt in seinem Kaufvertrag mit A, der durch nachträgliche Genehmigung wirksam wurde (siehe oben).

C hat den VW Käfer körperlich in die Gewahrsame des A übergeben (§ 426 ABGB; **Modus**).

Und da C als Eigentümer auch **berechtigter Vormann** war, hat A von C derivativ Eigentum erworben, wodurch gleichzeitig C sein Eigentumsrecht am VW Käfer verloren hat. Zu diesem Zeitpunkt war daher A Eigentümer des VW Käfer.

Schenkung A – F

A könnte sein Eigentum am VW Käfer zunächst an F verloren haben, was nur der Fall ist, wenn F das Eigentum am VW Käfer erworben hat. Für einen gültigen Eigentumserwerb durch F sind nach dem Prinzip der kausalen Tradition drei Voraussetzungen erforderlich: 1. Titel, 2. Modus und 3. Berechtigung des Vormannes.[18]

Ein **Titel** für den Eigentumserwerb der F könnte ein Schenkungsvertrag zwischen A und F sein. Nach § 943 ABGB sind bloß mündliche, ohne wirkliche Übergabe der geschenkten Sache geschlossene Schenkungsverträge unwirksam. Mangels wirklicher Übergabe ist Gültigkeitserfordernis eines Schenkungsvertrages gem § 1 Abs 1 lit d NAktG, mit dem § 943 S 2 ABGB materiell derogiert wurde, ein Notariatsakt. Diese Formvorschrift bezweckt den Schutz des Schenkers vor Übereilung. Der Schenker, der das Geschenk nicht sogleich aus der Hand gibt, soll sich der Tragweite seiner Entscheidung bewusst werden.[19] A hat F mündlich ein Schenkungsversprechen gemacht, übergeben wurde ihr der PKW laut Sachverhalt nicht. Da auch kein Notariatsakt errichtet wurde, ist der **Schenkungsvertrag** mangels Einhaltung der gesetzlichen Formvorschrift **unwirksam**.[20] Für eine nachträgliche Heilung des formungültigen Geschäfts durch Erfüllung (§ 1432 ABGB) lassen sich dem Sachverhalt keine Anhaltspunkte entnehmen. Ein Eigentumserwerb der F scheitert daher schon am Vorliegen eines gültigen Titels. F konnte kein Eigentum am VW Käfer erwerben und ist somit nicht aktivlegitimiert.

Der Anspruch F gegen N auf Herausgabe des VW Käfers gemäß § 366 ABGB besteht nicht.

---

[18] *Riedler,* ZR I AT[8] Rz 30/3.
[19] *Riedler*, ZR I AT[8] Rz 20/21.
[20] *Riedler*, ZR I AT[8] Rz 20/26.

III. Anspruch E gegen N auf Herausgabe des VW Käfers gemäß § 366 ABGB

Die **Eigentumsherausgabeklage** (rei vindicatio) ist die Klage des die Sache nicht innehabenden Eigentümers gegen den die Sache innehabenden Nichteigentümer.[21] **Voraussetzungen** der Eigentumsherausgabeklage sind: 1. Individuell bestimmbare Sache, 2. Passivlegitimation des Beklagten, 3. Aktivlegitimation des Klägers und 4. Kein Recht zur Innehabung durch den Beklagten.[22]

Der VW Käfer ist eine **individuell bestimmbare Sache** iSd § 293 ABGB.

N ist als Sachinhaber **passivlegitimiert** iSd § 309 ABGB.

Dritte Voraussetzung für die rei vindicatio ist, dass der Kläger **aktivlegitimiert** ist, also entweder am Beginn des Sachverhaltes Eigentümer gewesen ist oder im Lauf des Sachverhaltes Eigentümer geworden ist und bis zum Schluss des Sachverhaltes Eigentümer geblieben ist.[23] Denn nur wenn der Käger auch am Ende des Sachverhaltes (noch) Eigentümer ist, kann er die Sache als Eigentümer vom Sachinhaber vindizieren. Nach obigen Ausführungen hat C sein Eigentumsrecht durch den Verkauf des VW Käfer an A verloren und F ist trotz „Schenkungszusage" nicht Eigentümerin des VW Käfer geworden. Fraglich bleibt daher, wie sich die nachfolgenden wirtschaftlichen Transaktionen über den VW Käfer auf die Eigentümerposition des A ausgewirkt haben und insbesondere, ob E im Laufe des Sachverhaltes Eigentümer des VW Käfer geworden und bis zum Ende des Sachverhaltes geblieben ist.

Verhältnis A – E

A könnte sein Eigentum am VW Käfer zunächst an E verloren haben, was nur der Fall ist, wenn E das Eigentum am VW Käfer erworben hat. Für einen gültigen Eigentumserwerb durch E sind nach dem Prinzip der kausalen Tradition drei Voraussetzungen erforderlich: 1. Titel, 2. Modus und 3. Berechtigung des Vormannes.[24]

A hat den VW Käfer am nächsten Tag an E zum Preis von € 2.700.- verkauft, E verfügt somit über einen gültigen **Titel** für einen Eigentumserwerb.

---

[21]   *Riedler*, ZR I AT[8] Rz 29/7.
[22]   *Riedler*, ZR I AT[8] Rz 29/32.
[23]   *Riedler,* ZR I AT[8] Rz 29/12.
[24]   *Riedler*, ZR I AT[8] Rz 30/3.

A hat den VW Käfer körperlich im Sinne des § 426 ABGB in die Gewahrsame des E übergeben, sodass auch ein tauglicher **Modus** vorliegt.

Und da A im Zeitpunkt der Veräußerung an E auch Eigentümer des VW Käfers war, hat E vom **berechtigten Vormann** A derivativ Eigentum am VW Käfe erworben.

Verhältnis E – D

Zu prüfen bleibt, ob E im Laufe des Sachverhalts sein Eigentum wieder verloren hat. Nach dem Sachverhalt wurde das Auto von D gestohlen. E könnte sein Eigentum am VW Käfer zunächst an D verloren haben, was nur der Fall ist, wenn D das Eigentum am VW Käfer erworben hat. Für einen gültigen Eigentumserwerb durch D sind nach dem Prinzip der kausalen Tradition drei Voraussetzungen erforderlich: 1. Titel, 2. Modus und 3. Berechtigung des Vormannes.[25]

Der Dieb D hat den VW Käfer aus der Garage des E gestohlen und hat damit **keinen Titel** für den Eigentumserwerb. Eigentümer des VW Käfer blieb daher weiterhin E.

Verhältnis D – N

Der Dieb D hat den VW Käfer nach dem Diebstahl an N verkauft und übergeben. Fraglich ist, ob E sein Eigentum am VW Käfer durch diese Veräußerung des VW Käfer durch D an N verloren hat. Für einen gültigen Eigentumserwerb durch N sind nach dem Prinzip der kausalen Tradition drei Voraussetzungen erforderlich: 1. Titel, 2. Modus und 3. Berechtigung des Vormannes.[26]

D hat an N den VW Käfer des E verkauft. Die Tatsache, dass D eine fremde Sache veräußert (jene des E), berührt die Gültigkeit des zwischen N und D geschlossenen Vertrages nicht (arg § 923 ABGB),[27] der Kaufvertrag zwischen D und N über den VW Käfer des E ist somit wirksam und ein gültiger **Titel** für den Eigentumserwerb des N liegt vor.

D hat den VW Käfer auch körperlich iSd § 426 ABGB in die Gewahrsame des N übergeben (**Modus**), da er von E in der Auffahrt des N entdeckt worden ist.

Da N aber vom **nicht berechtigten Vormann D** erworben hat, **scheitert ein derivativer Eigentumserwerb** des N.

---

[25] *Riedler*, ZR I AT[8] Rz 30/3.
[26] *Riedler*, ZR I AT[8] Rz 30/3.
[27] *Riedler*, ZR I AT[8] Rz 18/17.

Zu prüfen bleibt, ob die fehlende Berechtigung des D durch einen **originären Erwerb nach § 367 ABGB** substituiert werden kann. Vier Tatbestandselemente (Fallprüfungsstufen) müssen kumulativ erfüllt sein, damit § 367 ABGB die fehlende Berechtigung des Vormannes substituieren kann: 1. Bewegliche körperliche Sache, 2. Entgeltlicher Erwerb, 3. Redlichkeit (Gutgläubigkeit) des Erwerbers und 4. Vorliegen (zumindest) einer der drei Alternativen des § 367 ABGB.

Der VW Käfer ist eine **bewegliche körperliche Sache iSd § 293 ABGB**.[28]

N hat den Wagen von D käuflich, also **entgeltlich** iSd § 917 ABGB erworben.[29]

Redlich ist, wer auf die Eigentümerposition oder die Verfügungsberechtigung des Verkäufers vertraut, wobei dem Erwerber bereits leichte Fahrlässigkeit schadet.[30] Als leicht fahrlässig ist der Erwerber zu qualifizieren, wenn er die fehlende Berechtigung des Veräußerers erkennen hätte müssen.[31] Der Erwerber eines Gebrauchtwagens ist zur Einsichtnahme in den Typenschein verpflichtet[32], um sich von der Rechtmäßigkeit des Besitzes seines Vorgängers zu überzeugen. Laut Sachverhalt hat N in den Typenschein Einsicht genommen. Da dieser von D perfekt gefälscht wurde, konnte N das fehlende Eigentum des D auch nicht erkennen. N war somit redlich iSd §§ 326, 328 und 368 ABGB.

N hat den VW Käfer aber weder in einer **öffentlichen Versteigerung**, noch von einem **Unternehmer im gewöhnlichen Betrieb seines Unternehmens** erworben. Da der Dieb D auch nicht **Vertrauensmann** des Eigentümers E war, konnte N **mangels Vorliegens von zumindest einer der drei Alternativen des § 367 ABGB** auch originär kein Eigentum am Auto erwerben. Am Ende des Sachverhalts war demnach E Eigentümer des VW Käfers.

E ist somit am Ende des Sachverhaltes Eigentümer des VW Käfer und damit **aktivlegitimiert**.

N kann dem E **keine Einwendung aus einem Recht zur Innehabung** entgegensetzen.

Der Anspruch E gegen N auf Herausgabe des VW Käfer gemäß § 366 ABGB besteht.

---

[28] *Riedler*, ZR I AT[8] Rz 31/16.
[29] *Riedler*, ZR I AT[8] Rz 31/18.
[30] *Riedler*, ZR I AT[8] Rz 31/22.
[31] *Riedler*, ZR I AT[8] Rz 31/22.
[32] *Riedler*, ZR I AT[8] Rz 31/22 (Bsp 1).

IV. Anspruch des C gegen B auf Ersatz von € 80 gemäß § 1019 ABGB

§ 1019 ABGB normiert die **Haftung des falsus procurator** gegenüber dem Dritten.[33] Nach § 1019 ABGB ist der vollmachtslos handelnde Gewalthaber zum Ersatz jenes Schadens verpflichtet, den der Dritte im Vertrauen auf die Vertretungsmacht erleidet. Wie bereits oben festgestellt, hat B die ihm von A erteilte Vollmacht überschritten, sodass B als Vertreter ohne (zureichende) Vollmacht gehandelt hat und als falsus procurator dem C für den ihm durch das Vertrauen auf die Gültigkeit des Vertrages entstandenen Schaden unter den Voraussetzungen des allgemeinen Schadenersatzrechts haftet.[34]

Nach § 1019 ABGB hat der falsus procurator dem Dritten den **Vertrauensschaden** (= negatives Vertragsinteresse) zu ersetzen. Vertrauensschäden sind all jene Schäden, die der Dritte (in casu C) nicht erlitten hätte, wenn der Scheinvertreter (in casu B) über den Vollmachtsmangel pflichtgemäß aufgeklärt hätte, sodass sich der Dritte nicht auf die Gültigkeit der Vollmacht und damit des Geschäftes verlassen hätte.[35] Im Vertrauen auf die Gültigkeit des Vertrages hat C das Angebot eines Freundes, das Navi um € 280 zu kaufen, ausgeschlagen. Hätte B pflichtgemäß über den beschränkten Umfang seiner Vollmacht aufgeklärt, hätte C sich nicht auf die Gültigkeit des Geschäftes verlassen und hätte das Angebot seines Freundes angenommen. Der Vertrauensschaden ist mit € 80 zu beziffern (Verkehrswert des Navis: € 200, versäumte Verkaufsmöglichkeit zu € 280). Die Ersatzpflicht des falsus ist allerdings nach § 1019 S 2 ABGB mit dem gedachten (hypothetischen) Erfüllungsinteresse des Dritten begrenzt. Übersteigt also der Vertrauensschaden jenen Betrag, den der Dritte bei Gültigkeit des Vertrages gewonnen hätte (Wert der Gegenleistung abzüglich des Wertes der eigenen Leistung), so ist der Ersatzanspruch des Dritten mit dem gedachten Erfüllungsinteresse limitiert, da er die darüber hinausgehenden Nachteile auch bei ordnungsgemäßer Erfüllung selbst hätte tragen müssen. Der Scheinvertreter soll nicht dazu herangezogen werden können, sämtliche Risiken geschäftlicher Disposition des Dritten abzudecken.[36] Im vorliegenden Fall hätte C bei Gültigkeit des Vertrages mit A für das Navi, das einen Verkehrswert von € 200 hat, als Gegenleistung € 250 erhalten, das hypothetische Erfüllungsinteresse beträgt demnach € 50. Da in casu der Vertrauensschaden in Höhe von € 80 das gedachte Erfüllungsinteresse des C in Höhe von € 50 übersteigt und der **Ersatzanspruch** des C **mit dem hypothetischen Erfüllungsinteresse limitiert** ist, kann C nicht den Ersatz der gesamten € 80, sondern nur von € 50 fordern.

---

[33] *Riedler*, ZR I AT[8] Rz 27/17 ff.
[34] *Riedler*, ZR I AT[8] Rz 27/17 ff.
[35] *Riedler*, ZR I AT[8] Rz 27/19.
[36] *Riedler*, ZR I AT[8] Rz 27/20.

Im Zuge der Rechtswidrigkeit ist zu prüfen, ob sich der falsus procurator B **objektiv sorgfaltswidrig** verhalten hat.[37] Ein ordnungsgemäßer, maßstabgerechter und rechtstreuer Mensch an seiner Stelle hätte den C darüber aufgeklärt, dass er über keine ausreichende Vollmacht für den Kauf des Navis verfügt. B hat C über seinen Vollmachtsmangel nicht aufgeklärt, sein Verhalten war somit objektiv sorgfaltswidrig.

Dieses Verhalten des B war iSd **Äquivalenztheorie** kausal für den Schadenseintritt bei C[38], da C bei Aufklärung über die fehlende Vollmacht des B nicht auf die Gültigkeit des abgeschlossenen Vertrages vertraut und somit auch das Kaufangebot seines Freundes nicht ausgeschlagen hätte.

Verschulden des falsus procurator iSd § 1019 ABGB liegt vor, wenn der Scheinvertreter trotz Erkennbarkeit des Vollmachtsmangels die Aufklärung über diesen Mangel in vorwerfbarer Weise unterlassen hat. B wusste um seine sachliche und betragliche Vollmachtsbeschränkung und somit musste er auch wissen, dass er mit dem Abschluss des Kaufvertrages über das Navi die Grenzen seiner Vollmacht überschritt. Da er C dennoch nicht über die fehlende Vollmacht aufgeklärt hat, hat B schuldhaft gehandelt. B ist zumindest grobe Fahrlässigkeit vorzuwerfen.

Der Anspruch des C gegen B auf Ersatz gemäß § 1019 ABGB besteht nur in der Höhe von € 50.

V. Anspruch des C gegen A auf Herausgabe des Navi gem § 366 ABGB

Die **Eigentumsherausgabeklage** (rei vindicatio) ist die Klage des die Sache nicht innehabenden Eigentümers gegen den die Sache innehabenden Nichteigentümer.[39] **Voraussetzungen** der Eigentumsherausgabeklage sind: 1. Individuell bestimmbare Sache, 2. Passivlegitimation des Beklagten, 3. Aktivlegitimation des Klägers und 4. Kein Recht zur Innehabung durch den Beklagten.[40]

Das Navi ist anhand seiner Seriennummer individualisierbar und somit eine **individuell bestimmbare Sache** iSd § 370 ABGB.

---

[37] *Riedler*, ZR I AT[8] Rz 27/21.
[38] *Riedler*, ZR I AT[8] Rz 27/21.
[39] *Riedler*, ZR I AT[8] Rz 29/7.
[40] *Riedler*, ZR I AT[8] Rz 29/32.

Laut Sachverhalt hat A das Navi in seiner Gewahrsame, er ist somit **passivlegitimiert** iSd § 309 ABGB.

Zu prüfen ist, ob C **aktivlegitimiert** ist. C war zu Beginn des Sachverhalts Eigentümer des Navis. Da – wie oben geprüft – zwischen C und A kein wirksamer Kaufvertrag über das Navi zustande gekommen ist und A somit kein Eigentum daran erwerben konnte, ist C nach wie vor Eigentümer und als solcher aktivlegitimiert.

A hat **keine Einwendung aus einem Recht zur Innehabung**.

Der Anspruch des C gegen A auf Herausgabe des Navi gem § 366 ABGB besteht.[41]

---

[41] **Anmerkung:** C könnte das Navi auch nach den §§ 877 bzw 1431 ABGB (bereicherungsrechtlich) kondizieren, da der Kaufvertrag zwischen A und C über das Navi – wie bereits zuvor geprüft – unwirksam ist und die Leistung des C somit rechtsgrundlos war.

Fall 19
Moped

Schwerpunkte	**Geschäftsfähigkeit**, Stellvertretung, Vertretung ohne Vollmacht, **Eigengeschäft und Haftung des falsus procurator**, Schenkungsvertrag, **Motivirrtum**, List, **Vertragsanpassung**, Rückforderungsanspruch auf **Wertersatz**, Eigentumserwerb, **Eigentumsklage in der „Absatzkette"**, derivativer/originärer Eigentumserwerb
Vorbereitung	*Riedler*, ZR I AT^8 (2022) 6. Kap Natürliche Personen 26. Kap Direkte Stellvertretung 27. Kap Vertretung ohne Vollmacht 29. Kap Eigentumsrecht als dingliches Recht, Eigentumsklage 30. Kap Eigentumserwerb – Titel, Modus Berechtigung des Vormannes 31. Kap Derivativer/Originärer Eigentumserwerb, Eigentumsvorbehalt

Sachverhalt

G schenkt seinem Enkel **A** zum 16. Geburtstag ein Oldtimer-Moped. Schon bei der Übergabe des Mopeds stimmen die Eltern des **A** der Schenkung zu und gestatten dem **A** auch dessen Weiterveräußerung. Sollte **A** das Moped behalten wollen, so sichern sie ihrem Sohn die Übernahme sämtlicher Erhaltungskosten zu.

A beschließt das Moped über eine Internetauktionsseite zu verkaufen. Dort entdeckt es kurz vor Ende der Auktionsfrist der Zweiradhändler **Z**, der mit seinem Gebot von € 1.500,- den Zuschlag erhält. **Z** beauftragt seinen Neffen **N** mit der Weiterveräußerung um mindestens € 2.500,-. Um potenziellen Käufern eine Probefahrt zu ermöglichen, überlässt **Z** dem **N** das Moped samt Typenschein und Schlüssel. Kurz darauf interessiert sich **U** für das Moped. **N** sichert diesem zu, dass er schon seit Jahren Eigentümer des Mopeds sei und das Oldtimer-Moped einen hervorragenden Originalzustand aufweise. Als **N** dem **U** weiters versichert, dass das Moped im Originalzustand einen Wert von € 2.000,- habe, erwirbt **U** das Moped gegen Barzahlung. Tatsächlich weiß **N** aber, dass das Moped mit zahlreichen Nachbauteilen restauriert wurde und daher nur einen geringeren Wert hat.

Als **Z** von den Machenschaften des **N** erfährt, begehrt er von **U** Herausgabe des Mopeds. Zudem möchte er auch gegen seinen Neffen **N** vorgehen. Als **U** erfährt, dass sich das Moped entgegen den Zusicherungen des **N** nicht im Originalzustand befindet und daher lediglich einen gemeinen Wert von € 1.500,- hat, möchte er von **N** die seiner Ansicht nach zuviel bezahlten € 500.-. Das Moped möchte **U** aber jedenfalls behalten. Als **G** erfährt, dass **A** das Moped gar nicht nutzen wollte, möchte er gegen **A** vorgehen, da er ihm das Moped nur in der Erwartung geschenkt hat, dass **A** seine Leidenschaft für alte Mopeds teilt.

Wie ist die Rechtslage?

Fünf Fragen zur Einführung

1. Welche **Personen** sind am Sachverhalt beteiligt?

2. Welche **Rechtsverhältnisse** bestehen zwischen den beteiligten Personen?

3. Welche **Leistungen** wurden zwischen diesen Personen bereits erbracht?

4. Wie lautet die **Fallfrage**?

5. Welche **Ansprüche** sind zu prüfen, wenn wir uns die Frage stellen: **Wer will was von wem aus welchem Rechtsgrund?**

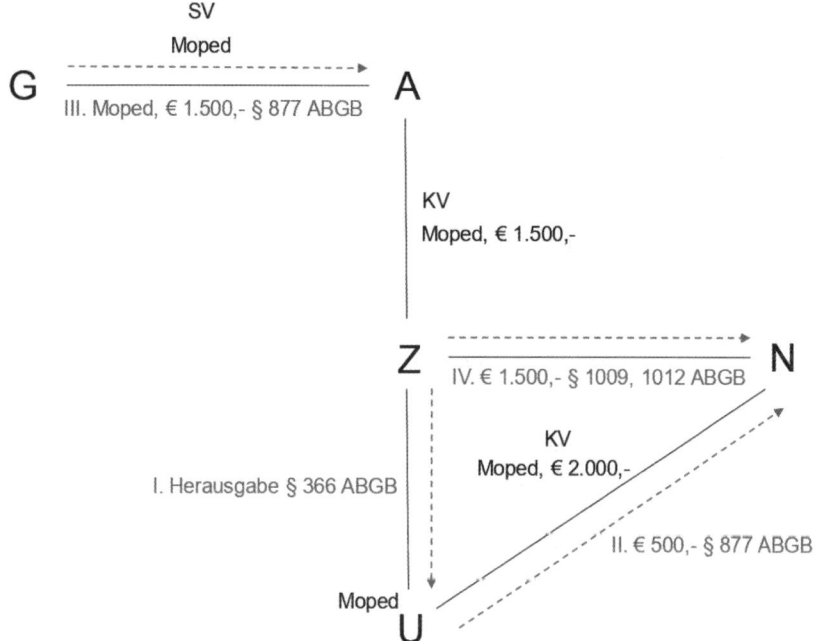

I. **Anspruch des Z gegen U auf Herausgabe des Mopeds gemäß § 366 ABGB**

II. **Anspruch U gegen N auf Rückzahlung von € 500,- gem § 877 ABGB**

III. **Anspruch des G gegen A auf Rückgabe des Mopeds bzw dessen Wertersatz in der Höhe von € 1.500,- gemäß § 877 ABGB**

IV. **Anspruch des Z gegen N auf Schadenersatz in der Höhe von € 1.500,- gemäß §§ 1009, 1012 ABGB**

Rechtsgutachten

I. Anspruch des Z gegen U auf Herausgabe des Mopeds gemäß § 366 ABGB

Die Eigentumsherausgabeklage (rei vindicatio) ist die Klage des die Sache nicht innehabenden Eigentümers gegen den die Sache innehabenden Nichteigentümer.[1] Damit Z die Eigentumsherausgabeklage nach § 366 ABGB erfolgreich geltend machen kann müssen folgende vier Voraussetzungen kumulativ erfüllt sein: 1. Individuell bestimmbare Sache im Sinne des § 370 ABGB, 2. Passivlegitimation des Beklagten, 3. Aktivlegitimation des Klägers und 4. Keine Einwendung des Beklagten aus einem Recht zur Innehabung der Sache.[2]

Das gebrauchte Moped ist aufgrund seiner Fahrgestellnummer und etwaiger Gebrauchsspuren **individuell bestimmbar** im Sinne des § 370 ABGB.

U hat das Moped in seiner Gewahrsame und ist damit als Sachinhaber iSd § 309 ABGB **passivlegitimiert**.

Die Eigentumsherausgabeklage kommt nur dem Eigentümer der Sache zu (**Aktivlegitimation des Klägers**). Am Beginn des Sachverhalts war G Eigentümer des Mopeds. Zu prüfen bleibt, ob Z im Zuge des Sachverhalts Eigentümer des Mopeds wurde und bis zum Ende des Sachverhalts Eigentümer geblieben ist und daher das Moped als Eigentümer vindizieren kann. Zu diesem Zweck ist zu analysieren, wie sich die verschiedenen wirtschaftlichen Dispositionen über das Moped aus rechtlicher Persepektive auf die Eigentumsverhältnisse am Moped ausgewirkt haben:

Schenkung G – A

Am Beginn des Sachverhalts war G Eigentümer des Mopeds. Nach dem Sachverhalt hat G das Moped seinem Enkel A geschenkt. Ein **Schenkungsvertrag** ist ein Konsensualvertrag über die unentgeltliche Eigentumsübertragung einer beweglichen oder unbeweglichen, verbrauchbaren oder unverbrauchbaren Sache (§ 938 ABGB). Als Konsensualvertrag kommt ein Schenkungsvertrag durch zwei miteinander korrespondierende Willenserklärungen (Angebot und Annahme) zustande (§ 861 ABGB). Laut Sachverhalt haben sich G und A über den Vertragsinhalt geeinigt. Zu beachten ist jedoch, dass A erst 16 Jahre alt und daher noch

---

[1]   *Riedler,* ZR I AT[8] Rz 29/7.
[2]   *Riedler,* ZR I AT[8] Rz 29/32.

nicht voll geschäftsfähig ist.[3] Zu prüfen bleibt, ob A ausreichende Geschäftsfähigkeit zum Abschluss des Schenkungsvertrages hatte. Geschäftsfähigkeit ist die Fähigkeit des Rechtssubjektes, sich durch eigenes rechtsgeschäftliches Handeln selbst zu berechtigen oder zu verpflichten.[4] A ist 16 Jahre alt, damit ein **mündig Minderjähriger** iSd § 21 Abs 2 ABGB und als solcher nur **beschränkt geschäftsfähig** (§ 170 Abs 2 ABGB). Wie unmündige Minderjährige können auch mündige Minderjährige nach § 865 Abs 2 ABGB ein bloß zu ihrem Vorteil gemachtes Versprechen annehmen. Fraglich ist, ob die Schenkung des Mopeds an A ein derartiges Geschäft ist. Laut Sachverhalt sichern die Eltern des A zu, für sämtliche Erhaltungskosten des Mopeds (Steuern, Versicherung und Benzin) aufzukommen, sodass unter diesem Aspekt davon ausgegangen werden kann, dass dem A durch die Schenkung daher keinerlei rechtliche oder wirtschaftliche Nachteile erwachsen. Die Schenkung des Mopeds wurde laut Sachverhalt genehmigt, es liegt somit ein gültiger Schenkungsvertrag zwischen G und A vor (**Titel**).

Das Moped wurde von G auch körperlich iSd § 426 ABGB in die Gewahrsame des A übergeben (**Modus**).

Nachdem G auch Eigentümer des Moped, also **berechtigter Vormann** war, hat A vom Eigentümer G **derivativ Eigentum** am Moped erworben.[5]

Veräußerung A – Z

Zu untersuchen bleibt, ob A durch den Kaufvertrag mit Z sein Eigentum am Moped wieder verloren hat. Nach dem Sachverhalt hat A das Moped an Z verkauft. A hat sein Eigentum am Moped dann verloren, wenn Z das Eigentum am Moped erworben hat. Für einen gültigen Eigentumserwerb durch Z sind nach dem Prinzip der kausalen Tradition drei **Voraussetzungen** erforderlich: 1. Titel, 2. Modus und 3. Berechtigung des Vormannes.[6]

Ein möglicher **Titel** könnte in einem Kaufvertrag A – Z liegen. Ein Kaufvertrag kommt als Konsensualvertrag nach den §§ 1054 iVm 861 ABGB durch zwei miteinander korrespondierende Willenserklärungen (Angebot und Annahme) zustande. Das Angebot liegt im (unwiderruflichen) „Anbieten" des Mopeds zur Versteigerung auf der Internetauktionsseite, das im Gegensatz zum bloßen Anpreisen von Waren im Internet einen entsprechenden Bindungswillen des Anbietenden aufweist, da der Anbietende erkennbar nicht mit jedem Interessenten, sondern (nur) mit dem Höchstbietenden kontrahieren will. Die

---

3   *Riedler*, ZR I AT[8] Rz 6/31.
4   *Riedler*, ZR I AT[8] Rz 6/17.
5   *Riedler*, ZR I AT[8] Rz 30/43.
6   *Riedler*, ZR I AT[8] Rz 30/3.

Annahme dieses Angebotes liegt in der Abgabe eines Gebotes, welche den Vertrag perfektioniert, sofern es am Ende der Auktionsfrist das Höchstgebot darstellt. Z ist am Ende der Auktionsfrist Höchstbietender, die essentialia negotii sind ausreichend bestimmt; vom Abschluss eines Kaufvertrages kann somit ausgegangen werden. Zu prüfen bleibt, ob A ausreichende **Geschäftsfähigkeit** zum Abschluss dieses Kaufvertrages hatte. A ist mündig minderjährig und kann daher nach § 170 Abs 2 ABGB über die ihm zur freien Verfügung überlassenen Sachen und über Einkommen aus eigenem Erwerb frei verfügen, als dadurch die Befriedigung seiner Lebensbedürfnisse nicht gefährdet wird.[7] Das Moped stellt kein Einkommen aus eigenem Erwerb dar und wurde auch nicht mit Vermögen aus Einkommen aus eigenem Erwerb des A angeschafft. Fraglich bleibt jedoch, ob dem A das Moped zur freien Verfügung überlassen wurde. Nach dem Sachverhalt hat A das Moped von seinem Großvater geschenkt bekommen. Es liegt eine Sachüberlassung durch einen Dritten vor. Dieser Zuwendung haben auch die Eltern des A ausdrücklich zugestimmt. Zu beachten ist, dass dem A das Moped ausdrücklich zur freien Verfügung überlassen wurde, da er es nach dem Willen seiner Eltern jederzeit veräußern durfte. Das Moped stellt somit eine zur freien Verfügung überlassene Sache iSd § 170 Abs 2 dar. A hatte folglich ausreichende Geschäftsfähigkeit zum Abschluss des Kaufvertrages mit Z. Z verfügt über einen gültigen **Titel** zum Eigentumserwerb am Moped.

Von einer **körperlichen Übergabe** (§ 426) des Mopeds ist laut Sachverhalt auszugehen.

Da Z das Moped vom Eigentümer A und somit einem **berechtigten Vormann** erworben hat, liegen die Voraussetzungen des derivativen Eigentumserwerbs vor.

Z hat somit **derivativ Eigentum** am Moped erworben. Zu diesem Zeitpunkt war Z Eigentümer des Mopeds.

Veräußerung Z – U?

Zu prüfen bleibt, ob Z durch die nachfolgende Veräußerung des Mopeds durch N an U sein Eigentum wieder verloren hat. Z hat sein Eigentum am Moped dann verloren, wenn U das Eigentum am Moped erworben hat. Für einen gültigen Eigentumserwerb durch U sind nach dem Prinzip der kausalen Tradition drei **Voraussetzungen** erforderlich: 1. Titel, 2. Modus und 3. Berechtigung des Vormannes.[8]

---

[7] *Riedler*, ZR I AT[8] Rz 6/31.
[8] *Riedler*, ZR I AT[8] Rz 30/3.

Ein möglicher **Titel** könnte in einem Kaufvertrag Z – U liegen. Da Z selbst keinen Kontakt zu U hatte, konnte ein Kaufvertrag zwischen Z und U durch das Handeln des N nur zustande kommen, wenn die drei Voraussetzungen der **direkten Stellvertretung** erfüllt sind, also 1. der Stellvertreter N zumindest beschränkt geschäftsfähig war, 2. N gegenüber U offen gelegt hat, dass er in fremdem Namen handelt und 3. N über zureichende Vertretungsmacht verfügte.[9]

Mangels gegenteiliger Anhaltspunkte im Sachverhalt ist im Einklang mit der Vermutung des § 865 Abs 1 ABGB davon auszugehen, dass N zumindest **beschränkt geschäftsfähig** ist (Vollendung des 7. Lebensjahrs).

Nach dem Sachverhalt hat Z seinem Neffen N das Moped zur Weiterveräußerung überlassen. Als sich kurz darauf U für das Moped interessiert, sichert N diesem zu, dass er schon seit Jahren Eigentümer des Mopeds sei und das Oldtimer-Moped einen hervorragenden Originalzustand aufweise. N hat damit gegenüber U **nicht offengelegt**, dass er im Namen des Z handelt, sodass durch das Handeln des N im Namen des U gegenüber Z **kein Kaufvertrag zwischen U und Z** zustande gekommen ist.

Ein **derivativer Eigentumserwerb des U von Z** kommt mangels gültigen Titelgeschäftes zwischen V – Z nicht in Betracht.[10]

Veräußerung N – U?
Zu prüfen bleibt, ob Z durch die nachfolgende Veräußerung des Mopeds durch N an U sein Eigentum wieder verloren hat. Z hat sein Eigentum am Moped dann verloren, wenn U das Eigentum am Moped erworben hat. Für einen gültigen Eigentumserwerb durch U sind nach dem Prinzip der kausalen Tradition drei **Voraussetzungen** erforderlich: 1. Titel, 2. Modus und 3. Berechtigung des Vormannes.[11]

Ein möglicher **Titel** könnte in einem Kaufvertrag N – U liegen. N hat dem U gegenüber nicht offen gelegt in fremdem Namen (im Namen des Geschäftsherrn) zu handeln, sondern gab sich selbst als Eigentümer des Mopeds aus. N hat also nicht in fremdem Namen, sondern in eigenem Namen gehandelt. N hat ein Eigengeschäft getätigt. Nach dem Sachverhalt hat damit N das Moped des Z, also eine fremde Sache als eigene Sache an U verkauft. Auch Kaufverträge über fremde Sachen sind gültig (arg § 923 ABGB), sodass U ein gültiges

---

[9]   *Riedler,* ZR I AT[8] Rz 26/1 ff.
[10]   *Riedler,* ZR I AT[8] Rz 30/43.
[11]   *Riedler,* ZR I AT[8] Rz 30/3.

Titelgeschäft aufweist. Das einen Eigentumserwerb des U rechtfertigende Titelgeschäft liegt daher im Kaufvertrag N – U.

Von einer körperlichen **Übergabe** (§ 426 ABGB) des Mopeds von N an U ist nach dem Sachverhalt auszugehen, das Moped wurde von N körperlich iSd § 426 ABGB in die Gewahrsame des U übergeben.

Zu untersuchen bleibt, ob U aufgrund des Kaufvertrags und der Übergabe **originär Eigentum** am Moped erworben hat, also die fehlende Berechtigung des N durch die Voraussetzungen des § 367 ABGB substituiert werden kann. Vier Voraussetzungen (Tatbestandselemente) müssen kumulativ erfüllt sein, damit § 367 ABGB die fehlende Berechtigung des Vormannes substituieren kann: Bewegliche körperliche Sache, entgeltlicher Erwerb, Redlichkeit (Gutgläubigkeit) des Erwerbers und Vorliegen (zumindest) einer der drei Alternativen des § 367 ABGB.[12]

Das Moped ist eine **bewegliche körperliche Sache** iSd § 293 ABGB.

Der Erwerb muss auf einem **entgeltlichen Titel** beruhen. Laut Sachverhalt schließen N und U einen Kaufvertrag; ein Kaufvertrag ist ein entgeltlicher Vertrag.

Die **Redlichkeit** des Erwerbers U wird mangels gegenteiliger Anhaltspunkte im Sachverhalt nach § 328 S 2 ABGB vermutet.

Zu prüfen bleibt, ob eine der drei **Alternativen des § 367** vorliegt. U hat das Moped nicht in einer öffentlichen Versteigerung erworben. N war auch nicht Unternehmer, der Umstand, dass N vom Zweiradhändler Z Vollmacht hatte und im Namen des Z handeln durfte (aber nicht gehandelt hat), ändert an diesem Umstand nichts, da N ein Eigengeschäft tätigte. Fraglich bleibt, ob N **Vertrauensmann** des Eigentümers Z ist. Vertrauensmann iSd § 367 ist jeder, dem die Sache vom Eigentümer freiwillig – ohne jeglichen Zwang – übergeben wurde. Z hat dem N das Moped samt Schlüssel anvertraut, um potenziellen Interessenten eine Probefahrt zu ermöglichen. Z hat das Moped dem N daher freiwillig ausgefolgt. N ist somit Vertrauensmann des Eigentümers Z. Folglich hat U originär nach § 367 ABGB Eigentum am Moped erworben, Z hat dadurch sein Eigentum am Moped verloren und ist zur Erhebung der rei vindicatio somit nicht aktiv legitimiert.

Der Anspruch Z gegen U auf Herausgabe des Mopeds gemäß § 366 besteht nicht.

---

[12] *Riedler,* ZR I AT[8] Rz 31/38.

II. Anspruch U gegen N auf Rückzahlung von € 500,- gem § 877 ABGB

Als **U** erfährt, dass sich das Moped entgegen den Zusicherungen des **N** nicht im Originalzustand befindet und daher lediglich einen gemeinen Wert von € 1.500,- hat, möchte er von **N** die seiner Ansicht nach zuviel bezahlten € 500.-. Das Moped möchte **U** aber jedenfalls behalten. Voraussetzung für diesen Anspruch auf Rückzahlung von € 500.- ist das Vorliegen einer (teilweisen) **rechtsgrundlosen Leistung**. **Leistung** ist eine bewusste Vermögenszuwendung, U hat mit der Zahlung des Gesamtkaufpreises von € 2.000.- auch die € 500.- bewusst und gewollt an N zugewendet und somit geleistet im Rechtssinne. **Rechtsgrundlos** ist eine Leistung, wenn entweder ein die Leistung rechtfertigender Rechtsgrund von vornherein fehlt oder ein die Leistung rechtfertigender Rechtsgrund zwischen den Parteien zwar ursprünglich vorhanden war, dieser jedoch nachträglich zB durch Anfechtung bzw Anpassung beseitigt bzw geändert wird, sodass die ursprünglich rechtmäßige Leistung nachträglich (rückwirkend) rechtsgrundlos wird. Ein die Leistung des U an N rechtfertigender Rechtsgrund könnte im Kaufvertrag U – N über das Moped zu einem Preis von € 2.000,- liegen. Zu untersuchen bleibt jedoch, ob U den Kaufvertrag mit N dahin anpassen kann, dass der Kaufpreis von ursprünglich € 2.000.- auf € 1.500.- reduziert wird.

Anfechtung/Anpassung wegen Irrtums

N sicherte dem U im Verkaufsgespräch über das Moped zu, dass sich das Moped in einem „hervorragenden Originalzustand" befinde und daher „mindestens einen Wert von € 2.000,- " habe. U hatte aufgrund der Aussagen des N eine falsche Vorstellung von der Wirklichkeit, er ist also einem **Irrtum** erlegen.

Zu prüfen bleibt, ob der Irrtum des U beachtlich ist. Aufgrund der Zusicherungen des N wurde nach vertrauenstheoretischen Überlegungen ein Oldtimer-Moped in Originalzustand mit einem Wert von mindestens € 2.000,- Vertragsinhalt. U irrt sich somit über die geschäftsrelevanten Eigenschaften des Mopeds, somit liegt ein bei entgeltlichen Verträgen **beachtlicher Geschäftsirrtum** vor.[13]

Der Irrtum ist **kausal** im Sinne der Äquivalenztheorie, da A in Kenntnis der wahren Sachlage den Vertrag nicht in der konkreten Gestalt geschlossen hätte.[14]

---

[13] *Riedler,* ZR I AT[8] Rz 21/10 ff.
[14] *Riedler,* ZR I AT[8] Rz 21/25.

N hat das Moped als einen Oldtimer in Originalzustand angepriesen, er hat durch sein Anpreisen den Irrtum des U hervorgerufen, sein Verhalten war somit adäquat ursächlich für den Irrtum des U. Der Irrtum wurde somit von N **veranlasst**.[15]

Der Irrtum hätte dem N **offenbar auffallen müssen** bzw ist ihm tatsächlich aufgefallen, da er über den tatsächlichen Zustand des Mopeds selbst genau Bescheid wusste.[16]

Rechtzeitige Aufklärung des Irrtums kommt nach Vertragserfüllung nicht in Betracht.[17]

Nach dem Sachverhalt hätte U das Moped in Kenntnis der wahren Sachlage dennoch – wenngleich zu einem niedrigeren Preis – gekauft. Der Irrtum ist für U daher als unwesentlich zu qualifizieren.[18] Auch für N dürfte der Irrtum unwesentlich gewesen sein, da er das Moped vermutlich auch zu anderen Konditionen (zu einem günstigeren Preis) verkauft hätte. Bei **beiderseitigem unwesentlichem Irrtum** kommt dem Irrenden grundsätzlich das Gestaltungsrecht der Anpassung zu.[19] Die Vertragsanpassung richtet sich primär nach dem tatsächlichen, sekundär nach dem hypothetischen Parteiwillen. Mangels Feststellbarkeit des genauen Willens der Parteien ist für die Berechnung des modifizierten Kaufpreises die **relative Berechnungsmethode** heranzuziehen.[20] Demnach verhält sich der vereinbarte Preis (P = € 2.000,-) zum geminderten Preis (p) wie der Wert der geschuldeten (mangelfreien) Sache (W = € 2.000,-), wie sie der Irrende erwerben oder veräußern wollte, zum Wert der tatsächlich erworbenen oder veräußerten (mangelhaften) Sache (w = € 1.500,-).

$$2.000 \ (P) : x \ (p) = 2.000 \ (W) : 1.500 \ (w) \rightarrow \mathbf{x = 1.500}$$

U kann somit den Kaufvertrag nach § 872 ABGB auf den Betrag von € 1.500,- anpassen, wodurch die überschießende Zahlung von € 500,- (aufgrund der ex-tunc-Anpassung) rückwirkend zur (ursprünglich) rechtsgrundlosen Leistung wird.

Anfechtung/Anpassung wegen List

Zu untersuchen bleibt, ob dem getäuschten U (auch) das Gestaltungsrecht zusteht, den Kaufvertrag mit N wegen List nach § 870 anzufechten bzw anzupassen.

---

[15] *Riedler,* ZR I AT[8] Rz 21/27.
[16] *Riedler,* ZR I AT[8] Rz 21/30.
[17] *Riedler,* ZR I AT[8] Rz 21/31.
[18] *Riedler,* ZR I AT[8] Rz 21/36.
[19] *Riedler,* ZR I AT[8] Rz 21/38.
[20] *Riedler,* ZR I AT[8] Rz 21/42.

U ist einem **Irrtum** über eine geschäftsrelevante Eigenschaft erlegen.[21]

Die listige Irreführung des N war **kausal** iSd Äquivalenztheorie, da U den Vertrag mit N ohne Irreführung nicht in der konkreten Gestalt geschlossen hätte.[22]

Da Verhalten des Täuschenden (N) muss eine **rechtswidrige Irreführung** sein.[23] Aktives Tun stellt eine rechtswidrige Irreführung dar, wenn der Handelnde sich objektiv sorgfaltswidrig, sich also nicht so verhalten hat, wie sich ein ordnungsgemäßer, maßstabgerechter, rechtstreuer Mensch an seiner Stelle verhalten hätte. N sichert dem U zu, dass sich das Moped im Originalzustand befindet. N macht also aus eigenem Antrieb Angaben über Umstände, die für den Vertragsschluss relevant sind aber nicht der Wahrheit entsprechen. Somit ist sorgfaltswidrige Irreführung zu bejahen, schließlich hätte ein ordnungsgemäßer, maßstabgerechter, rechtstreuer Mensch an der Stelle des N im Wissen, dass sich das Moped nicht im Originalzustand befindet, diesen Zustand nicht zugesichert.

Zu prüfen bleibt, ob N vorsätzlich gehandelt hat: **Vorsätzliches Handeln** ist zu bejahen, wenn der Täuschende den Getäuschten wissentlich und willentlich überlistet hat.[24] Die Wissenskomponente erfordert, dass entweder der Irreführende die Unrichtigkeit der bedeutsamen Umstände kennt oder auch nur mit der Möglichkeit rechnet, seine Angaben seien fehlerhaft oder dies nicht zweifelsfrei weiß und dennoch seine uneingeschränkte Zusicherung abgibt. Die Willenskomponente erfordert, dass der Täuschende die Irreführung des Getäuschten gewollt hat, wobei ausreicht, dass der Irrtum des anderen in Kauf genommen wurde (dolus eventualis: „Na wenn schon"). Im vorliegenden Fall handelt N zumindest mit dolus specialis. Er handelt in der Absicht, den Irrtum herbeizuführen, weiß aber nicht sicher, ob der Andere sich täuschen lässt.[25]

U kann den Vertrag mit N somit nach § 870 ABGB **anfechten**. Hätte N den Vertrag auch zu anderen Konditionen geschlossen, so könnte U den Vertrag auch anpassen. N kann dabei der Anpassung nur insoweit widersprechen, als dies auch ein redlicher Vertragspartner könnte, also wenn durch die Anpassung sachlich gerechtfertigte, wesentliche Interessen auf der Seite des N beeinträchtigt würden. Da N das Moped auch um € 1.500,- veräußert hätte, kann U den Vertrag auf diesen Preis anpassen.

Der Anspruch auf Rückzahlung von € 500,- gemäß § 877 besteht.

---

[21]   *Riedler*, ZR I AT[8] Rz 22/2.
[22]   *Riedler*, ZR I AT[8] Rz 22/3.
[23]   *Riedler*, ZR I AT[8] Rz 22/5 ff.
[24]   *Riedler*, ZR I AT[8] Rz 22/13 ff.
[25]   *Riedler*, ZR I AT[8] Rz 22/16.

III. Anspruch des G gegen A auf Rückgabe des Mopeds bzw dessen Wertersatz in der Höhe von € 1.500,- gemäß § 877 ABGB

Als G erfährt, dass A das Moped gar nicht nutzen wollte, möchte er gegen A vorgehen, da er ihm das Moped nur in der Erwartung geschenkt hat, dass A seine Leidenschaft für alte Mopeds teilt. Voraussetzung für diesen Anspruch ist, dass G an A eine **rechtsgrundlose Leistung** erbracht hat. **Leistung** ist bewusste Vermögenszuwendung. **Rechtsgrundlos** ist eine Leistung, wenn entweder ein die Leistung rechtfertigender Rechtsgrund von vornherein fehlt oder ein die Leistung rechtfertigender Rechtsgrund zwischen den Parteien zwar ursprünglich vorhanden war, jedoch nachträglich beseitigt oder geändert wird, sodass die ursprünglich rechtmäßige Leistung durch den Entfall des Rechtsgrundes nachträglich (rückwirkend) rechtsgrundlos wird. Zu prüfen ist, ob G dem A das Moped rechtsgrundlos geleistet hat. G hat dem A das Moped bewusst zugewendet. Es liegt somit eine **Leistung** im Rechtssinne vor. Ein die Leistung des G rechtfertigender Rechtsgrund liegt zunächst in einem gültigen Schenkungsvertrag zwischen G und A über das an A auch übergebene Moped (§ 943 ABGB), sodass die Leistung rechtmäßig war. Fraglich ist jedoch, ob G den Schenkungsvertrag mit A durch Anfechtung beseitigen kann, in welchem Fall die ursprünglich rechtmäßige Leistung zur rückwirkend **rechtsgrundlosen** Leistung werden würde und von A kondiziert werden könnte.

Anfechtung/Anpassung des Schenkungsvertrag G – A wegen (Motiv)Irrtums

Fraglich ist, ob G den Schenkungsvertrag mit A wegen (Motiv)Irrtums anfechten kann. Nach dem Sachverhalt hat G dem A das Moped nur geschenkt, weil er davon ausging, dass A seine Leidenschaft für alte Mopeds teilen würde. Diese Meinung bezieht sich auf Umstände außerhalb des Vertragsinhalts. Das (bloß interne) Motiv des G wurde dem A nicht mitgeteilt und weder im Wege einer Bedingung noch sonst zum Vertragsinhalt erhoben. Ein Motivirrtum ist grundsätzlich unbeachtlich, dh er löst keine Rechtsfolgen aus.[26] Eine Ausnahme davon besteht jedoch bei **unentgeltlichen Geschäften**. Laut Sachverhalt hat G dem A das Moped unentgeltlich zugewendet (geschenkt); zwischen G und A liegt also ein unentgeltliches Geschäft vor. Aufgrund der Unentgeltlichkeit des Geschäfts ist der **Motivirrtum** des G in casu beachtlich.

Der Irrtum des G war **kausal** für den Vertragsschluss, da G dem A das Moped nicht geschenkt hätte, wenn er gewusst hätte, dass dieser es nicht nutzen, sondern weiterverkaufen wird.[27]

---

[26]   *Riedler,* ZR I AT[8] Rz 21/19.
[27]   *Riedler,* ZR I AT[8] Rz 21/24.

Fraglich bleibt, ob eine der drei Alternativen des § 871 vorliegt. A hat den Irrtum des G weder **veranlasst**, noch musste ihm der **Irrtum offenbar auffallen**, noch wurde der Irrtum **rechtzeitig aufgeklärt**, da A im Vertrauen auf die Gültigkeit bereits rechtliche und wirtschaftlichen Dispositionen (Weiterveräußerung) getroffen hat.[28]

Eine Anfechtung des Schenkungsvertrages wegen Motivirrtums kommt somit nicht in Betracht. Daher liegt ein die Leistung des Mopeds rechtfertigender Rechtsgrund (Schenkungsvertrag) und damit keine rechtsgrundlose Leistung vor.

Ein **Widerruf der Schenkung (§§ 947 ff)** kommt nicht in Betracht.

Der Anspruch des G gegen A auf Wertersatz gemäß § 877 besteht nicht.

IV. Anspruch des Z gegen N auf Schadenersatz in der Höhe von € 1.500,- gemäß §§ 1009, 1012 ABGB

N hat seinem Onkel Z durch die Veräußerung des Mopeds an U, der neuer Eigentümer des Mopeds wurde, einen **Vermögensschaden** in der Höhe des gemeinen Werts der Mopeds von € 1.500,- zugefügt. Gemäß § 1012 ABGB haftet der Gewalthaber dem Gewaltgeber für jeden Schaden, der durch eine schuldhafte Verletzung der ihm im Zuge der Geschäftsbesorgung obliegenden Pflichten entstanden ist.[29] Gemäß § 1009 ABGB haftet der Machthaber dem Geschäftsherrn für die Folgen einer Vollmachtsüberschreitung. Dies gilt auch, wenn der Stellvertreter das Moped im eigenen Namen veräußert und damit nicht der Geschäftsherr, sondern der ein Eigengeschäft tätigende Stellvertreter Vertragspartner des Dritten wird.

N hat **rechtswidrig** gehandelt, da ein ordnungsgemäßer, maßstabgerechter und rechtstreuer Mensch an seiner Stelle das Moped nicht im eigenen Namen an U veräußert hätte, was auch zum Eigentumsverlust des Z geführt hat. Ein ordnungsgemäßer, maßstabgerechter und rechtstreuer Mensch hätte das Moped des Z in dessen Namen im Rahmen der Vollmacht ohne Falschangaben veräußert.

Das rechtswidrige Verhalten des N war auch **kausal** iSd Äquivalenztheorie für den Schaden des Z, da dem Z dieser Schaden nicht entstanden wäre, wenn sich N dem Auftrag des Z gemäß verhalten hätte.

---

[28] *Riedler*, ZR I AT[8] Rz 21/26 ff.
[29] *Riedler*, ZR I AT[8] Rz 27/21.

Verschulden des N liegt vor, da er wusste, dass er zum Abschluss eines Geschäftes im eigenen Namen nicht berechtigt war, sondern im Namen des Z kontrahieren hätte sollen. N hat Z wissentlich und willentlich, also vorsätzlich geschädigt.

Der Anspruch des Z gegen N auf Schadenersatz in der Höhe von € 1.500,- gemäß §§ 1009, 1012 besteht.

Anmerkung: Schadenersatzansprüche des U gegen N kommen aufgrund des originären Eigentumserwerbs des U nicht in Betracht.

Fall 20
Bercedes Menz samt Navi

Schwerpunkte	**Irrtum, List,** Stellvertretung, **Vorteilszuwendung,** Eigentumsklage in der Absatzkette, **derivativer/originärer Erwerb,** Eigentumsvorbehalt, **Konvaleszenz, Verjährung**
Vorbereitung	*Riedler,* ZR I AT[8] (2022)
	21. Kap Irrtum
	26. Kap Direkte Stellvertretung
	27. Kap Vertretung ohne Vollmacht
	29. Kap Eigentumsrecht als dingliches Recht, Eigentumsklage
	30. Kap Eigentumserwerb – Titel, Modus Berechtigung des Vormannes
	31. Kap Derivativer/Originärer Eigentumserwerb, Eigentumsvorbehalt
	32. Kap Verjährung

Sachverhalt

Schon seit einigen Monaten liebäugelte **A** mit dem Kauf eines neueren Autos. Er suchte den Autohändler **H** auf, bei dem er einen gebrauchten Bercedes-Menz entdeckte. **A** erwarb im Juni 2019 den Wagen um EUR 18.000,- samt portablem Navigationssystem um € 300,- jeweils unter Eigentumsvorbehalt. **H** übergab PKW (samt allen Unterlagen) und Navi. Über den Umstand, dass der Wagen bereits mehrere Vorbesitzer hatte, wurde **A** nicht in Kenntnis gesetzt. Erst bei der Zulassung des KFZ (und nach Zahlung von € 15.000,- an **H**) sah **A** im Typenschein, dass der Wagen bereits sechs Vorbesitzer hatte. Für diesen „Vertragsbruch" begehrt **A** die Rückzahlung von € 2.000,-, da solche PKW branchenüblich zum Preis von nur € 13.000,- gehandelt werden.

Da **A** für das Navi keine Verwendung mehr hatte, wies er seinen Mitarbeiter **G** an, dieses nicht unter € 350,- zu veräußern. **J**, der genau ein solches Gerät suchte, bot dem **G** € 300,- „und keinen Cent mehr". **G** verkaufte es im Namen des **A**, händigte **J** das Navi und **A** den erzielten Kaufpreis aus. Dieser war nur wenig begeistert, beglich jedoch davon am Folgetag seine Schulden bezüglich des Navi bei **H**. **H**, der sich über die lasche Zahlungsmoral des **A** brüskierte, verlangt PKW und Navi zurück.

Wie ist die Rechtslage?

Fünf Fragen zur Einführung

1. Welche **Personen** sind am Sachverhalt beteiligt?

2. Welche **Rechtsverhältnisse** bestehen zwischen den beteiligten Personen?

3. Welche **Leistungen** wurden zwischen diesen Personen bereits erbracht?

4. Wie lautet die **Fallfrage**?

5. Welche **Ansprüche** sind zu prüfen, wenn wir uns die Frage stellen: **Wer will was von wem aus welchem Rechtsgrund?**

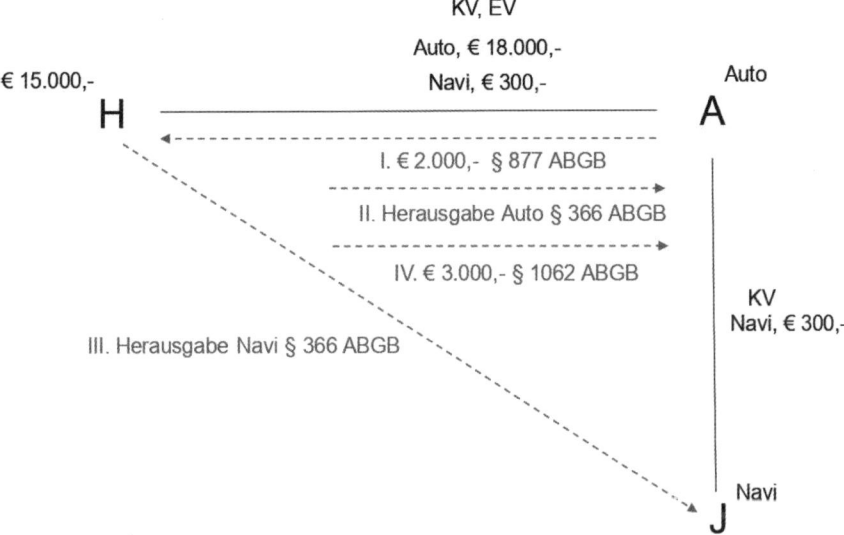

I.   **Anspruch des A gegen H auf Rückzahlung von € 2.000,- gem § 877 ABGB**

II.   **Anspruch des H gegen A auf Herausgabe des KFZ gem § 366 ABGB**

III. **Anspruch des H gegen J auf Herausgabe des Navi gemäß § 366 ABGB**

IV. **Anspruch des H gegen A auf Zahlung von € 3.000,- gem § 1062 ABGB**

Rechtsgutachten

I. Anspruch des A gegen H auf Rückzahlung von € 2.000,-[1] gem § 877 ABGB

A begehrt nach dem Sachverhalt für den „Vertragsbruch" des H die Rückzahlung von € 2.000.- Ein derartiger Anspruch setzt voraus, dass die Zahlung dieses **Teilbetrages** durch A eine **rechtsgrundlose Leistung** war. **Leistung** ist eine bewusste Vermögenszuwendung, A hat an H vom vereinbarten Kaufpreis in Höhe von € 18.000.- bereits den Teilbetrag iHv € 15.000.- bezahlt, somit geleistet im Rechtssinne. **Rechtsgrundlos** ist eine Leistung, wenn entweder ein die Leistung rechtfertigender Rechtsgrund von vornherein fehlt oder ein die Leistung rechtfertigender Rechtsgrund zwischen den Parteien zwar ursprünglich vorhanden war, dieser jedoch nachträglich zB durch Anfechtung bzw Anpassung beseitigt bzw geändert wird, sodass die ursprünglich rechtmäßige Leistung nachträglich (rückwirkend) rechtsgrundlos wird. Rechtsgrundlos war die Bezahlung eines Teilbetrages von € 2.000.- nur, wenn A den Kaufvertrag mit H von € 18.000.- auf € 13.000.- anpassen kann, sodass auch von den bezahlten € 15.000.- der Teilbetrag von € 2.000.- zur nachträglich rückwirkend rechtgrundlosen Leistung werden würde.

Anpassungsrecht des A wegen Irrtums?

Nach dem Sachverhalt wurde A bei Vertragsabschluss über den Umstand, dass der Wagen bereits mehrere Vorbesitzer hatte, nicht in Kenntnis gesetzt. Erst bei der Zulassung des KFZ (und nach Zahlung von € 15.000,- an H) sah A im Typenschein, dass der Wagen bereits sechs Vorbesitzer hatte. A hatte damit bereitsim Vertragsschlusszeitpunkt eine falsche Vorstellung von der Wirklichkeit, er ist also einem **Irrtum** erlegen.

Zu prüfen bleibt, ob der Irrtum des U **beachtlich** ist. **Geschäftsirrtum** liegt vor, wenn der Erklärende sich über einen tatsächlichen oder rechtlichen Umstand irrt, der Inhalt des Vertrages geworden ist.[2] Bei der Anzahl der Vorbesitzer handelt es sich um einen Umstand, der außerhalb des Vertragsinhaltes liegt, da weder eine konkrete Anzahl von Vorbesitzern verkehrsüblicherweise vorausgesetzt und damit konkludent vereinbart wird (§ 922 ABGB) noch von A und H besprochen und damit ausdrücklich vereinbart worden ist. In diesem Irrtum des A über die Anzahl der Vorbesitzer ist daher nur ein bei entgeltlichen

---

[1]   Anmerkung: H verkauft dem A ein KFZ ohne ihn darüber aufzuklären, dass der Wagen bereits mehrere Vorbesitzer hatte und solche KFZ üblicherweise für EUR 13.000,- gehandelt werden. Nach der relativen Berechnungsmethode würde A – sofern eine Vertragsanpassung möglich wäre – den Kaufpreis auf EUR 13.000,- anpassen. (*Riedler*, ZR I AT[8], Rz 21/42.)

[2]   *Riedler*, ZR I AT[8] Rz 21/11.

Kaufverträgen unbeachtlicher **Motivirrtum** zu sehen, der sich auf einen Umstand bezieht, der „außerhalb" des Vertragsinhaltes liegt. Zu beachten ist allerdings, dass sich A auch über den wahren Wert des Bercedes-Menz geirrt hat, der mit sechs Vorbesitzern lediglich € 13.000,- wert ist. In diesem Zusammenhang ist jedoch zu beachten, dass jede Vertragspartei den wahren Wert des Kaufgegenstandes prinzipiell auf eigenes Risiko beurteilt[3] und damit der Umstand, dass der Kaufgegenstand einen bestimmten objektiven Wert haben muss, nicht zum Vertragsinhalt erhoben wird. Auch der Irrtum des A über den **Wert der Sache** ist somit ein bei entgetlichen Verträgen unbeachtlicher Motivirrtum. Eine Anpassung wegen Irrtums des A scheidet somit aus, da A keinem bei entgeltlichen Kaufverträgen beachtlichen Geschäfts- oder Erklärungsirrtum erlegen ist.

Anpassungsrecht des A wegen List?

Zu prüfen bleibt, ob eine Anfechtung/Anpassung wegen List möglich ist, bei welcher auch die oben geprüften Motivirrtümer **beachtliche Irrtümer** sind.[4]

Die vermeintliche listige Irreführung des A durch H war **kausal** für den Vertragsabschluss iSd Äquivalenztheorie, da der Vertrag vom Getäuschten A ohne Vorliegen des Irrtums in Kenntnis der wahren Sachlage nur anders, also nicht in dieser konkreten Gestalt geschlossen worden wäre – A hätte den PKW nur zu € 13.000 erworben.[5]

Drittens muss die listige Irreführung **rechtswidrig** sein, wobei diese entweder durch aktives Tun oder durch passives Unterlassen hervorgerufen werden kann. Da die Vertragspartner A und H weder über die Zahl der Vorbesitzer noch über den wahren Wert des Kfz gesprochen haben, könnte allenfalls eine Irrtumserregung durch Unterlassen in Betracht kommen. Unterlassen stellt aber nur dann rechtswidrige Irreführung dar, wenn der listig Handelnde Aufklärungspflichten verletzt hat.[6] Da aber weder eine Aufklärungspflicht über den wahren Wert des Kaufgegenstandes besteht noch eine Aufklärungspflicht in Bezug auf die Anzahl der Vorbesitzer eines Kfz anzunehmen ist, handelte H nicht objektiv sorgfalts- und damit rechtswidrig.[7] Dies gilt erst recht, wenn der Käufer nicht ausdrücklich nach der Zahl der Vorbesitzer fragt und dem Käufer auch der Typenschein zur Einsicht zur Verfügung steht.[8]

Der Anspruch des A gegen H auf Rückzahlung von € 2.000,- gem § 877 ABGB besteht nicht.

---

[3] *Riedler*, ZR I AT[8] Rz 21/20.
[4] *Riedler*, ZR I AT[8] Rz 22/2.
[5] *Riedler*, ZR I AT[8] Rz 22/3.
[6] *Riedler*, ZR I AT[8] Rz 22/10.
[7] *Riedler*, ZR I AT[8] Rz 22/11.
[8] 7 Ob 680/83.

II. Anspruch des H gegen A auf Herausgabe des KFZ gem § 366 ABGB

Die Eigentumsherausgabeklage (rei vindicatio) ist die Klage des die Sache nicht innehabenden Eigentümers gegen den die Sache innehabenden Nichteigentümer. Damit H die Eigentumsherausgabeklage nach § 366 ABGB erfolgreich geltend machen kann, müssen folgende vier Voraussetzungen kumulativ erfüllt sein: 1. Individuell bestimmbare Sache im Sinne des § 370 ABGB, 2. Passivlegitimation des Beklagten, 3. Aktivlegitimation des Klägers und 4. Keine Einwendung des Beklagten aus einem Recht zur Innehabung der Sache.[9]

Der gebrauchte Bercedes-Menz ist aufgrund der Fahrgestellnummer und der Gebrauchsspuren eine **individuell bestimmbare Sache** im Sinne des § 370 ABGB.[10]

Da A den Wagen in seiner Gewahrsame hat, ist dieser in seinem Machtbereich iSd § 369 ABGB und A ist Sachinhaber – die **Passivlegitimation** des Beklagten liegt vor.[11]

Aktivlegitimiert zur Erhebung der rei vindicatio ist nur der Eigentümer der herausbegehrten Sache. Zu prüfen bleibt, ob H am Beginn des Sachverhalts Eigentümer gewesen ist und bis zum Schluss des Sachverhalts Eigentümer geblieben ist und daher das Auto als Eigentümer vindizieren kann.[12] Zu prüfen bleibt, ob H durch die nachfolgende Veräußerung des Kfz an A sein Eigentum verloren hat. H hat sein Eigentum am Kfz dann verloren, wenn A das Eigentum am Kfz erworben hat. Für einen gültigen Eigentumserwerb durch A sind nach dem Prinzip der kausalen Tradition drei Voraussetzungen erforderlich: 1. Titel, 2. Modus und 3. Berechtigung des Vormannes.[13]

Der einen Eigentumserwerb des A rechtfertigende **Titel** (Verpflichtungsgeschäft) liegt im Kaufvertrag H – A, der auf die Übertragung des Eigentumsrechts an A gerichtet ist.

H hat den Bercedes Menz auch an A körperlich im Sinne des § 426 ABGB in dessen Gewahrsame übergeben, sodass prinzipiell auch ein tauglicher **Modus** (Verfügungsgeschäft) insofern vorliegt, als das Kfz real an A ausgefolgt worden ist.
Und nachdem H Eigentümer des Bercedes Menz war, hätte A prinzipiell auch vom **berechtigten Vormann** H derivativ Eigentum am Kfz erworben.

---

9   *Riedler*, ZR I AT[8] Rz 29/32.
10 *Riedler*, ZR I AT[8] Rz 29/9.
11 *Riedler*, ZR I AT[8] Rz 29/10.
12 *Riedler*, ZR I AT[8] Rz 29/12.
13 *Riedler*, ZR I AT[8] Rz 30/3.

Allerdings ist im vorliegenden Fall zu berücksichtigen, dass H und A auch einen **Eigentumsvorbehalt** vereinbart haben. Vereinbaren die Parteien einen (einfachen) Eigentumsvorbehalt, so erwirbt der Käufer erst in jenem Zeitpunkt das unbeschränkte Eigentumsrecht an der Sache, in welchem er den Kaufpreis vollständig an den Verkäufer entrichtet hat. Der Eigentumserwerb des Käufers ist durch die Kaufpreiszahlung (aufschiebend) bedingt; der Eigentumsverlust des Verkäufers durch die Kaufpreiszahlung (auflösend) bedingt.[14] Bedingt ist dabei nicht das Verpflichtungsgeschäft (= der Titel, etwa ein Kaufvertrag über die Sache), sondern das Verfügungsgeschäft (die dingliche Einigung der Parteien über den Eigentumsübergang).[15] Nach dem Sachverhalt hat A an H vom Gesamtkaufpreis in Höhe von € 18.000 erst einen Teilbetrag von € 15.000.- gezahlt, somit noch nicht vollständig bezahlt. Aufgrund des Eigentumsvorbehaltes ist H damit weiterhin (alleiniger) Eigentümer des Bercedes Menz, da A den Kaufpreis für den Wagen noch nicht vollständig beglichen hat.

Damit ist aber auch die **Aktivlegitimation** des H (noch) gegeben, solange A den Restkaufpreis in Höhe von € 3.000.- (noch) nicht an H bezahlt hat.

Der Eigentümer kann die Herausgabeklage gegen einen Sachinhaber allerdings dann nicht durchsetzen, wenn der beklagte Sachinhaber dem Eigentümer eine **Einwendung aus einem Recht zur Innehabung** der Sache entgegensetzen kann.[16] Der Eigentumsvorbehaltskäufer kann eine Einwendung aus einem Recht zur Innehabung der Sache aus dem Kaufvertrag trotz der Vorbehaltsabrede erheben, da der Eigentumsvorbehaltsverkäufer zur Rückforderung der Sache erst berechtigt ist, wenn der Kaufvertrag mit dem Käufer (etwa durch Rücktritt des Verkäufers wegen Zahlungsverzugs des Käufers) aufgelöst worden ist.[17] Solange H dem A keinen Rücktritt wegen des Zahlungsverzugs (unter Nachfristsetzung) erklärt (wobei die Einbringung der Herausgabeklage als konkludente Rücktrittserklärung anzusehen wäre), hat A daher ein Recht zur Innehabung. Die „vierte" Voraussetzung der Eigentumsherausgabeklage (Keine Enwendung des Beklagten aus einem Recht zur Innehabung der Sache) liegt daher nicht vor.

Der Anspruch des H gegen A auf Herausgabe des KFZ gem § 366 ABGB besteht (mangels Rücktritt des H) daher (noch) nicht.

---

[14] *Riedler*, ZR I AT[8] Rz 31/6.
[15] *Riedler*, ZR I AT[8] Rz 31/7.
[16] *Riedler*, ZR I AT[8] Rz 29/16.
[17] *Riedler*, ZR I AT[8] Rz 29/19.

III. Anspruch des H gegen J auf Herausgabe des Navi gemäß § 366 ABGB

Die Eigentumsherausgabeklage des § 366 ABGB ist die Klage des die Sache nicht innehabenden Eigentümers gegen den die Sache innehabenden Nichteigentümer.[18] Damit H die Eigentumsherausgabeklage nach § 366 ABGB erfolgreich geltend machen kann müssen folgende vier **Voraussetzungen** kumulativ erfüllt sein: 1. Individuell bestimmbare Sache im Sinne des § 370 ABGB, 2. Passivlegitimation des Beklagen, 3. Aktivlegitimation des Klägers und 4. Keine Einwendung des Beklagten aus einem Recht zur Innehabung der Sache.[19]

Das Navi ist aufgrund der Produktionsnummer und seiner Gebrauchsspuren eine **individuell bestimmbare Sache** im Sinne des § 370 ABGB.[20]

J hat das Navi in seiner Gewahrsame, also in seinem Machtbereich iSd § 369 ABGB – die **Passivlegitimation** des Beklagten J liegt vor.[21]

Aktivlegitimiert zur Erhebung der rei vindicatio ist nur der Eigentümer der Sache. Zu prüfen bleibt, ob H am Beginn des Sachverhalts Eigentümer gewesen und bis zum Schluss des Sachverhalts Eigentümer geblieben ist und daher das Navi als Eigentümer vindizieren kann.[22]

Verkauf H – A

Zu untersuchen bleibt, ob H durch den Kaufvertrag mit A sein Eigentum am Navi verloren hat. Nach dem Sachverhalt hat H das Navi an A verkauft. H hat sein Eigentum am Navi dann verloren, wenn A das Eigentum am Navi erworben hat. Für einen gültigen Eigentumserwerb durch A sind nach dem Prinzip der kausalen Tradition drei **Voraussetzungen** erforderlich: 1. Titel, 2. Modus und 3. Berechtigung des Vormannes.[23]

Der **Titel** liegt im gültigen Kaufvertrag zwischen A und H über das Navi zu € 300,-.

Das Navi wurde auch vom Eigentümer H körperlich im Sinne des § 426 ABGB in die Gewahrsame des A übergeben (**Modus**). Allerdings haben H und A einen **Eigentumsvorbehalt** vereinbart und A hat zunächst den Kaufpreis nicht vollständig an H

---

[18] *Riedler*, ZR I AT[8] Rz 29/7.
[19] *Riedler*, ZR I AT[8] Rz 29/32.
[20] *Riedler*, ZR I AT[8] Rz 29/9.
[21] *Riedler*, ZR I AT[8] Rz 29/10.
[22] *Riedler*, ZR I AT[8] Rz 29/12.
[23] *Riedler,* ZR I AT[8] Rz 30/3.

entrichtet. Damit ist A zunächst nur aufschiebend bedingter Eigentümer geworden, H auflösend bedingter Eigentümer geblieben.[24]

Verkauf A – J

Zu prüfen bleibt, ob H durch den Verkauf des Navis von A an J sein Eigentum verloren hat (Transaktion A-J). H hat sein Eigentum am Navi dann verloren, wenn J das Eigentum am Navi erworben hat. Für einen gültigen Eigentumserwerb durch J sind nach dem Prinzip der kausalen Tradition drei **Voraussetzungen** erforderlich: 1. Titel, 2. Modus und 3. Berechtigung des Vormannes.[25]

Ein gütliger **Titel** für den Eigentumserwerb könnte in einem Kaufvertrag A – J liegen. Da A jedoch nicht selber rechtsgeschäftlich tätig wird, sondern durch seinen Mitarbeiter G, ist **direkte Stellvertretung** zu prüfen. Drei Voraussetzungen müssen kumulativ erfüllt sein, damit das Handeln des Stellvertreters zu unmittelbaren Wirkungen für/gegen den Geschäftsherrn führt:[26] 1. Offenlegungsgrundsatz, 2. (Zumindest beschränkte) Geschäftsfähigkeit des Stellvertreters und 3. (Zureichende) Vertretungsmacht (Vollmacht) des Stellvertreters.

Handeln in fremdem Namen liegt vor, wenn der Handelnde im Namen eines anderen auftritt (die Existenz einer Vollmacht behauptet, sich auf eine Vollmacht beruft).[27] Die **Offenlegung** ist laut Sachverhalt gegeben, da G das Navi im Namen des A veräußert.

Aufgrund der Berufstätigkeit des G ist von einer zumindest **beschränkten Geschäftsfähigkeit** auszugehen.[28]

G hat jedoch **keine zureichende Vertretungsmacht**, da A ihm aufgetragen und nur dazu bevollmächtigt hatte, das Navi für mindestens € 350,- zu verkaufen. G hat durch die Veräußerung des Navi zu € 300.- die betraglichen Grenzen seiner Vollmacht durch Unterschreiten des gesetzten Mindestverkaufspreises von € 350.- überschritten. Der intendierte Kaufvertrag A – J war daher schwebend unwirksam.[29]

Fraglich bleibt, ob nicht der Geschäftsherr A den schwebend unwirksamen Kaufvertrag mit J durch **nachträgliche Genehmigung** saniert hat. Nachträgliche Genehmigung ist sowohl

---

[24]   *Riedler*, ZR I AT[8] Rz 31/6.
[25]   *Riedler,* ZR I AT[8] Rz 30/3.
[26]   *Riedler,* ZR I AT[8] Rz 26/7.
[27]   *Riedler,* ZR I AT[8] Rz 26/9.
[28]   *Riedler,* ZR I AT[8] Rz 26/17.
[29]   *Riedler,* ZR I AT[8] Rz 27/3.

durch Willenserklärung nach § 863 ABGB als auch durch **Vorteilszuwendung iSd § 1016 ABGB** möglich. In unserem Fall kommt eine nachträgliche Genehmigung durch Vorteilszuwendung in Betracht. Wenn der Geschäftsherr vom vollmachtslosen Geschäft wusste, den Inhalt des Rechtsgeschäftes kannte und wusste, dass der Vorteil, den er sich durch die Zuwendungshandlung zuwendet, von diesem Rechtsgeschäft stammt, liegt eine nachträgliche Genehmigung durch Vorteilszuwendung vor.[30] Vorteilszuwendung ist also ein Verhalten, mit dem der Geschäftsherr ganz oder teilweise jene Rechte in Anspruch nimmt, die ihm nur dann zustehen, wenn er den Vertrag als wirksamen Vertrag anerkennt. Neben dieser Zuwendungshandlung muss der Geschäftsherr im Zeitpunkt der Zuwendung auch einen Vertragsabschluss- bzw Genehmigungswillen haben. Der Genehmigungswille ist der Wille des Geschäftsherrn, das bisher schwebend unwirksame Geschäft nunmehr trotz ursprünglicher Überschreitung der Vollmacht durch den Vertreter gegen und für sich gelten zu lassen.[31] Da A das Geld von G entgegennimmt und an H weiterleitet, um seine Schulden von diesem zu begleichen, wusste er vom vollmachtslosen Geschäft, kannte dessen Inhalt und wendete sich diesen Vorteil zu. Auch ein Genehmigungswille ist anzunehmen.

Dieser durch Genehmigung nachträglich wirksam gewordene Kaufvertrag ist zunächst noch **anfänglich schlicht unmöglich**, da eine fremde Sache verkauft wird. Dies berührt allerdings die Wirksamkeit des Vertrages nicht (arg § 923 ABGB).[32] J hat einen gültigen **Titel** für den Eigentumserwerb am Navi.

G hat das Navi im Namen des A auch körperlich im Sinne des § 426 ABGB in die Gewahrsame des J übergeben (**Modus**).

Fraglich ist jedoch die **Berechtigung des Vormannes**, also ob J von A derivativ Eigentum erwerben konnte. Da A wegen des Eigentumsvorbehaltes mangels Kaufpreiszahlung nicht Eigentümer war, konnte A ursprünglich nicht derivatives Eigentum an J übertragen, sodass nur originärer Eigentumserwerb des J in Betracht kommt.

Vier Voraussetzungen (Tatbestandselemente) müssen kumulativ erfüllt sein, damit **§ 367 ABGB** die fehlende Berechtigung des Vormannes substituieren kann:[33] Bewegliche körperliche Sache, entgeltlicher Erwerb, Redlichkeit (Gutgläubigkeit) des Erwerbers und Vorliegen (zumindest) einer der drei Alternativen des § 367 ABGB.

---

30   *Riedler*, ZR I AT[8] Rz 27/10.
31   *Riedler*, ZR I AT[8] Rz 27/12.
32   *Riedler*, ZR I AT[8] Rz 18/9 f.
33   *Riedler*, ZR I AT[8] Rz 31/15 ff.

Das Navi ist eine **bewegliche körperliche Sache**.

J hat das Navi von A gekauft, somit **entgeltlich** erworben.

Der Käufer J muss zudem **redlich** sein. Nach § 368 Abs 1 ABGB ist redlich, wer weder weiß noch vermuten muss, dass die Sache nicht dem Veräußerer gehört.[34] Im Sachverhalt finden sich keine Anhaltspunkte, wonach J daran zweifeln musste, dass das Navi nicht dem A gehört, sodass er von § 328 S 2 ABGB geschützt wird, wonach im Zweifel Redlichkeit des Erwerbers anzunehmen ist.

Außerdem muss eine der drei in § 367 ABGB genannten Alternativen vorliegen. Nach dem Sachverhalt liegt weder eine öffentliche Versteigerung vor noch wurde der PKW im gewöhnlichen Betrieb eines Unternehmens erworben. In Betracht kommt lediglich der Erwerb vom **Vertrauensmann**. Vertrauensmann ist jeder, dem der Eigentümer die Sache freiwillig übergeben hat, in dessen Hand die Sache mit Willen des Eigentümers gelangt ist (somit auch der Eigentumsvorbehaltskäufer).[35] Der Eigentümer H hat dem Eigentumsvorbehaltskäufer A die Sache freiwillig übergeben. J erwarb daher vom **Vertrauensmann** und konnte (urspünglich) gutgläubig Eigentum erwerben.

Darüber hinaus ist im vorliegenden Fall auch noch zu beachten, dass auch **Konvaleszenz** in Betracht kommt **(§ 366 S 2 ABGB)**.[36] Nachfolgender Eigentumserwerb des Veräußerers A, der im Zeitpunkt der Veräußerung der fremden Sache noch nicht deren Eigentümer war, führt zum späteren derivativen Eigentumserwerb des Erwerbers J (Konvaleszenz).[37] Mit der Zahlung des A an H wurde A Eigentümer des Navi, sodass dann auch J vom berechtigten Vormann A derivativ Eigentum erworben hat. Dabei ist auch zu beachten, das KFZ und Navi zwei voneinander **teilbare Leistungen** darstellen, sodass die Zahlung der € 300, an H auch bloß den Eigentumsvorbehalt bezüglich des Navi zum Erlöschen bringt.

J hat daher derivativ Eigentum erworben und H hat damit sein Eigentum verloren. H ist am Ende des Sachverhaltes (nicht) mehr Eigentümer des Navi. Die **Aktivlegitimation** des H zur Erhebung der Vindikation ist daher nicht (mehr) gegeben.

Der Anspruch des H gegen J auf Herausgabe des Navigationssystems gem § 366 ABGB besteht daher nicht.

---

34 *Riedler*, ZR I AT[8] Rz 31/20.
35 *Riedler*, ZR I AT[8] Rz 31/30.
36 *Riedler*, ZR I AT[8] Rz 30/40.
37 *Riedler*, ZR I AT[8] Rz 30/41.

IV. Anspruch des H gegen A auf Zahlung von € 3.000,- gem § 1062 ABGB

Voraussetzung für diesen Anspruch ist ein gültiger Kaufvertrag über das Kfz zu € 18.000,- zwischen H und A, der im Juni 2019 auch zustande gekommen ist.[38] A hat bisher nur einen Teilbetrag von € 15.000,- geleistet. Da A den Vertrag nicht anpassen oder anfechten kann, müsste er den Restbetrag von EUR 3.000,- eigentlich an H bezahlen. Allerdings ist fraglich, ob A dem Zahlungsanspruch des H nicht Verjährung entgegenhalten kann.

Verjährung bewirkt den Verlust der Klagbarkeit eines Rechtes bzw Anspruches durch bloße Nichtausübung während einer bestimmten Zeit (§ 1451 ABGB).[39] Kumulative Voraussetzungen der Verjährung sind: 1. Vorliegen eines verjährbaren Rechts, 2. Ablauf der Verjährungsfrist und 3. Nichtausübung des Anspruches bzw Rechtes innerhalb der Verjährungsfrist.[40]

Ein Anspruch auf Kaufpreiszahlung ist ein **verjährbares Recht** im Sinne des § 1451 ABGB.

Für die Länge der **Verjährungsfrist** ist § 1486 Z 1 ABGB zu beachten, welche Bestimmung Foderungen des täglichen Lebens erfasst. Nach § 1486 Z 1 ABGB verjähren Forderungen für die Lieferung von Sachen oder die Ausführung von Arbeiten oder sonstige Leistungen in einem gewerblichen, kaufmännischen oder sonstigen geschäftlichen Betriebe in drei Jahren, sodass der Entgeltanspruch für die Lieferung von Sachen bzw für die Erbringung von Leistungen der dreijährigen Frist des § 1486 Z 1 ABGB unterliegt. Der Kaufpreiszahlungsanspruch des J unterlag daher der dreijährigen Verjährungsfrist des § 1486 Z 1 ABGB, welche ab Fälligkeit (§ 904 ABGB) läuft. Der Kaufvertrag H – A wurde im Juni 2019 abgeschlossen, der Kaufpreiszahlungsanspruch des H gegen A war sofort fällig (§ 904 ABGB), damit ist die dreijährige Verjährungsfrist bereits **abgelaufen**.

Da H noch keine Zahlungsklage gegen A eingebracht hat (**Nichtausübung innerhalb der Verjährungsfrist**), ist die Klagbarkeit und damit gerichtliche Durchsetzbarkeit dieses Anspruches wegen Verjährung erloschen.

Der Anspruch des H gegen A auf Zahlung von € 3.000,- gem § 1062 ABGB besteht nicht.[41]

---

[38]   *Riedler*, ZR I AT[8] Rz 11/2 f.
[39]   *Riedler*, ZR I AT[8] Rz 32/4.
[40]   *Riedler*, ZR I AT[8] Rz 32/8.
[41]   Der Anspruch ist zur unklagbaren Naturalobligation „abgesunken", daher gerichtlich nicht mehr durchsetzbar – *Riedler*, ZR I AT[8] Rz 32/32.
